普通高等职业教育“十三五”规划教材

“教一学一做一体化”校企合作课改科研成果推荐教材

21 世纪高职高专规划教材 ◆ **市场营销系列**

推销：案例、技能与训练

TUIXIAO ANLI JINENG YU XUNLIAN

主　编　岳贤平

副主编　楼晓东　赵　毅

参　编　王家鑫　张贤斌

中国人民大学出版社

·北京·

前言

推销的历史十分悠久，当人类社会第一次出现“商品”这个概念时，推销就应运而生了。特别是由于市场经济时代的来临，绝大多数行业成为买方市场，推销的作用就显得更加突出。我国进行改革开放发展市场经济这么多年，已涌现出一大批成功的企业及其管理者。据非正式统计，这些成功企业家的90%以上都有过做推销员的经历。可以这样说，推销伴随着商品的产生而产生，并伴随着市场的发展而发展，市场经济越发达，推销就越为重要。

随着市场经济发展的不断深入和现代科学技术的不断发展以及社会的进步，推销活动又被注入了新的内容和新的方式，使其焕发出新的生机与活力，呈现出与我国市场经济发展所不同的特点。企业面临的竞争环境更加复杂，而推销人员在企业发展中承担着市场拓展、客户维护、传播企业良好形象等职责，在企业的发展与对外竞争中起着相当重要的作用。如果没有优秀的一线推销人员，企业的产品和服务很难在市场上获得一席之地。所以对推销人员的培训是每一个企业都必须积极面对的课题，而作为从事职业教育的高职院校更有责任培养适应市场需求的高素质的推销人员。

关于本课程

推销类课程是高职高专经管类专业的一门技能性课程，也是营销、商务及管理类专业重要的专业课程，实用性和操作性非常强，它被认为是社会学、行为学、心理学、营销学和沟通传播等众多学科的交叉产物，既可以是一种简单的沟通活动，也可以是一项复杂的、需要运用多种技能和方法的大型商业活动。从理解的角度来讲，本课程的理论知识没有很高的技术性门槛，主要侧重的是销售活动过程中的策略、方法和技巧，是现代企业中的销售人员必须掌握的一项职业技能，而且很多知识和技巧在平时的工作和生活中都有可能遇到，所以，对于推销技能的学习更多的是要求举一反三，不断地训练，熟能生巧。因此，本课程的教学方法是在讲授必要的理论知识之后，采用行动导向教学法，以学生为主体设立具体的工作场景，模拟推销的实际工作环境进行实践演练操作。本课程能够在较短的时间内使学生在心理素质、专业技能、实践经验、工作方法、团队合作等方面有明显的提高，学生经过本课程的学习和训练，将能很好地从事与销售有关的工作，为自己的职业生涯奠定一个良好的基础。

关于本书

本书主要是以教育部关于在高职高专学校开展“校企合作、工学结合”的办学模式以及对课程改革和建设的基本要求作为指导思想，通过对推销工作岗位（包括业务员、导购员、营业员等）的典型工作任务进行分析，以推销工作流程为线索，采用“任务导向型”理念进行编写的。本书的编写是以培养高素质技能型的推销人才为目的，在推销理论知识够用的基础上，更多地突出培养学生的动手能力，所以本书在内容的选择和编写体例等方面都进行了积极创新。最主要的特色是根据高职学生的学习习惯，采编了大量的销售案例和销售故事于书中，以增加教材的趣味性，力求使其由以往只为教师上课服务，学生平时根本不愿去看（除考试外），变为学生上课爱看甚至平时愿意收藏的教材。

1. 以推销工作各个环节为流程、以任务引领为导向，编写教材体例

本书的体例是基于实际推销工作过程的需要进行编排的，分为七个学习任务：认识推销、推销准备、客户开发、推销接近、推销洽谈、推销成交和售后跟踪，对每个学习任务根据所从事推销工作的具体要求进行了分解，以便于学习者从整体上快速掌握推销知识的结构和相应的知识细节。

2. 总结实用的推销技巧和编辑大量的推销故事，增加学生阅读兴趣

每个学习任务都以推销岗位的工作要求为导向，创造性地设计了推销技巧并提示于对应的推销知识点中，这些推销技巧是由笔者在吸收众多销售工作者经验的基础上结合自身多年的工作经验总结而来，特别有助于销售新人快速开展销售工作和提升销售业绩。每个学习任务都以高职生的创业或销售故事开篇，同时在教材中也收集了很多学生兼职或实习工作的故事，会让阅读者产生强烈的共鸣。

3. 推销训练的内容按使用对象进行编排且独立于各学习任务，提升推销技能

为了便于教学和使学员更好地掌握推销技能，本书特意将推销训练的内容独立出来并将其分为三个部分，分别起着不同的作用并适用于不同对象：静态训练适用于学生个人练习用；动态训练适用于课堂教师安排使用；提升训练可由教师和学生视情况选择使用。

如何使用本书

本书的学习任务可按照 45 学时安排，推荐学时分配为：每个学习

任务分配 6 个学时，剩余 3 个学时教师可根据情况灵活安排，在每个学习任务中讲和练的学时分配建议是 1∶2，更多的学时用于安排学生的训练。

本书的开篇故事环节在每一学习任务开篇时作为毕业生故事供学生阅读和案例讨论，基本上每个故事都是真人真事，对学生的参考意义较强，可以有选择地组织学生讨论一两篇；技能故事环节是根据在各个不同学习任务阶段的推销员应该具备的推销技能提炼出来的，教师可以根据学生的具体情况选择某些技能进行重点训练；书中的微故事主要由学员自主阅读，丰富其对推销工作的实践认知。

对于推销技巧的讲授需要授课教师提前熟悉相关背景，以便在讲授相关知识时推荐给学生，或由学生自主学习和掌握；推销训练环节设计了动静结合的训练内容，教师要根据不同的学习任务选择不同的训练方式和合理的训练项目，不至于使学生觉得单调重复，从而提高他们的学习参与热情。

由于编者水平有限，编写时间仓促，书中难免存在不妥之处，敬请广大读者批评指正。同时，如果您在工作中有什么心得与体会，也欢迎一起分享。您的宝贵意见请反馈到邮箱 nbyxp@163. com。

推荐阅读资料

1.《销售与市场·商学院》

2.《演讲与口才》

3.《商界》

4. 孙科炎主编：《销售心理学》，北京：中国电力出版社，2012.

5. 教育资源网，http://www. chinesejy. com/shixi/wenmi/tanpanjiqiao/.

6. 中国营销传播网，http://www. emkt. com. cn.

编者

目 录

上篇：推销案例和推销技能

下篇：推销训练

上篇：推销案例和推销技能

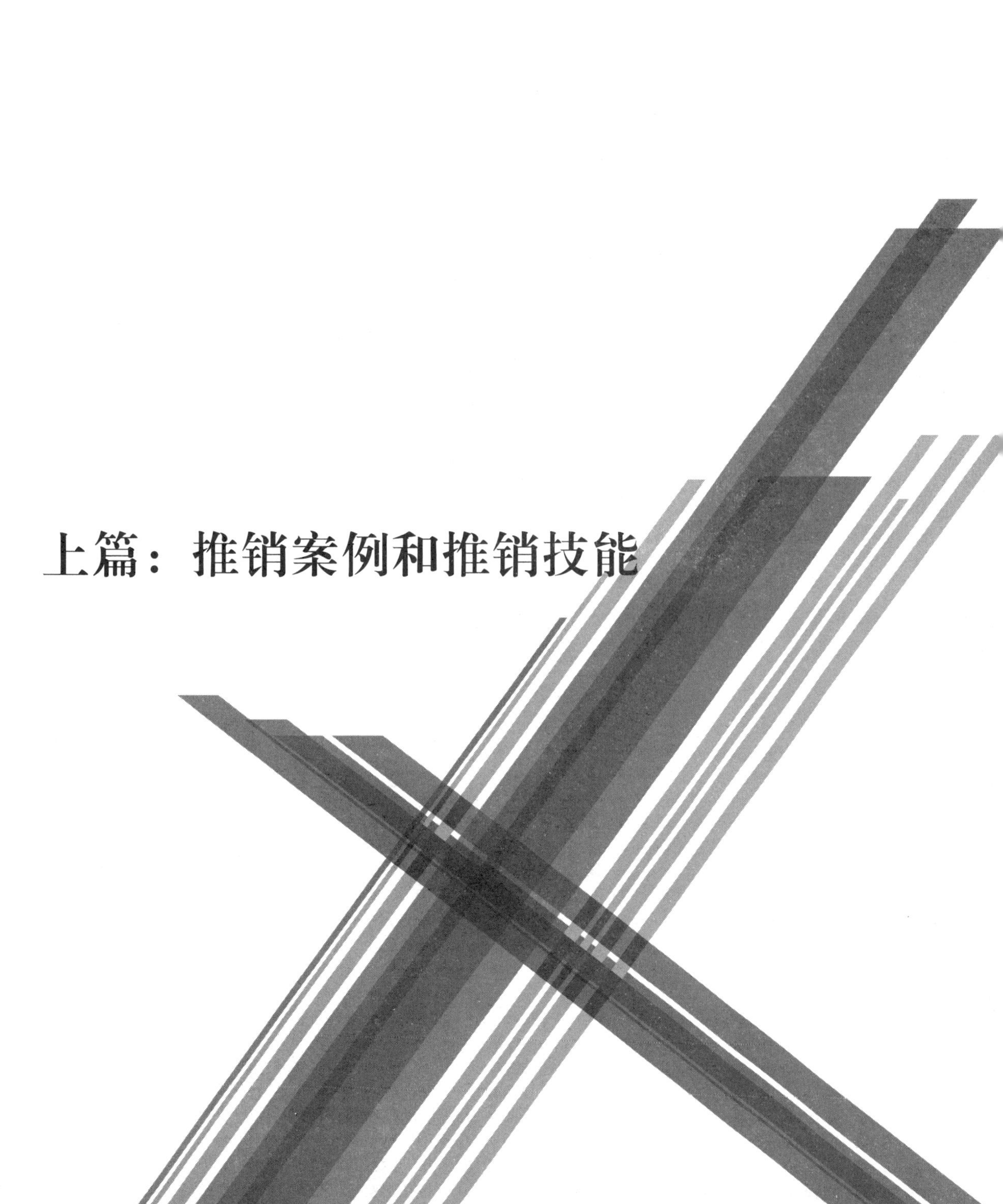

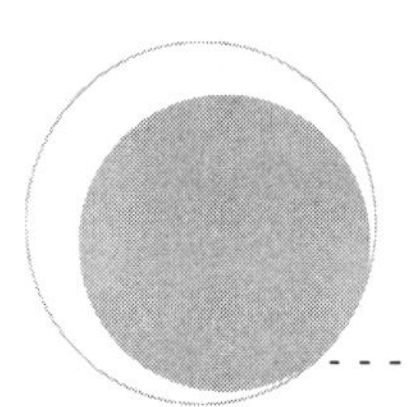

任务一
认识推销

开篇故事

为梦想而改变

——记某职业技术学院 2012 届毕业生马丽（一）

阶梯教室内的白色幕布上“智胜英语”4 个大字格外引人注目，台下阶梯分布的座位上坐满了学生。马丽在讲台上大声地喊出智胜英语工作室的口号“dream to change”（改变从梦想开始）。她那标准的美式发音、流利的英语口语、激情澎湃的演讲感染了每一个人，她的活力让整个教室的气氛活跃起来。这是该校大一学生上思想政治课的情景，马丽作为创业学生的典型代表，在这堂以“创业助我健康成长”为主题的课上与学弟学妹们分享她的梦想和创业历程，这是三年前的她绝不敢想象的事。

内向女生变外向

白皙的脸蛋、颇具神韵的大眼睛、窈窕的身材，这个来自河南的姑娘显得自信满满，然而在台上侃侃而谈的马丽却称自己天生就有些内向。高中时，她甚至不太敢跟同班同学讲话，除几个比较要好的同学外，她基本不主动跟其他同学交流，一学期下来，班里很多同学的名字她都叫不上来。2009 年，马丽考入浙江一高职学校旅游英语专业。她收拾好行囊、告别母亲，只身来到杭州。河南省高考没有英语听力考试，因此英语听力和口语马丽都没怎么练习。马丽刚进大学就遇到了口语的瓶颈，每次看到班里其他同学用流利的英语交流，马丽的心就被狠狠地刺了一下。她暗暗发誓：一定要提高自己的口语能力。

马丽是个果敢的女孩，下决定要做的事就会坚持到底。每天早晨五点半，当寝室里其他同学还在酣睡时，马丽毅然挣脱温暖的被窝，起床复习前一天的功课。因为太早，寝室楼大门还没开，马丽只好到楼顶读英语。时值严冬，凛冽的寒风呼啸过平坦的楼顶时，马丽被冻得直哆嗦，然而她只搓了搓手，仍继续大声朗读。寒假回家，她不再像以前那样睡懒觉、看电视打发时间，而是每天早上五点半起床读英语，训练发音。

大一第二学期，为了提高自己的学习效率，马丽报名参加了杭州智胜教育英语口语培训班。勤奋好学的马丽进步很快，培训班教师都很看好她，智胜英语创始人徐健老师更是喜欢这个爱问问题的小姑娘，每次都会耐心给她讲解，用英语跟她交流，以提高她的口语能力，鼓励她的每一点进步。在培训班学习时，互动环节要求全体同学参与，马丽鼓足勇气当着培训班全班同学的面大声说出了还不是那么流利的英语。

资料来源：何伏林，吴新芳．“两创”教育看高职——浙江省七所院校创新创业教育的探索与实践．北京：现代教育出版社，2012.

推销思考：从马丽身上可以看出哪些素质是优秀推销员应该具备的？如果你也是内向型的，通过努力有没有可能实现像马丽这样的性格变化呢？

1.1 明确推销内涵

推销是一种人人都熟悉的社会现象，是每个人都在进行的活动。你要生存，要取得成功，就要不断地推销自己，用你的推销技巧获得别人的理解、支持、好感、友谊、爱情，以及事业上的合作。在现实生活中，有些人认为推销就是想方设法把商品卖出去，从中赚取利润，认为把产品销售出去是推销的唯一目的，这种观点是对推销的错误理解。

一、推销的概念

推销可以从广义和狭义两个角度来理解。从广义的角度来看，推销泛指人们在社会生活中，通过一定的渠道进行信息传递和交流，把自己的意愿、观念、思想等传递给对方并使对方接受和采纳，从而使双方都满意的活动。在我们的日常生活中处处存在推销，如孩子要求母亲多给他半小时的时间玩游戏；母亲要求小孩多吃青菜；老师要求学生上课认真听讲；员工要求老板加薪等等诸如此类的活动都是在推销。从狭义的角度而言，推销是指企业的推销人员直接与潜在顾客进行接触、沟通、洽谈，采用帮助或说服等手段，促使顾客采取购买行为的活动过程。这个定义会使我们联想到业务员、业务代表、业务专员、营业员、销售员、访问员、调查员、销售工程师等岗位。我们所讲的推销一般是指狭义的推销。正确理解推销的含义应注意以下几个方面的问题：

（1）推销是发掘和满足顾客的需求，帮助和说服顾客购买。推销的目的是双重的，既要售出产品，又必须满足顾客的需要。推销是卖和买的统一，没有顾客的“买”，也就不可能有推销员的“卖”，所以，推销员要将产品推销出去，就必须了解顾客现实和潜在的需要，刺激顾客的需求欲望，促使顾客自觉购买。

微故事 1－1

把木梳卖给和尚

一位已近暮年的商人，为了在 4 个儿子中挑选出自己基业的继承人而决定做一个测试：让他们在一天的时间内向寺庙里的和尚们推销梳子。早晨，4 个儿子身背梳子分头而去。不一会儿的工夫老大便悻悻而归：“这不是明摆着折腾人嘛，和尚们根本就没有头发，谁买梳子？”

中午老二沮丧而回：“我到处跟和尚讲我的梳子是如何如何的好，对头发护理是多么多么的重要，结果那些和尚都骂我是神经病，说我是在笑话他们没有头发，赶我走甚至要打我。这时候我看到一个小和尚头上生了很多癞子，很痒，正在那里用手抓。我灵机一动，劝他买把梳子挠痒，还真管用，结果就卖出去了一把。”

下午老三得意地回来："我想了很多办法，后来我到了一座高山上的寺庙里，我问和尚，这里是不是有很多人拜佛？和尚说是的，我又问他，如果礼佛的人头发被山风吹乱了，或者叩头时头发散乱了，于佛尊敬不尊敬？和尚说当然不尊敬。我说你知道了又不提醒他，是不是一种罪过？他说当然是一种罪过。于是我建议他在每个佛像前摆一把梳子，香客来了梳完头再拜佛。一共12座佛像我便卖出去一打！"

老四晚上才满身疲惫地归来，不仅所带梳子悉数卖光，还带回了与寺庙签署的厚厚订单以及与寺庙合资成立梳子厂的协议，看到大家惊诧不已，老四解释说："我找到当地香火最旺的寺庙，直接跟方丈讲，你想不想给寺庙增加收入？方丈说当然想啦。于是我就给他出主意说，在寺庙最显眼的位置贴上告示，只要给寺庙捐钱捐物就有礼物可拿。是什么礼物呢？是一把经得道高僧开光并刻有寺名的功德梳。这个梳子有个特点，一定要在人多的地方梳头，这样就能梳去晦气梳来运气。于是很多人捐钱后梳头，又促使更多人去捐钱，就这样，所有的梳子都卖出去了还不够。"

资料来源：http://wenku.baidu.com/view/bc5b891714791711cc79174f.html.

微故事1-2

小苹果蕴藏大商机

郑江是一名高职学校国际经济与贸易专业07级学生，刚到学校那会儿，他对创业还一无所知。大一的时候半个多学期过去了，学校专业知识的熏陶使他产生了创业的想法。于是郑江开始处处留意寻找商机，他发现圣诞节期间很多朋友会相互送苹果以示祝福，这或许是个很好的商机。11月份郑江和两名同学一起到水果批发市场了解行情，发现市场卖的苹果价格低，直接从市场进货销售赢利最高。但如果大批量进货，销售不出去怎么办？水果批发市场是不退货的。进货少了又怕备货不足，再进货时只怕商机已失。

怎么办呢？郑江想起了自己在创业园里看到的成功事例，他们无一不是用一种创新的思维来分析问题、解决问题的。他动起了脑筋：为什么一定要先进货后销货呢？完全可以先售货后进货啊！他决定以订单的形式来销售苹果。

郑江是学生联合社的干部，那段时间他看见同学就问："圣诞节需要买苹果吗？我这里的又便宜又好。"被产品的物美价廉和他的真挚所打动，联合社的同学都向他预订了苹果。口口相传，连老师都知道有个叫郑江的学生在卖又好又便宜的苹果，也都向他预订了苹果。渐渐地，郑江手里的订单越来越多了。郑江还与同学一起到周边的学校去宣传，12月初他们手里已经有校内外的预售订单4 500个。圣诞节前，郑江和同学一共销售了6 650个苹果，赚了8 120元。

资料来源：何伏林，吴新芳．"两创"教育看高职——浙江省七所院校创新创业教育的探索与实践．北京：现代教育出版社，2012.

（2）推销是一种"双赢"的公平交易活动。推销人员和推销对象是推销活动的两个重要方面，都有各自特定的利益和目的。要想使生意做得好，就要使买卖双方都满意，如果单从任何一方出发考虑问题，生意都不可能成交。推销员要想获得利润，就必须要从顾客的利益出发，使顾客从购买产品中获得利益，正所谓"买者欢喜，卖者得意"。

（3）在推销过程中，推销人员要运用一定的方法和技巧。推销是科学、是艺术，同时也是一种技能。推销人员必须掌握推销的基本原理和基本技能，在此基础上发挥个人的主观能动性，在推销过程中灵活运用各种推销方法和技巧才能达成交易。

二、推销人员的职责

推销人员是推销活动的主体，是联系企业与顾客的桥梁和纽带。虽然由于推销对象的差异，对销售工作和推销人员的要求不同，推销人员的具体活动也不尽一致，但一些基本的销售工作是绝大多数销售人员都应该完成的，属于推销人员的职责。推销人员的主要职责如下。

（一）收集资料，传递信息

推销人员应及时准确地向消费者传递有关企业、商品和劳务的信息。推销人员在实际推销过程中必须先收集有关的信息资料，包括有关本企业产品销售、竞争对手和市场现状及发展趋势等资料；必须了解和掌握与销售工作密切相关的信息及资料，如企业的基本销售目标、经营方式、信贷条件和交货期限等；必须掌握有关产品的全部知识，以便在适当的时间和地点向顾客推销商品，能向顾客说明购买和使用本企业的产品所能得到的利益及产品的售后服务情况，并做好示范，启发顾客购买。与此同时，推销人员还应随时收集市场信息资料，如市场的需求状况及其发展变化趋势、目标顾客的具体情况、顾客对企业产品的评价和意见、竞争对手的产品与本企业产品的区别、竞争对手的市场营销战略和战术等，将这些信息及时准确地收集并反馈给企业的决策者，为决策者提供决策的依据。

（二）销售产品，开拓市场

推销商品是推销人员的主要职责，也是推销工作的核心。这项职责要求推销人员通过与购买者的直接接触，争取引起购买者的注意和兴趣，促进购买者的购买欲望；利用提供产品的鉴定证明、示范使用产品、请购买者亲自试用产品等方法来取得顾客信任；善于正确处理反对意见；运用其推销艺术，分析解答客户的疑虑，最终达成交易。

寻找目标市场与开拓新的市场是推销人员的主要工作，也是推销人员的职责。推销人员不仅要了解和熟悉现有客户的需求动态，还要能够寻求新的目标市场，发展潜在客户，从事市场开拓工作。为此，推销人员必须具有一定的开拓能力，善于发现机会，能够成功地找出潜在客户，并通过真诚的工作态度将产品推荐给顾客。

（三）跟踪顾客，提供服务

推销商品的过程也是为了给顾客提供服务的过程，服务包括售前服务、售中服务和售后服务。做好服务工作是增加产品价值、提高产品竞争力的重要手段。推销人员除了直接销售产品外，还应该为顾客提供如业务咨询、技术性协助、融资安排、准时交货等服务。

推销人员将产品推销出去了并不等于推销工作的结束。顾客购买商品并使用后，会对商品有一定的评价，这些评价会直接影响到企业及产品的声誉，关系到企业的未来及产品的市场生命。在产品销售出去以后，推销人员还要与顾客保持经常的联系并继续为其服务，进行定期回访、节日问候等；定期了解顾客对产品的意见和建议，并采取改进措施，充分履行安装、维修、退货等服务方面的保证。

（四）沟通信息，树立形象

销售产品是销售人员的首要任务，但并不是唯一的任务，因为销售任务是长期的。信息沟通的目的就是促进长期销售。推销活动实际上就是推销人员与顾客双方的双向信息沟通的过程，沟通交往的意识实际上也可以说是推销人员的一种现代信息意识。推销一方为了吸引更多的客户，让更多的顾客接受自己的产品，这就需要构建一个信息交流的网络，一方面在推销过程中收集社会各界和广大用户的意见、评价和建议，做到“外情内达”；另一方面作为企业的代言人，推销人员需要运用各种传播媒介和传播手段向外界准确及时地传递有关产品的信息，做到“内情外达”。因此，推销者要掌握信息传播的基本规律和方式，具备熟练的传播沟通的技巧。

销售人员在与顾客沟通的过程中，代表的不是推销员自己，其一言一行、一举一动都代表着产品形象和企业的形象，推销员的素质和专业水平是顾客判断企业形象的最直接的标准和依据。企业形象的好坏是企业销售业绩好坏的关键性因素。因此，推销员要时刻记得宣传企业的形象，处处维护企业的形象，不要为一时的小利而损害企业的形象。

三、推销的要素

推销的要素是指构成推销活动的基本因素，包括推销人员、推销对象和推销的产品。

（一）推销人员

推销人员是指主动向推销对象销售商品的推销主体，包括卖场销售人员、产品推销人员及各类服务人员等。在推销的三个基本要素中，推销人员是最关键的，因为推销活动就是借助推销员走访顾客来了解顾客的潜在需求和现实需求的，通过进行有效的沟通与劝说为顾客提供其所需要的产品与服务来满足顾客需求，最终实现企业的销售。因此，推销员是企业和销售者之间的桥梁和纽带，是实现推销活动的主体，也是推销活动是否成功的关键。但是在销售领域中，有一个最大的迷惑，那就是许多推销员以为他们推销的是产品。其实不然，真正的推销不是推销产品，而是推销自己。推销成功与否，往往取决于你的服务精神和态度，只有顾客喜欢你的为人、你的个性、你的风格，他才会购买你的产品。

（二）推销对象

推销对象又称顾客或购买者，是推销员在推销活动中涉及的对象，是在推销活动中推销信息的接受者。由于推销活动是一个双向沟通的活动，所以，推销对象也是推销活动中的另一个主体。依据购买者所购买推销商品的使用范围，可以把推销对象分为个体购买者与组织购买者两个层次。在推销活动中，寻找推销对象既是推销的首要环节，也决定着整个推销活动的效率。有效地寻找和选择推销对象，可以使推销员充分使用有限时间和资金，集中精力说服那些具有强烈的购买欲望且购买能力又较强的客户，大大减少推销活动的盲目性，提高推销活动的成功率。另外，在推销活动中，推销对象是否认同推销员、是否接受推销信息、是否需要所推销的商品或服务等直接影响着推销活动的成败，因此准确地选择和分析推销对象就十分重要。

微技巧 1-1

做笔记

做笔记不仅适用于课堂学习，而且在人际交往中，做笔记也是一种有效的人际沟通手段。试想下，你的领导给大家开会，众多听众中，只有你一人在听的同时，还不时地做笔记，领导对你的印象会如何？如果你在与客户的沟通过程中，时不时地把对方的诉求要点记下来，客户会对你有什么感觉？

（三）推销的产品

推销的产品，是指推销人员向推销对象推销的各种有形与无形商品的总称，包括商品、服务和观念。推销的产品是推销活动中的客体，是现代推销学的研究对象之一，因而商品的推销活动是对有形商品与无形商品的推广过程，是向顾客推销某种物品的使用价值的过程，是向顾客实施服务的过程，是向顾客宣传、倡议一种新观念的过程。推销的产品是联系推销人员与推销对象之间的纽带，其能否满足顾客的需要是推销活动成功与否的物质基础。按照其是否有形，可分为有形的产品和无形的服务。有形的产品按其用途又可分为消费品和生产资料。

推销过程既是一个实物产品的推销过程，又是一个服务和观念的推销过程，三者是相互影响、不可分割的统一体。在实物产品、服务和观念这三者中，实物产品是物质基础，是保证推销活动顺利进行的关键。这就要求企业要善于换位思考，根据市场的需要、顾客的需要，生产出优质产品，要把顾客的满意作为企业追求的最高目标。

1.2 成为优秀推销员的素质要求

据美国有关资料显示，优秀推销员比普通推销员的业绩高出 300 倍。一般来说，推销员的业绩分布呈正态分布，大体是 1∶3∶1，即在所有推销人员中，业绩很好的占 20%，业绩一般的占 60%，业绩很差的占 20%。那么，是什么原因导致在环境、产品等外部条件差不多的情况下，推销人员的业绩差异呢？实践证明，在环境、产品等外部条件区别不大的情况下，推销业绩的显著差距主要是由推销人员自身素质的差异造成的。杰出的推销员自有杰出之处，有了优秀的素质，才可能有优秀的推销业绩。在当今市场上，竞争日益激烈，企业经营者越来越意识到销售对企业的重要性。推销人员的素质直接影响推销业绩的成败。所谓推销人员的素质，是指推销人员胜任推销工作的综合能力，它包括推销人员应具备的思想素质、业务素质、心理素质和身体素质。

一、思想素质

（一）热爱推销工作，有强烈的推销意识

现代推销人员最首要的思想素质就是热爱自己所从事的推销工作，具有强烈的推销意识。所谓推销意识，是一种时刻具备的强烈的达成交易的潜在心理。只有热爱本职工作，才会有内驱力，才会感觉到工作的意义，才会用饱满的热情去感染顾客。

（二）高度的工作责任感

推销工作是一项崇高的职业，推销人员是企业利润的实现者，是顾客的良师益友，是企业的形象代表。推销人员必须具有高度的责任感，才能想方设法为顾客排忧解难，千方百计完成销售任务；才能在推销活动中处处维护企业的形象，与顾客保持融洽、良好的关系，不会因个人利益而损害顾客利益。推销人员只有具备高度的责任感，才能正确处理好社会、企业与顾客的关系。

（三）良好的道德品质

推销活动要求从业人员必须具有优秀的道德品质，这些品质包括诚实严谨、恪尽职守的态度和廉洁奉公、公道正派的作风。良好的道德素养是现代企业推销人员必备的一个基本条件。推销员良好的道德品质主要体现在两个方面：一是对企业的忠诚；二是对顾客的诚实。诚实对于企业的销售来说无疑是非常关键的，诚实应当包括：真实地反映情况、不歪曲事实、能够及时地察觉问题的真相等。许多企业都将这一条作为优秀销售人员的首要要素。

(四) 百折不挠的进取精神

推销活动以人为工作对象，而人的心理和需求又是复杂多变的，这就使得推销工作具有很大的难度。在现实生活中，为什么看似条件基本相同的推销员，有些人业绩平平，而有些人却出类拔萃。这与推销员的个人努力和进取精神有很大关系。在推销活动中，只要有1%的成功可能性就要用100%的努力去争取，这就是百折不挠的精神在推销活动中的体现。

微故事 1-3

小周同学是某高职学校2011级营销专业三年级的学生，在临近毕业时参加了在自己学校举办的人才招聘会。在招聘现场有一家他看中的大型企业招销售人员，但是轮到他投简历时，发现已经有很多同学的简历放在桌子上了，这时他想如果自己也是简单地问一些问题放下简历就走，录用的机会肯定不大。所以，他想到了推销课上老师讲过的推销技巧，他决定尝试地使用“做笔记”的技巧。最后交流下来的结果是，企业方的人员告诉他，你是所有应聘人员中唯一能够让他记住名字的同学。

二、业务素质

推销工作是一项极富挑战性的工作，推销人员除了具备过硬的思想素质外，还要具有较宽广的知识结构和业务素质。推销员需要接触众多的顾客，而顾客的心态和想法各不相同，在推销活动中，推销员必须在较短的时间内迅速做出判断和分析，从而确定推销的方式和技巧。推销员具备的业务知识越丰富，推销成功的可能性就越大。推销员的业务素质，主要表现在以下几方面的知识掌握上。

(一) 企业方面的知识

掌握企业知识，一方面是为了满足顾客这方面的要求；另一方面是为了使推销活动体现企业的方针政策、达成企业的整体目标。企业知识主要包括企业的历史、方针政策、规章制度、生产规模和生产能力，企业在同行中的地位，另外还有企业的销售策略、服务项目和结构方式等。

(二) 产品方面的知识

推销员不是技术专家，也不是产品开发设计人员，不可能透彻了解有关产品的全部知识。推销员掌握产品知识的最低标准是顾客想了解什么、想知道多少。顾客在采取购买行动之前，总是要设法了解产品的特征以减少购买的风险。通常，越是技术上比较复杂、价值或价格高的产品，顾客想要了解的产品相关知识就越多。掌握产品知识，是为了更好地了解自己的推销客体，更好地向用户介绍产品，从而增强自己的推销信心和顾客的购买信心。

(三) 市场方面的知识

市场是企业和推销员的基本舞台，了解市场运行的基本原理和市场营销活动的方法，是推销获得成功的重要条件。推销员掌握的市场知识应当是非常广泛的，并不要求推销员对这些学科知识有很深的掌握，但对一些基本的常识要有所了解。

（四）顾客方面的知识

推销员需要掌握的顾客方面的知识主要是购买心理和购买行为方面的知识。因此，应掌握有关消费心理、公共关系等方面的知识，以便能科学地分析顾客的购买心理和行为，并选择恰当的推销策略和技巧。

（五）竞争方面的知识

要想成功地进行推销活动，推销员还必须了解同行业竞争对手和竞争产品的情况，知己知彼才能百战不殆。推销员需要了解的竞争方面的信息包括：整个行业的产品供求状况，企业所处的竞争地位，竞争企业的市场策略、目标市场、生产规模，竞争产品的特色、价格、服务、付款方式等。竞争情况掌握得越清楚，推销员在推销活动中就越主动和自信，推销成功的可能性就越大。

三、心理素质

心理素质渗透在人们的各种活动中，影响着人们的行为方式和活动质量。从推销的角度讲，心理素质是指推销员在推销过程中应具备的心理品质。推销员整天与人打交道，要经受无数次的挫折与打击，要应付形形色色的推销对象，必须加强心理训练，培养正确的推销态度和心理品质。美国有关研究机构的抽样调查表明，销售业绩优秀的人群与销售业绩一般的人群之间的平均智商值是基本相当的，而反差最大的是心理素质，即销售业绩优秀人群的心理素质大大高于销售业绩一般人群。可见，导致销售业绩好的主要原因并不是头脑聪明，而是良好的心理素质。良好的心理素质是指有很强的抵抗挫折的能力，遇到困难与失败时，能保持情绪稳定，以高昂的精神状态去面对环境的压力。

微技巧 1-2

有自信

有的人天生具有“厚脸皮”，非常自信，从而使他/她在人际交往中占尽便宜；有的人则相反，性格内向脸皮薄，非常不自信。这种状况反映到销售工作上，其表现是刚从事推销工作的销售人员，有的有一种心理恐惧感，有的则表现得很自信。如何树立自信，也是在本门课中你将收获的技巧。培养自信方法有以下几种：(1) 重视自己的成功；(2) 多学习；(3) 多旅行；(4) 多思考；(5) 给自己压力，努力做出改变。

良好的心理素质是对推销员的第一要求。推销是一项最容易遭遇挫折的职业，推销员经常会受到冷落、拒绝、嘲讽、挖苦、打击，甚至遭遇失败，每一次挫折都可能导致情绪的低落、自我形象的萎缩或意志的消沉，最终影响业务的拓展，或者干脆退出竞争。在市场竞争激烈的环境中，推销人员若没有良好的心理素质，无论其他各方面的条件多么好，也难以完成销售任务。

四、身体素质

推销工作既是一项复杂的脑力劳动过程，也是一项艰苦的体力劳动过程。推销是一项十分辛苦的工作，特别是在工作中遇到困难和挫折时，心理压力和工作艰辛所带来的身心疲惫是常人不曾体会的。推销工作的性质决定了推销员必须经常外出并携带样品、产品说明书等资料；有时还要日夜兼程，工作时间长，劳动强度大；对于一些工业品的推销，还需要推销员进行安装、操作、维修等体力劳动；与形形色色的顾客打交道更是费神费力的过程，需要充沛的精力做保证。因此，推销员仅具备了过硬的思想素质和业务素质，没有健康的体魄和旺盛的精力，也是难以胜任推销工作的，知识再渊博，还是要身体力行。

微故事 1-4

今天是顶岗实习的第二天。两天下来，最大的感觉就是累，脚累，手累。因为是女生，不仅要学会化淡妆，还要穿高跟皮鞋，第一天是传菜，第二天是接待，两天站下来感觉浑身酸累，这才真正体会到工作的辛酸。刚开始的想法就是想回学校，还是上课好，上课轻松。但在工作的过程中一直学习着，学习如何适应，了解每个岗位要做的细节，思考着怎样做才能做到更好。虽然刚开始很辛酸，但学到了如何耐心接待，微笑着，倾身 30°：“您好！欢迎光临！”“谢谢光临，请慢走！”经理们，餐厅的哥哥姐姐们，都很热心地教我怎么做，必胜客的气氛总是那么好，让我很开心，很迫不及待地想融入这个大家庭！这是一个新的开始，一个新的挑战！告诉自己：你可以！

（浙江工商职业技术学院，营销 1424，谢婵娟同学的必胜客顶岗实习周记）

1.3　胜任推销工作的能力要求

推销人员具备了一定的思想素质、业务素质、心理素质与身体素质，只是具备了做一名好的推销员的基本条件。要想成为一名成功的推销人员，还必须具备以下几项能力。

一、良好的语言表达能力

语言是传递信息、交流思想和感情的工具。推销员每天要接洽不同的顾客，在推销活动中主要是借助语言来介绍所推销的产品带给顾客的利益，能否激发顾客的购买欲望，最终促成交易，语言能力的高低是推销成功与否的基本要素。推销中的语言能力是指推销人员在推销过程中驾驭语言的能力。语言作为推销和交际的手段，推销人员必须熟练地掌握它，必须提高自身的语言表达能力。语言的口头语言和文字语言两种表达形式都应该学好、用好。语言表达能力主要体现在以下几个方面。

（一）语言表达要准确和清晰，言简意赅

推销人员要能够使用准确、清晰的语言向顾客介绍商品信息，交流感情，说服顾客。这是对推销人员的基本要求。如果说话含糊不清、发音不准，或者词不达意、没有逻辑性，就会影响推销人员与顾客之间的沟通和交流的效果。

（二）语言要有针对性

在推销活动中，语言是用来表达自己的愿望和要求的工具，推销员的语言要有较强的针对性，要做到有的放矢。模糊、啰唆、前言不搭后语、思路不清的语言，不仅不能引起顾客对商品的兴趣，反而会使顾客产生疑惑、反感，成为推销的障碍。在推销活动中要针对不同的商品、不同的顾客，有针对性地使用不同的语言，才能保证推销的成功。

微故事 1－5

因为笔者汽车的保险即将到期，故在一天之内接到两个保险公司推销员的电话。在这两个推销员准备介绍他们公司的业务优势时，被我打断。我说："我车子想转让，所以保险让接手人买。"这时 A 推销员说："哦，好的，不好意思，打扰您了。"说完电话就挂断了。而 B 推销员则说："哦，好的，您车子卖了，肯定还会买新车的，到时很希望能为您服务，我把我的联系方式和工号发给您，好吗?"我说："好的。"

(三) 讲究语言的艺术性

语言的艺术性主要表现在语言表达的灵活性、创造性和情境适用性上。如西方一位教士向他的上司请示："我在祈祷的时候可以抽烟吗?"上司听后十分生气，指责他不虔诚。几天后，另一位教士也去向上司请示："我在抽烟的时候可以祈祷吗?"得到了上司的允许。同样的要求，仅仅是变换了一个问法，竟会产生完全相反的效果。可见，语言的艺术是多么重要。成功的推销都是推销员运用语言艺术的结果。

微故事 1－6

贺同学，在某大型商场化妆品柜台想选购化妆品送人，若有合适的产品也会自己用。可是，在选购过程中，营业员居然对贺同学说："美女啊，你看你的皮肤这么差，真的是应该买点化妆品去修饰修饰了。"贺同学听完，非常不爽，什么也没买就离开了这柜台。

(四) 要恰当地使用肢体语言

推销员利用姿势、手势、眼神、表情等来表达自己的思想和意图，往往在推销过程中发挥着重要的作用。在有些特殊环境里，有时需要沉默，恰到好处的沉默可以取得意想不到的良好效果。

此外，语言能力还包括对于书面语言的理解能力、熟悉公文写作知识、对于合同用语的熟悉程度等。

二、敏锐的洞察能力

所谓敏锐的洞察能力就是善于洞察顾客心理活动的能力，或善于站在顾客立场上思考问题的能力。

(1) 在推销过程中，推销员应该从顾客的谈话用词、语气、动作、神态等微妙的变化中去洞察对方的心理过程，销售员敏锐的洞察力对销售成功是至关重要的。观察不是简单地看看，很多销售人员的第一堂课就是学会"看"市场，这个"看"不是随意地浏览，而是用专业的眼光和知识去细心地观察，通过观察发现重要的信息。例如到卖场逛逛，一般人可能仅知道什么产品在促销，什么产品多少钱，而专业的销售人员可以观察出更多信息。

(2) 敏锐的洞察力表现在推销员特别善于倾听。在推销过程中，"倾听"其实比"劝说"更加重要，善于倾听的销售员能充分调动对方的积极性，让对方产生如遇知己的感觉。善于倾听的要点在于：销售员的肢体语言和口头语言与顾客说话的内容配合得高度一致。比如顾客在讲述他艰苦奋斗的创业史，善于倾听的销售员就会表露出敬佩的表情，甚至适当地睁大眼睛并用一些感叹词来配合顾客的述说以肯定对方，从而调动顾客说话的积极性，为深入交谈创造条件；又如顾客在讲一个笑话，那么无论这个笑话是否可笑，销售人员的职责便是配合以朗声大笑，这也是善于倾听的表现。而一个销售人员是否善于倾听，是以其是否具有敏锐的洞察力为基础的。

微故事 1－7

我一开始是在外面迎宾的，后来客人挺多的，我就自己试着接待了客人，我问他喜欢什么类型的衣服，他说了喜欢的类型。接着我就拿了两件给他试试，我看他表情，好像更加喜欢短款的那个，我就让他再试试，说可以更好地比较一下。但是他说再看看，我就说："那帅哥如果没有看到其他喜欢的可以再来我们家。"没想到后来这位顾客真的来了，我很幸运地开了一单，心情顿时感觉愉悦了，看到了希望。到了晚上遇到了一个"富二代"，真心有点"坑"，自己那么瘦那么黑还老说我们家衣服颜色太奇怪了。还有一个试了我们家好多衣服，还一直说这个好看那个也好看，结果里外都试了个遍，却来了一句"再说吧。"

（浙江工商职业技术学院，营销 1211 班　汪蔷薇）

三、较强的社交和沟通能力

推销员在向顾客推销的过程，实际上就是信息沟通的过程。沟通能力是销售人员必备的能力，沟通含有两层意义：一是准确地采集对方的信息，了解对方的真正意图，同时将自身的信息准确地传达给对方；二是通过恰当的交流（例如语气、语调、表情、神态、说话方式等）使得谈话双方达成共识。

推销员必须善于与他人交往，有较强的社交能力和沟通技巧，这样才能维持和发展与顾客之间长期稳定的关系。推销员在与顾客交往的过程中，要热情诚恳，对人友善，能设身处地地为顾客着想，替顾客分忧，这样才能取得顾客的信任、理解、支持与合作。

表示友善的最好方法就是微笑，只要养成逢人就展露亲切微笑的好习惯，就能广得人缘，生意兴隆。友善就是真诚的微笑、开朗的心胸，加上亲切的态度。微笑代表了礼貌、友善、亲切与欢快。它不必花成本，也无须努力，但它使人感到舒适，乐于接受。推销员还要有广泛的兴趣和爱好，能与不同的年龄、职业、性格、地位、爱好的人交朋友，成为顾客的良师益友。

四、随机应变的能力

应变能力是指对突然发生的情况和尚未预料到的情况的适应、应付能力。推销员在推销过程中会遇到千奇百怪的人和事，情况也总是处在不断变化之中，经常会出现各种意外的突发状况。当这些突发状况出现时，一旦推销人员缺乏处理异常情况的临场应变能力就会陷于被动，可能导致推销失败。面对复杂多变的情况，推销员要善于对突变的情况进行快速分析，分析情况变化的原因，做出新的判断，冷静而沉着地处理各种可能出现的问题，根据情况的变化调整推销的策略和方法，提出各种变通的方案，尽快妥善解决。如果拘泥于一般的原则而不会变通，往往导致推销失败。因此，推销员一定要有随机应变的能力。

微技巧 1-3

多思考

生活中学着多思考，思路决定出路，穷则思变。只有多思考，每个人的人生才会变得更阳光、更积极。每个成功的人都是喜欢思考的人。在学习生活中，我们也一定要养成善于思考的习惯，学习成绩不一定最优秀，但思想一定要有，不能只是成为一个“应声虫”和“传声筒”。要成为一个善于思考的人，平时生活里遇事就要多想想为什么会这样，多探究事情发生的深层次原因，多在课堂上和生活中发表自己的想法及意见。

五、创新能力

推销工作是一项极富挑战性的工作，每一次的推销过程都不可能是前一次的重复和翻版，每一次的推销都可能会出现新的情况，面临新的问题，这就需要推销人员注重敏锐、好奇、进取等创造性能力的培养，不断开拓新市场，采用新方法，解决新问题。对推销人员而言，开拓一个新市场，发掘一个新客户，采用一种别出心裁的推销手段，就必须具有一定的开拓创新精神和能力。

微技巧 1-4

会花钱

曾经有一个企业负责人在招聘销售人员时，提出了一个想法就是要销售人员“会花钱”。他曾问应聘者一个月花多少钱，钱主要用在什么地方。目的是通过是否“会花钱”考量求职者的能力和发展的空间。因此，对于处于成长期的同学们而言，生活中花多少钱谋求发展，而不只是花钱享受，这是一个值得思考的问题。

六、不断学习的能力

学习是做好任何事情的前提，要想成为强者的最快方式就是向强者学习。同样，要想成为一个优秀的推销员，学习别人的优点也是最快的方法。推销员要与各行各业、各种层次的顾客接触，不同的顾客所关注的话题和内容是不同的。推销员应该清楚不同的顾客喜欢谈论什么样的话题，进而才能与对方有共同语言，谈起话来才能投机。这就要求推销员具有广博但不一定深精的知识面。因此，推销员要不断地充电和学习，以使自己拥有较广博的知识，从而跟上时代的步伐。要养成不断学习的习惯，还要向身边的人学习，向顾客学习，向同事请教，培养不断学习的能力。

一个成功的推销员还要勤思考，勤总结，要养成日总结、周总结、月总结、年总结的习惯。推销员每天面对的客户不同，就要用不同的方式去进行沟通，只有不断地去思考、去总结，才能与客户达成最满意的交易。推销员所需要接触的知识甚为广泛，从营销知识到财务、管理以及相关行业知识等，可以说销售绝对是“综合素质”的竞争，面对如此多的知识和信息，没有极强的学习能力是无法参与竞争的。因此，没有良好的学习能力，在速度决定胜负、速度决定前途的今天势必会被淘汰。推销也许是一个人人都能做的工作，但绝不是每一个人都能做好的工作，不管是要推销产品还是推销服务，不断地学习与总结都是做好推销工作的前提之一。

推销职场

踏入职场的新生

2014 年接近年底，我离开了学校，开始了人生的另一个旅程——工作。现在的我有两个身份，一个是临近毕业的大专生，一个是企业的员工，而我正在这两者之间转换着、适应着。根据专业的对口性我应聘了宁波市江北洲浩机械厂，还有一个很大的原因就是这家企业离我家近。宁波市江北洲浩机械厂主要经营：机械配件，通用零部件的加工、制造等。这家公司是一家比较正规的民营企业，企业虽然不大，但是有很好的团队精神，工作环境良好，员工不会有太大的压迫感，也没有那么紧张的工作氛围，我感觉在这个公司的人每天都很开心。

在公司里，我被分配到销售部进行业务实习。在销售部，我师傅指导我完成各种工作。在工作中，主要是先让我观察工作的完成方法，让我们先从中学习经验，然后再实际操作。按照这个原则，我在销售部的几周时间里，首先，进了仓库，熟悉产品的规格、性能、用途等。不同种产品有细小的差别，用在不同的方面，性能也是不一样的。同种产品，根据商家的不同要求，又有很多不同的规格，规格不同包装自然不一样，通过包装上面的标识就能够比较清晰地分辨出来产品的种类和规格。熟悉公司的产品是每个业务员首先要做到的，如果连自己都不了解自己销售的产品还怎么推销给客户呢?

然后，我在销售部做了咨询业务。主要是通过接打电话，来向有意向的公司解答有关产品和报价的问题，以及收集公司的信息，这个工作是在基础工作上展开的。基础工作要做好一点之后，才能继续做下一个工作。公司的每个电话都十分重要，不可敷衍，即使对方要找的人不在，也不可以答复："他不在"，就将电话挂断。接投诉电话首先应确认对方身份，了解对方来电的目的，如自己无法处理，也应认真记录下来，并告之会及时反馈以赢得对方的好感。对对方提出的问题应耐心倾听；回答问题时要清楚明确，不能一问三不知。

做了一段时间的电话咨询后我开始跟着带我的师傅跑业务。以前听人家说销售怎么怎么难，自己都不以为然，然而等自己站在那与客户磨嘴皮的时候，才知道销售工作要远比自己想象的难多了！如果不了解产品的专业知识，那么在介绍产品的一些性能时连自己都不知道说了些什么！而且往往事倍功半，磨破了嘴皮还是无功而返。跑业务的工作主要有发展新客户、巩固老客户。以前学习理论知识时就知道，巩固一个老客户的成本要比发展一个新客户的成本低得多，所以销售人员先要巩固自己的老客户，在保证老客户的同时发展新客户。在工作中可能会有一些挫折，但在这时更不能气馁，一旦放弃就意味着失败，这和以前自己在外做兼职完全不同，你要用百分百的热情，用正确的心态去面对它，因为不管如何郁闷枯燥，工作都是必须要完成的。

销售人员总是在和不同的人打交道，自身表现出来的亲和力能够较快地拉近人与人之间的距离，从而能够更高效地沟通，对工作的完成也有很大的帮助。销售能力是知识和实践相结合的产物，所以在以后的工作中，同事们都告诉我，要在不落下学习的情况下，多参加企业社会活动，试着用自己的思维解答生活和工作中的问题。大学所学的知识大部分是工作中切实需要的，没有这样的理论就不能理解工作中出现的问题，也就没有切实可行的方法去处理这些问题，所以理论是我们工作中的基础。但是，单单只有理论也是不行的，只有理论只是纸上谈兵。能够运用自己的理论知识，正确地处理工作中出现的问题，用自己的方法解决问题，是我们从实践中得到的能力，这种能力才是我们在以后的工作中真正需要并且重要的东西。我们的能力要在实践中不断提高，正所谓“读万卷书，行万里路”，理论和实践相结合才能做好销售，才能积累经验。在实践中看到自己的不足，在实践中锻炼自己的能力。

（浙江工商职业技术学院，营销 1211　陈珂）

职场新人的工作感悟

真正进入社会上班了，突然感觉时间过得很快，转眼间，实习时间都已经过了一个多月了。这一个多月可以说是酸甜苦辣都经历了。从刚毕业时回家的盲目和迷茫，到找工作的失落和期待，再到上班之后的欣喜和挫折，这些都让我感觉到了社会生活和校园之间的差距，在社会和人打交道和在学校与同学之间的相处还是有很大区别的。

刚毕业时我并不急于出去找工作，总觉得自己还小，做不了什么事情，也不知道真正的上班自己能不能接受，自己是否能承受得了。在家纠结徘徊了一段时间后终于准备好出去找工作。这才发现，找工作也并不是想象得那么简单，当面试人问我为什么要选择这个行业时，我哑口无言。后来我才发现自己真的没有认真地想过到底要做什么，不知道自己的目标是什么，这让我很烦恼，怕自己要求太高无法胜任；要求太低又觉得自己能力不仅仅只是这样。

最终，我选择的第一份工作是在一家经营红木家具的公司，这家公司规模不大，公司里面人员也不多。这是我的第一份工作，不管怎样我都要好好做。红木家具是我们东阳的一大特色，这也正是其厉害之处，所以我觉得这工作还是让我挺感兴趣的。上班的第一天，我完全不知道自己要做什么，虽然管理我的上级说要我在网上寻找一些有关红木家具展会期间的工作流程，可是我还是没有头绪，初来乍到的我也不好意思问周围的同事，只能对着电脑发呆，随意浏览网页。直到展会经理告诉我，我所在的展会部门主要负责公司在展会上所要进行的事项和展会之前的安排，我才明白自己到底要做什么。接下来就是紧张的学习和繁忙的琐事。上班一个多星期我觉得对任何工作都不能小看，再小的事情也要认真去面对和处理。不懂就要问是我在这段时间内最深刻的体会，但也并不是所有人都能很好地回答你的问题，也会有人因为自己的事情或是觉得没有必要告诉你而不予理睬。

上班、下班，每天早上起床是我最大的痛苦，尤其是大冷天，遇上下雨天简直让我崩溃，顿时觉得生活不容易，上班很辛苦，赚钱很艰难。不过有一点我觉得都是可以弥补这些困难的，就是工作上有好的表现并且获得了上级领导的嘉奖，这是让我无比欣慰和高兴的。实习期间，我们展会经理出差期间，让我负责展会的事情，带领我们展会部门这个团队。刚开始，我自己对自己都没有信心，怕做不好。展会经理看出了我的担忧就告诉我做事情大胆一点，谁都会有不会和不知道的时候，何况我才刚出来工作，让我有不明白的地方就问一下老员工，做错了不要紧，最重要的是要肯学……听了展会经理的这番话，让我的心理压力少了不少，在工作中也大胆许多，虽然会有出错的地方，但像经理说的只要肯学，努力了就一定会有收获的。

上班半个多月了，学到了很多东西，不管是在工作上还是与人交往中，都让我明白人与人之间是相互的，做事情必须勤勤恳恳，偷不得一点懒。在这段时间我也收获很多，包括知识、朋友、自信心……我相信在以后的工作和生活中我会做得越来越好，更加出色。

（浙江工商职业技术学院，营销1112 王青青）

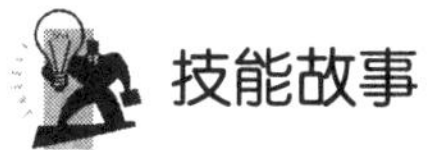

技能故事

1. 与客户交谈，如何寻找话题

技能说明

现实生活中人们往往对于熟悉的或者认识的人容易找到话题，而对于陌生的、不熟悉的人则较难找到聊天的主题。推销工作的性质就是要求销售人员必须经常面对新客户。如何与陌生的客户尽快找到话题并彼此熟悉起来是每个销售人员必须具备的能力。

与客户交谈，如何寻找共同话题

1. 从关心客户需求入手

就像以前提到的那些把开场白设计得“商业气味”十分浓厚的人一样，一些销售人员几乎从刚一张嘴就为自己的失败埋下了种子。这些销售人员完全站在了自己的立场考虑问题，希望一股脑儿地把有关自己所推销产品的信息迅速灌输到客户的头脑当中，却根本不考虑客户是否对这些信息感兴趣。这种完全着眼于自身愿望的销售沟通注定要经历很多波折，因为客户常常会打断销售人员的推销，让销售人员“赶快离开”，即使客户允许销售人员说完那段令人厌烦的开场白，也不会把这些东西记在心里。

当销售人员停止介绍，希望从客户那里得到一些反馈信息时，往往发现客户根本就没有开口说话的意思，他们唯一想说的就是“希望你马上离开”。例如以下对话：

销售人员：“您好，我是××公司的销售代表，这是我们公司新推出的产品，它坚固耐用、外形美观，非常适合……”

客户：“我们不需要这种东西。”

销售人员：“您先看看产品资料好吗？”

客户：“我现在很忙，没有时间看你的东西，请你马上离开这里……”

可见，在一开始就像背诵课文一样介绍产品的相关信息并不是与客户保持互动沟通的最佳途径。实现与客户互动的关键是要找到彼此间的共同话题，这就要求销售人员首先要从关心客户的需求入手。如果销售人员不关注客户的需求，那么即使把产品说得天花乱坠也无济于事。

对于客户的实际需求，销售人员需要在沟通之前就加以认真分析，以便准确把握客户最强烈的需要，然后从客户需求出发寻找共同话题。例如以下案例：

当某保健品公司的销售人员小杨进入一个住宅小区推销时，她看到小区绿地的长椅上坐着一位孕妇和一位老妇人，她走到小区保安那里假装不经意地问：“那好像是一对母女吧？她们长得可真像。”小区保安回答：“就是一对母女，女儿马上就要生了，母亲从老家来照顾她，父亲一个人在家里……”

随后小杨来到绿地旁，她亲切地提醒孕妇：“不要在椅子上坐的时间太长了，外面有点凉，你可能现在没什么感觉，等到以后会感觉不舒服的，等生下小孩以后就更要注意了。”然后她又转向那位老妇人：“现在的年轻人不太讲究这些，有了您的提醒和照顾就好多了。”

当她们把话题从怀孕和生产后的注意事项讲到生产后身体的恢复，再讲到老年人要增加营养时，小杨已经和那对母女谈得十分开心了。接下来，那对母女已经开始看小杨手中的产品资料和样品了。

在确定了客户的需求之后，销售人员虽然可以针对这些需求与客户进行交流，但是这还达不到销售沟通的目的，这就需要销售人员巧妙地将话题从客户需求转到销售沟通的核心问题上。例如以下对话：

“作为母亲，您对孩子的关心自然是无人可比的，‘世上只有妈妈好’说的不就是这个道理吗？如果妈妈不关心孩子的话，那又有谁会关心孩子呢？如果妈妈不及时为孩子考虑购买保险的话，那恐怕没有谁能替孩子想到这些……”

“大爷，最近听说又有冷空气要来，今年冬天的天气真是没有往年好呀。您岁数大了，尤其要注意保暖，省得头疼感冒不说，还可以减少关节炎的疼痛。您看一下这件适合老年人穿的加厚羽绒服，它既暖和又舒适，而且非常耐穿……”

2. 寻找客户感兴趣的话题

只有那些能引起客户兴趣的话题才可能使整个销售沟通过程充满生机。客户一般情况下是不会马上就对推销员的产品或企业产生兴趣的，这需要销售人员在最短的时间内找到客户感兴趣的话题，然后再伺机引出自己的销售目的。比如，销售人员可以首先从客户的工作、孩子和家庭以及重大新闻时事等谈起，以此活跃沟通气氛，使客户对自己产生好感。

通常情况下，销售人员可以通过以下话题引起客户的兴趣：

(1) 提起客户的主要爱好，如体育运动、娱乐休闲方式等。

(2) 谈论客户的工作，如客户在工作上曾经取得的成就或将来的美好前途等。

(3) 谈论时事新闻，如每天早上迅速浏览一遍报纸，等与客户沟通时首先把刚刚通过报纸了解到的重大新闻拿来与客户谈论。

(4) 询问客户的孩子或父母的信息，如孩子几岁了、上学的情况、父母的身体是否健康等。

(5) 谈论时下大众比较关心的焦点问题，如房地产是否涨价、如何节约能源等。

(6) 和客户一起怀旧，比如提起客户的故乡或者最令其回味的往事等。

(7) 谈论客户的身体，如提醒客户注意自己和家人身体的保养等。

对于客户十分感兴趣的话题，销售人员可以通过巧妙的询问和认真的观察与分析进行了解，然后引入共同话题。因此，在与客户进行销售沟通之前，销售人员十分有必要花费一定的时间和精力对客户的特殊喜好和品位等进行研究，这样在沟通过程中才能有的放矢。例如以下案例：

某公司的汽车销售人员小马在一次大型汽车展示会上结识了一位潜在客户。通过对潜在客户言行举止的观察，小马分析这位客户对越野型汽车十分感兴趣，而且其品位极高。

虽然小马将本公司的产品手册交到了客户手中，可是这位潜在客户一直没给小马任何回复，小马曾经有两次试着打电话联系，客户都说自己工作很忙，周末则要和朋友一起到郊外的射击场去射击。

后来又经过多方打听，小马得知这位客户酷爱射击。于是，小马上网查找了大量有关射击的资料，一个星期之后，小马不仅对周边地区所有著名的射击场了解得十分深入，而且还掌握了一些射击的基本功。再一次打电话时，小马对销售汽车的事情只字不提，只是告诉客户自己“无意中发现了一家设施特别齐全、环境十分优美的射击场”。下一个周末，小马很顺利地在那家射击场见到了客户。小马对射击知识的了解让那位客户迅速对其刮目相看，他大叹自己“找到了知音”。在返回市里的路上，客户主动表示自己喜欢驾驶装饰豪华的越野型汽车，小马告诉客户：“我们公司正好刚刚上市一款新型豪华型越野汽车，这是目前市场上最有个性和最能体现品位的汽车……”一场有着良好开端的销售沟通就这样形成了。

在寻找客户感兴趣的话题时，销售人员要特别注意一点：要想使客户对某种话题感兴趣，销售人员最好对这种话题同样感兴趣。因为整个沟通过程必须是互动的，否则就无法实现具体的销售目标。如果只有客户一方对某种话题感兴趣，而销售人员却表现得兴趣索然，或者内心排斥却故意表现出喜欢的样子，那客户的谈话热情和积极性马上就会被冷却，这是很难取得良好沟通效果的。所以，销售人员应该在平时多培养一些兴趣，多积累一些各方面的知识，至少应该培养一些比较符合大众口味的兴趣，比如体育运动和一些积极的娱乐方式等。这样，等到与客户沟通时就不至于捉襟见肘，也不至于使客户感到与销售人员的沟通寡淡无味了。

资料来源：http://wenku.baidu.com/view/91eed77a5acfa1c7aa00cca3.html.

专家提醒

（1）销售人员应该在第一时间表示对客户需求的关心，而不是只关心自己的销售额。

（2）当销售人员对客户正焦虑的问题表示出特殊的关心时，客户会因此对销售人员产生好感，进而拉近彼此间的心理距离。

（3）提前研究客户的喜好，首先从其感兴趣的话题出发，然后有意识地引到销售沟通的主题上来。

（4）平时注意培养自己多方面的爱好和兴趣，也可以根据客户喜好临时学习某些知识，不要打无准备之仗。

（5）使自己对客户的需求或客户关注的问题产生浓厚兴趣，在整个沟通过程中要表现得积极热情以感染客户情绪。

2. 如何做好职业目标的规划

技能说明

初入职场的推销员，怎样给自己设定目标？职业生涯规划中目标对个人发展起着重要的指导性作用，新晋的销售人员如果能够正确、有效地进行个人职业规划，确定清晰明确的职业发展目标，则更容易取得成功。

给自己一个目标

中国有句至理名言人人皆知——功夫不负有心人。为什么不说“功夫不负努力人”“功夫不负勤奋人”“功夫不负聪明人”，而偏偏要说“功夫不负有心人”呢？何谓有心人？从职业成长的角度说，就是心中有明确目标，并且为了目标能够锲而不舍的人。

哈佛大学商学院的学生都通过了严格的入学考试，在相同的条件下学习、训练，取得相同的毕业资格。但是，在学生以后的职业生涯中，为什么也存在着天壤之别？哈佛大学对一届毕业生做了一个调查，发现他们毕业后的发展之所以出现巨大差距，在于毕业时不同的学生有着不同的目标规划：60%的人没有目标；27%的人有目标但不明确；10%的人有明确的短期目标；3%的人有明确的长期目标。25年后，没有目标的那60%，与没有上过哈佛大学商学院的人没有区别；有目标但目标不明确的那27%，也没有取得明显成就，却总是抱怨社会不给自己机会；有明确短期目标的那10%，成为所在行业的骨干能手；而具有明确长期目标的那3%，则成为所在领域的领袖人物。

每个营销人员都希望取得事业的成功，但多数人并不清楚到底什么是成功。实际上，成功就是实现自己渴望的目标。当一个人选择了营销作为自己的职业之时，首先要树立“目标决定人生”的理念，牢记“天大地大不如目标大”。

三维目标

所谓三维目标，就是生活目标、工作目标、学习目标。生活目标，就是希望自己过上什么样的生活，当月、当季度、当年，希望能够给自己和家人奉献什么商品；工作目标，就是为了实现自己确定的生活目标，需要自己在当月、当季度、当年完成多少工作指标；学习目标，就是为了避免“长江后浪推前浪，前浪死在沙滩上”的死亡陷阱，必须进行的知识更新，包括参加几次专业培训、精读几本书等。下面，就开始制订计划吧。

时段目标

为了具体执行目标，首先将目标细分为3个时间段。

(1) 每周目标：时间以周、日为单位，能在一周内完成的目标。

(2) 月度目标：时间以月为单位，能在30天之内完成的目标。

(3) 年度目标：时间以年为单位，是准备在一年内要完成的目标。

营销人员要完成的工作目标，主要包括3类：一是结果类，即在某个考核基点结束时必须完成的目标，包括销量、销售额等；二是过程类，即为了实现结果所需要的过程指标，包括市场拓展、客户管理、信息管理、品牌管理、促销效果等；三是控制类，即必须超过或低于的指标，包括回款率、销售费用等。

目标原则

在制定目标时，需要遵循以下4项基本原则。

1. 目标要量化

在制定目标时，必须将目标量化为具体的数字，包括时间、金额等。实际上，只有量化的目标才可以进行客观的测量和考核，没有量化的目标不具备约束性。

2. 目标要可行

目标必须是建立在现有资源的基础上，通过努力可以实现的数字指标。如果目标脱离实际搞“大跃进”，结果必然是进一步退两步。在制定目标时，可以列出一个清单，实现目标后给自己带来的主要益处是什么，经常回顾这些益处可以增加动力，鼓舞销售人员不断向前。

3. 目标要有弹性

目标是在现有资源利用的基础上，对未来的一种预期。对未来的认识总存在着信息的不完备性，这就要求量化的目标应当是一个适当的范围，可以分为必达目标、争取目标、努力目标。

4. 目标要公开

将自己的目标形成正式文字，并将目标告诉家人、朋友、同事，以对自己形成压力。如果连这一点都不敢做，就是对自己缺乏信心。在确立目标时，问自己两个问题：到达那里的最好办法是什么？到达那里将得到什么？将答案写下来，以便能不断地检查、修改、回顾。

目标措施

为了制订准确的目标，需要采取以下3个措施。

1. 按步骤来

确保每一个步骤都符合逻辑，把计划贴在墙上，早晨第一件事情就是看看它，晚上也要看看。另外缩写一份，夹在笔记本或钱夹里，这样便随时随地都能得到提醒。

2. 从头行动

这是最重要的一步，也是最容易忽略的。人们很多时候还没开始就放弃了目标，他们说："这太过分了，这太难取得了。"唯一的方法就是循序渐进，在一定时间只确立一步，然后踏踏实实地完成。

3. 动态调整

是否还在轨道上？是否需要改变方向或增添新的步骤？问问自己："取得了什么进展？下一次能有什么不同的、有效的办法？"评估所遇到的挫折和障碍，得到了什么教训？这样来改进下一次目标的确定。

许多营销人员虽然制订了目标，但效果不佳，问题就出在措施不当上。对此需要不断自我审问："对目标，我知道吗？我想到了吗？我做到了吗？我做好了吗？"——人们不能停留在"知道"，还必须在工作中时刻"想到"，并切实"做到"，一定要"做好"。

资料来源：孙曰瑶. 销售与市场（成长版），2011（5）：68-70.

专家提醒

在日常工作和生活中，注意以下9个细节，可以大大提高时间效率。

一是将自己的闹钟比平时设定提前30分钟。这样一个月下来比别人多出多少时间？一年呢？但记住，不要将闹钟放在伸手可及的地方。

二是晚上睡觉前把衣服整理好，这样就不必在第二天早上醒来后，迷迷糊糊地用几分钟的时间去想穿什么衣服。

三是设定多长时间完成日常事务，这样可以保证准时。比如从早晨起床到穿戴好出门，需要用多长时间；从出门到上班地点，需要多长时间；进入办公室完成准备工作，需要多长时间。

四是为可能出现的意想不到的情况预留时间。如果早上9点开始工作，从出门到工作地点骑自行车需要20分钟，要经过3个红绿灯，一切正常可以在8点40分出门，但是需要至少提前 10 分钟，以备各种意外情况出现，如交通突然拥挤等。

五是提前计划好吃饭问题。什么时间吃饭人少？吃什么？错开吃饭高峰，节省挑选时间。

六是不要因为看电视而浪费大量的时间。电视是人生最大的垃圾，如果每天看 3 个小时的电视，将浪费一生 1/8 的时光。因此，对电视节目一定要有选择地看，选择一些对自己有用的节目，看完就立刻关掉。

七是宿舍管理有条不紊，保证每样东西都放置到该放的地方，养成物归其位的习惯，这样可以省下大量的寻找时间。

八是不要做一个空想家。生活中增添点空想是令人愉快的，但是万不可滞留在空想状态不能自拔，浪费大量时间。

九是学会说“不”。每一个人都必须学会拒绝他人提出的某些要求，否则，大量时间会被别人牵制，而无法做对自己最有用的事情。

3. 如何建立积极的心态

技能说明

所谓态度决定一切，销售工作进展得顺利与否，能否在一个销售岗位上坚守，更多地取决于营销心态。因为营销工作特别是销售类工作，需要承受一定的工作压力，如果没有一个健康、积极的心态就很难坚持长久。新晋业务员应该好好学习前人总结的经验，克服消极的营销心态，建立积极的营销心态，争取在自己的销售生涯少走弯路。

克服心理障碍，建立积极心态

很多营销新人之所以在工作中遇到各种各样的困惑，最主要的原因在于对自我没有一个清晰的定位和评价，对自己所从事的工作没有一个清晰的认知，最终影响自己的心态，所以才会被各种问题所困扰。营销人员的心态，从微观方面说，取决于平时遇到的各种问题对内心的影响；从宏观方面讲，取决于对自我的评价以及对自己职业的看法。

我也是从营销新人一步步成长起来的，根据多年的工作经验，总结了营销新人通常会出现的 4 种不良心态。

胆怯：不敢敲客户的门

很多新人在刚接触销售工作时，都会胆怯，不敢敲客户的门，不敢去见客户，更不敢跟客户谈实质性问题，因为他们担心客户拒绝，害怕满足不了客户的要求，甚至对自己的产品或者服务不自信，认为产品或服务本身就有不足。

怕见陌生人是每个新人都会出现的情况，每个做销售的人也几乎都经历过这个阶段。新人这时大都希望能有人介绍一些朋友，比如做保险的希望朋友能够给自己介绍客户，但不是任何时候营销员都有这个条件的。比如营销员要做一个区域市场经销商的开发工作，可能什么人都不认识，只能去扫街，或者从网上及其他渠道收集客户资料信息，再联系客户准备拜访。这个时候营销员最担心的就是客户会拒绝，所以会尽量推迟拜访客户的时间，这就是一种典型的胆怯心理。其实，客户什么状况新人一点都不了解，是营销员自己把自己困住了。

［克服方法］

有胆怯心理是新人最普遍的一种状况，这并不丢人，关键是如何面对这个问题，是一直拖下去，还是想办法突破自我。解决这个问题的关键还要靠自己，其实营销员遇到客户的拒绝、抱怨等，本身是一件非常正常的事情，如果能够有这样的认识，解决问题就简单了。换个角度讲，营销员的价值就是解决问题，如果做业务一开始成功率就比较高，倒是不正常的，那也就失去了营销员存在的价值和意义。

要克服胆怯心理，首先是要接受培训，然后就是练习。所以，新人克服胆怯心理的办法就是不断地去执行，不断地去实践，不断地去做正确的事情。

自信心不足：认为自己不行

我自身条件太差，我销售能力不行，我们公司没有别的公司的实力强，公司产品没有其他公司的好……这些都是营销新人不自信的表现。比如去拜访一个客户，在客户面前总是说“是是是”，总是答应客户的各种要求。当客户说产品价格高，让营销员给更优惠的价格时，营销员就去申请特价，要求公司给予支持；当客户抱怨售后服务不好时，营销员就抱怨公司的售后支持不够；当客户抱怨公司的任务要求太高时，营销员就认为是公司的政策不合理，需要公司调整销售任务……自信不是说出来的，而是需要用认真的准备和不断的成功来积累的。比如在与客户谈业务时，新人经常会非常紧张、手足无措，这种情况不能用“不自信”简单概括，更主要的原因是基本功课做得不到位，从而对自己和公司缺乏信心。与客户谈判前的基本功课，就是收集客户的各种信息，并且对信息进行分析，对客户做出一个基本的判断，信息越充分、越全面、越系统，判断的准确性就越高。如果营销员把客户了解得非常透彻，在与客户沟通时就会很清楚地明白客户提出这样或那样的问题是出于什么原因，而知道了原因，自然就能够找到解决的办法。

比如在开发销售渠道时，客户说推销的产品太贵。既然说贵，那就一定有便宜的，客户所说的便宜的是什么，是多少？客户说产品贵，是认为做这个产品赚不到钱，还是说这个产品不值这么多钱，或者只是在单纯地杀价？

这个问题会有很多种可能，所以只有收集足够的信息，对客户有充分的了解，才能够做出正确的决策。假如营销员事先了解到客户经营很多中高端品牌的产品，能够把一些不知名品牌的产品卖出很高的价格，那客户提出这个要求很可能就是单纯的杀价；如果客户现在销售的都是市场上低端、低价格的产品，他提出这个问题的原因，很可能就是觉得销售难度大。

［克服方法］

其实，每个人都是独一无二的，都有各自的优点和不足，自信就是要利用自身的优点，锻炼自己的心态。

营销员可以从生活的点点滴滴积累自己的信心基础，比如自己唱歌好，或者自己台球打得好，这些优势都可以成为积累自己信心的开始。当然，平时加强业务知识学习，做好拜访前的基本功课，对解决自信心不足也非常重要。

拖沓：把事情一拖再拖

很多营销新人由于个人的坏习惯，或者面对的困难太多而产生恐惧心理，以及不正确的工作态度，总是把事情一而再再而三地拖下去，并找出各种原因给自己开脱。比如每天跑市场、拜访客户已经非常疲惫，于是很多人不写销售日记或者销售总结，说今天太累或者太晚了，明天早上写，结果到了明天早上因为各种原因又拖延下来，一周下来发现只有一天写了一点总结，这对于个人的成长非常不利。每天做总结，对于营销员来说是非常重要的一件事，也是对个人非常有价值的事，因为失败不能带来太多的收获，除非善于总结。

只有总结，才能不在同一个地方再次跌倒。再比如营销员拜访客户，有些客户距离很近所以经常去拜访，但有些客户比较远，路上要花很多时间，营销员觉得不值得，于是把拜访这些客户的工作一拖再拖，最后很可能导致客户选择了别人的产品。

［克服方法］

习惯很重要，营销新人要养成“今日事今日毕”的习惯，不管多晚，不管有什么原因，今天该做的事情一定要今天做完，否则可以不吃饭、不睡觉。如果有这样的决心，事情就一定能做好。除此以外，新人还应对工作做出合理的计划，并严格按照计划执行。

自我设限：以自己的观点判断客户

由于不自信和拖沓，最终导致营销新人产生自我设限的心理：早上联系业务时，会认为现在时间还早，客户的老板不会这么早到公司的，晚一会儿再联系吧，其实客户的老板每天是第一个到公司的；有些新人打算下午拜访客户，但又认为现在刚刚吃完午饭，客户应该在休息，不要这个时候打电话，但可能客户这个时候正在工作。诸如这些，都是自我设限的表现，会因此错失很多机会。

比如营销员曾经拜访过一家客户但被拒绝了，3个月后很多业务员仍会想当然地认为，这个客户是没有价值的，因为上次就拒绝了，他手里有合适的产品在做。但是营销员有没有想过，新情况每天都可能发生，这3个月中客户可能跟厂家产生了分歧，已经不代理那个产品了，如果这时去找他就是非常好的时机，而自我设限就会错失良机。或者，很可能上次给客户的名片他当时就丢掉了，现在正在发愁找不到业务员，笔者就曾经遇到过这样的事，身边的代理商朋友也讲过类似的事情。所以，做工作不要担心太多，需要做的，就是做自己该做的事，做正确的事。

［克服方法］

营销新人本来就经验不足，却还按照自己的习惯思考问题，这就是自我设限产生的根本原因。要突破自我设限的不良心理，就要摒弃过多顾虑，不要把简单的事情复杂化，该做什么就做什么，按照计划该怎么做就怎么做。

资料来源：张路. 销售与市场（成长版），2011（6）：10-13.

专家提醒

作为新人，工作环境中我们能够左右的因素并不多，但心态却是自己能够决定的。树立良好的、积极的心态，需要改变看问题的角度，培养良好的个人习惯，甚至调整价值观，它可以让新人今后的职业生涯少走弯路，进步得更快。所以，请从现在开始，积极行动！

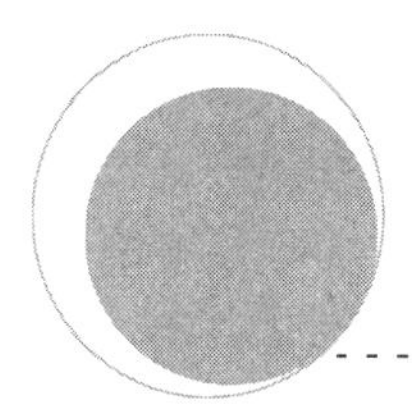

任务二
推销准备

开篇故事

为梦想而改变

——记某职业技术学院2012届毕业生马丽（二）

渐渐地，马丽这个内向的小姑娘胆子大了起来。她开始主动跟同学打交道，不再害怕交流，在课堂上也敢“出声”了。马丽的进步显而易见，英语口语能力和成绩都提高了不少。

执着女生初创业

马丽变了，连她自己都觉得不可思议。受智胜英语培训的影响，马丽有了一个想法：成立一个英语培训工作室以帮助更多需要帮助的人。她把自己的想法告诉给了身边的人，很多人觉得不可思议。马丽又找到创业园的何伏林老师讲了自己的想法。何老师听后，为她分析了英语培训在本校乃至滨文高教园的市场潜力。马丽受到了很大鼓舞，决定先试试看。

大二第二学期，马丽和3个同学一起成立了智胜英语工作室，主营业务是英语口语培训和考证指导。马丽和团队同伴想利用晚自修的时间，到各个教室去做演讲，向大家介绍智胜英语工作室的基本情况，动员大家报班学习，但这需要勇气。马丽特意选了一个男生比较多的班级，以为男生们看她是个女生，也许会给她点面子，她在教室门外徘徊了许久，终于抱着“豁出去”的心态，勇敢地踏进教室。意想不到的是，她在台上讲了不到两分钟，台下的男生就集体起哄。马丽尴尬极了，硬撑着讲完了预先练习无数次的内容，然后灰溜溜地逃出教室。

这次打击并没有让马丽放弃，她依然执着地坚持着自己的梦想。她带领团队队员一起发传单，不怕打击，坚持到每个教室做演讲动员。在她和同伴的共同努力下，工作室终于招来了第一批学员。但培训场地的问题很快摆在了马丽的面前，培训班上课的时间是在晚自修后，而晚自修结束后所有教室的门都被锁上了。马丽向教务处申请，教务处的答复是不允许长期占用教室。马丽不气馁，心想何不直接去学校党委，如果能得到书记的支持，那么工作室还会有一线希望。

马丽从来没想过有一天要与学校领导面对面交流，她自己也不知道哪来的勇气，直接来到党委书记的办公室，将自己要办工作室的情况一五一十地告诉了他。党委书记竟然答应了马丽的请求，还鼓励她说："经营企业并不是一件容易的事，要多尝试。"有了书记的鼓励和支持，马丽信心更足了。一切准备就绪，"五一"节放假时，马丽的培训班正式开学了。她请来专业功底较强的老师为学员们上课，团队成员每天早上6点40分就带着学员们到图书馆早读，晚上8点半到10点在教室练习英语口语。日复一日，披星戴月，马丽尽心尽力地经营着培训班。一个学期培训结束了，学员们进步不小，马丽欣慰地笑了，她所做的一切努力都是值得的。

资料来源：何伏林，吴新芳."两创"教育看高职——浙江省七所院校创新创业教育的探索与实践.北京：现代教育出版社，2012.

推销思考： 马丽为培训工作室成立做了哪些工作？其中什么地方是特别值得你学习的？

2.1 掌握口才训练方法

推销准备可以包涵很多方面的内容，其中之一主要涉及的是销售人员自身条件的提高。口才又是自身条件里最重要的因素，每个人的学识、环境、年龄不同，口才水平也是不一样的，练口才的方法也会有所差异。只要选择最适合自己的方法，加上持之以恒的刻苦训练，就能有所提高。一般而言，科学的方法可以使推销事半功倍。在此介绍几种简单、易行、见效的口才训练方法。

一、速读法

这里的"读"指的是朗读，是用嘴去读，而不是用眼去看，顾名思义，"速读"也就是快速地朗读。这种训练方法的目的是，通过锻炼，做到口齿伶俐、语音准确、吐字清晰。方法：找一篇演讲词或一篇文辞优美的散文。先用字典和词典，把文章中不认识或弄不懂的字、词查出来，搞清楚，弄明白，然后开始朗读。一般开始朗读的时候速度较慢，逐次加快，一次比一次读得快，最后达到你所能达到的最快速度。

读的过程中不要有停顿，发音要准确，吐字要清晰，要尽量达到发声完整。因为如果你不把每个字音都完整地发出来，那么，当速度加快后，就会让人听不清楚你在说什么，快也就失去了快的意义。因此，快必须建立在吐字清楚、发音干净利落的基础上。我们都听过体育节目的解说专家宋世雄的解说，他的解说就很有"快"的功夫。宋世雄解说的"快"是快而不乱，每个字每个音都发得十分清楚准确，没有含混不清的地方。我们希望达到的快也就是他的那种快，吐字清晰、发音准确，而不是为了快而快。

二、背诵法

我们要求的背诵，并不仅仅是你把某篇演讲词或散文背下来就算完成了任务，我们要求的背诵，一是要"背"，二是要求"诵"。这种训练的目的有两个：一是培养记忆能力；二是培养口头表达能力。记忆是练口才必不可少的一种素质，没有好的记忆力，要想培养出口才是不可能的。只有大脑中充分地积累了知识，你才可能张口即出，滔滔不绝。如果你大脑中是一片空白，那么即使再伶牙俐齿也无济于事。记忆与口才一样，它并不是一种天赋的才能，后天的锻炼对它起着至关重要的作用，“背”正是对这种能力的培养。

“诵”是对表达能力的一种训练，这里的“诵”也就是我们常说的“朗诵”。它要求在准确把握文章内容的基础上进行声情并茂的表达。背诵法，不同于我们前面讲的速读法，速读法的着眼点在“快”上，而背诵法的着眼点在“准”上。也就是说你背的演讲词或文章一定要准确，不能有遗漏或错误的地方，而且在吐字发音上也一定要准确无误。

三、练声法

练声也就是练声音练嗓子，在生活中，我们都喜欢听那些饱满圆润、悦耳动听的声音，而不愿听干瘪无力、沙哑干涩的声音。所以锻炼出一副好嗓子，练就一腔悦耳动听的声音，是我们必做的工作。练声的方法如下：

第一步练气。

俗话说练声先练气，气息是人体发声的动力，就像汽车上的发动机一样，它是发声的基础。气息的大小对发声有着直接的关系。气不足，则声音无力；但用力过猛，又有损声带。所以我们练声，首先要学会用气。

(1) 吸气。吸气要深，小腹收缩，整个胸部要撑开，尽量把更多的气吸进去。我们可以体会一下，你闻到一股香味时的吸气法。注意吸气时不要提肩。

(2) 呼气。呼气时要慢慢地进行，要让气慢慢地呼出。我们在演讲、朗诵、论辩时，有时需要较长的气息，而只有呼气慢而长，才能达到这个目的。呼气时可以把两齿基本合上，留一条小缝让气息慢慢地通过。可以每天到室外或公园去做吸气与呼气的练习，做深呼吸，天长日久定会见效。

第二步练声。

我们知道人类语言的声源是在声带上，也就是我们的声音是通过气流振动声带而发出来的。在练发声前先要做一些准备工作，先放松声带，用一些轻缓的气流振动它，让声带有点准备，发一些轻慢的声音，千万不要张口就大喊大叫，那只能对声带起破坏作用。这就像我们在做剧烈运动之前要做些准备动作一样，否则就容易使肌肉拉伤。声带活动开了，我们还要在口腔上做一些准备活动。我们知道口腔是人的一个重要的共鸣器，声音洪亮、圆润与否与口腔有着直接的关系，所以不要小看了口腔的作用。

第三练习吐字。

吐字似乎离发声远了些，其实二者是息息相关的。只有发音准确无误、清晰圆润，吐字也才能“字正腔圆”。我们在小学时都学习过拼音，知道每个字都是由一个音节组成的，而一个音节我们又可以把它分成字头、字腹、字尾三部分。这三部分从语音结构来分，大体上可以说字头就是我们说的声母，字腹就是我们说的韵母，字尾就是韵尾。可以通过以下练习，锻炼吐字：

(1) 深吸一口气。数数，看能数多少。

(2) 跑 20 米左右，然后朗读一段课文，尽量避免喘气声。

(3) 按字正腔圆的要求读下列成语：

英雄好汉 兵强马壮 争先恐后 光明磊落 深谋远虑 果实累累 五彩缤纷 心明眼亮 海市蜃楼 优柔寡断 源远流长 山清水秀

（4）读绕口令。

1）八面标兵奔北坡，炮兵并排北坡炮；炮兵怕把标兵碰，标兵怕碰炮兵炮。

2）哥挎瓜筐过宽沟，赶快过沟看怪狗；光看怪狗瓜筐扣，瓜滚筐空怪看狗。

3）洪小波和白小果，拿着箩筐收萝卜，洪小波收了一筐白萝卜，白小果收了一筐红萝卜，不知是洪小波收的白萝卜多，还是白小果收的红萝卜多。

四、复述法

复述法，简单地说就是把别人的话重复地叙述一遍，这种方法在课堂上使用得较多。如老师让同学们看一段幻灯片，然后请同学复述幻灯片的情节或人物的对话。这种训练方法的目的，是锻炼人的记忆力、反应力和语言的连贯性。其方法是：选一段长短合适，有一定情节的文章。最好是小说或演讲词中叙述性强的一段，然后请朗诵较好的同学进行朗读，最好能用录音机把它录下来，然后听一遍复述一遍，反复多次地进行，直到能完全把这个作品复述出来。复述的时候，你可把第一次复述的内容录下来然后对比原文，看你能复述下来多少。重复进行，看多少遍自己才能把全部内容复述下来。这种练习绝不单单在于背诵，而在于锻炼语言的连贯性。如果能面对众人复述就更好了，它还可以锻炼你的胆量，克服紧张心理。

开始练习时，最好选择句子较短且内容活泼的材料进行，这样便于把握、记忆、复述。随着训练的深入，可以逐渐选一些句子较长、情节少的材料进行练习。这样由易到难、循序渐进效果会更好。这种练习一定要有耐心与毅力，有的同学一开始就选用那些长句子、情节少的文章作为训练材料，结果常常是欲速则不达。这就像我们学走路一样，没学会走就要学跑是一定要摔跤的。而且这种训练方法有时显得很烦琐麻烦，甚至是枯燥乏味，这就需要我们有耐心与毅力，要知难而进，勇于吃苦，不怕麻烦。没有耐心与毅力，那么你将注定一事无成。

五、模仿法

每个人从小就会模仿，模仿大人做事，模仿大人说话。其实模仿的过程也是一个学习的过程。我们小时候学说话是向爸爸、妈妈及周围的人学习，模仿周围的人。那么我们练口才也可以利用模仿法，模仿这方面有专长的人。这样天长日久，我们的口语表达能力就能得到提高。其方法如下：

（一）模仿专人

在生活中找一位口语表达能力强的人，请他讲几段最精彩的话，录下来供你进行模仿。你也可以把你喜欢的又适合你模仿的播音员或演员的声音录下来，然后进行模仿。

（二）专题模仿

几个好朋友在一起，请一个人先讲一段小故事小幽默，然后大家轮流模仿，看谁模仿得最像。为了激发积极性，也可以采用打分的形式，大家一起来评分表扬模仿最成功的一位。这种方法简单易行且有娱乐性，课上、课间、课后都可进行，只要有三四个人就能进行。但要注意的是每个人讲的小故事小幽默一定要新鲜有趣，大家爱听爱学。而且在讲以前一定要进行一些准备，所讲的内容一定要准确、生动、形象，千万不要包含一些错误的东西，否则模仿的人会跟着出错，害人害己。

（三）随时模仿

我们每天都听广播，看电视、电影，那么你就可以随时跟着播音员、演播员、演员进行模仿，注意他的声音语调，他的神态动作，边听边模仿，边看边模仿，天长日久你的口语能力就得到了提高，而且会增加你的词汇量，增长你的文学知识。

要尽量模仿得像，从模仿对象的语气、语速、表情、动作等多方面进行模仿，并在模仿中有创造，力争在模仿中超过对方。在进行这种练习时，一要注意选择适合自己的对象进行模仿；二要选择那些对自己身心有好处的语言动作进行模仿。模仿法是一种简单易学、娱乐性强且见效快的方法，尤其适合我们这个年龄的同学们练习，希望大家能勤学苦练，早日见效。

六、描述法

小的时候我们都学过看图说话。描述法就类似于这种看图说话，只是我们要看的不仅仅是书本上的图，还有生活中的一些景、事、物、人，而且要求也比看图说话高一些。简单地说，描述法也就是把你看到的景、事、物、人用描述性的语言表达出来。描述法可以说是比以上的几种训练法更进了一步。这里没有现成的演讲词、散文、诗歌等作为你的练习材料，而要求你自己去组织语言进行描述。所以，描述法训练的主要目的就在于训练同学们的语言组织能力和语言的条理性。

其方法是以一幅画或一个景物作为描述的对象。第一步，对要描述的对象进行观察。比如，我们所要描述的对象是“秋天的小湖边”，那么我们就要观察这个湖的周围都有什么，有树、有假山、有凉亭，还有游人，并且树是什么样子的？山是什么样子的？凉亭在这湖光山色树影的衬托下又是什么样子的？这秋天里的游人此时又该是一种什么心情呢？这一切都需要你用自己的眼睛去观察，用你的心去体会。只有有了这种观察，你的描述才有基础。第二步，描述。描述时一定要抓住景物的特点，要有顺序地进行描述。

七、角色扮演法

角色一词，是从戏剧、电影中借用来的，是指演员扮演的戏剧或电影中的人物。我们这里的角色，与戏剧、电影中讲的角色有着相同的意义。角色扮演法，就是要我们学演员那样去演戏，去扮演作品中出现的不同的人物，当然这个扮演主要是在语言上的扮演。其方法是：

（1）选一篇有情节、有人物的小说或戏剧作为材料。

（2）对选定的材料进行分析，特别是要分析人物的语言特点。

（3）根据作品中人物的多少，找同学分别扮演不同的人物角色，比比看，谁最能准确地扮演自己的角色。

（4）也可一个人扮演多种角色，以此培养自己的语言适应力。

这种训练的目的，在于培养人的语言的适应性、个性，以及适当的表情动作。这种训练法要求“演”的成分很重，它有别于对朗诵的要求。它不仅要求声音洪亮、充满感情、停顿得当；还要求能绘声绘色、惟妙惟肖地把人物的性格表现出来，而且要配有一定的动作和表情。从这个角度讲，这种训练是有一定难度的，但只要我们朝着这个方向努力就会成功。

八、讲故事法

同学们一定都听过故事，那是不是都讲过故事呢？讲故事看起来很容易，要真讲起来就不那么容易了。常言道：“看花容易，绣花难呀！”听别人讲故事绘声绘色很吸引人，有些朋友听起故事来甚至都可以忘了吃饭睡觉，可是自己一讲起来，仿佛就不是那么回事了，干干巴巴毫无吸引力。因此，讲故事也是一种才能，并不是人人都可以把故事讲好的。学习讲故事是练口才的一种好方法。讲故事，可以训练人的多种能力。因为故事里面既有独白，又有人物对话，还有描述性的语言和叙述性的语言，所以讲故事可以训练人的多种口语能力。

微技巧 2-1

会讲故事

讲故事作为一种推销技巧，指的是平时在与客户交流的过程中能多讲些故事以增加说话的吸引力。一般而言，相比较其他的说辞，大家都愿意听故事，因此对于推销员而言，学会讲故事也是一种重要的推销技巧。

口才并不是一种天赋的才能，它是靠刻苦训练得来的。古今中外一切口若悬河，能言善辩的演讲家、雄辩家，他们无一不是靠刻苦训练而获得成功的。美国前总统林肯为了练口才，徒步 30 英里，到一个法院去听律师们的辩护词，看他们如何论辩，如何做手势，他一边倾听，一边模仿，还曾对着树、树桩、成行的玉米练习口才。我国著名的数学家华罗庚，不仅有超群的数学才华，而且也是一位不可多得的“辩才”。他从小就注意培养自己的口才，学习普通话，他还背了唐诗四五百首，以此来锻炼自己的“口舌”。这些名人与伟人为我们训练口才树立了榜样，我们要想练就一副过硬的口才，就必须像他们那样，一丝不苟，刻苦训练。正如华罗庚先生在总结练“口才”的体会时说的：“勤能补拙是良训，一分辛苦一分才。”练口才不仅要刻苦，还要掌握一定的方法[①]。

2.2 做好产品背景的准备工作

推销人员是推销活动的主体，是联系企业与顾客的桥梁和纽带。如果把企业比作一列火车的话，那么推销员则是企业的火车头，对企业来说，这列火车行驶速度的快慢则取决于推销人员。对顾客而言，推销员是企业形象的象征。虽然由于推销对象的差别，对销售工作和推销人员的要求不同，推销人员的具体活动也不尽一致，但一些基本的销售工作是绝大多数销售人员都应该完成的，推销前的准备工作也是正式上岗前需做好的。

一、产品背景知识的准备

推销员在正式开展推销工作之前，应对产品进行深入的了解和仔细的研究，争取在顾客面前成为产品知识的“专家”，只有这样才能在推销的时候获得顾客的信任，这一准备过程也大有学问，在此对了解推销产品的背景知识做一简单概述。了解推销的产品应做到如下几点。

（一）了解所推销的产品的特点与功能

根据心理学家马斯洛的需求理论可以知道顾客的需求层次分为生理的需要、安全的需

① 资料来源：http://blog.csdn.net/bird67/archive/2008/11/07/3245179.aspx.

要、社交的需要、获得尊重的需要和自我实现的需要。因此，一位优秀的推销员应该能够正确地认识自己的产品，了解它最能满足哪一个层次的需求。如有可能应该开发出它的多层次性特征，以便对将来面对的各种不同需求应对自如。例如，一辆小汽车是否能给人以安全感自然至关重要，在此基础上推销员所推销的汽车究竟是以满足何种需求为中心，是小型轻便的家庭用车还是豪华轿车？

（二）要对所推销的产品方方面面了如指掌

对于产品的专业数据不仅要心中有数，而且还要对答如流。这一点对于面向生产企业工作的推销员来说尤为重要，推销员一定要让客户感觉到他面前的人不仅是推销员，更是这类产品的专家。这样一来推销员所讲的一切就意义非凡了。如果推销的产品是高档耐用品，那么掌握各种专业数据也是必不可少的；同时对于产品的一些并不具体、并非显而易见的特点的了解也是至关重要的。一些感觉的模糊可能导致顾客认识上的错误，进而导致对产品的误解。作为一名推销员一定要有能力解决顾客的任何一个疑虑。

微故事 2-1

有一个推销员上门去推销化妆品，必要的礼貌打招呼之后，他说明了来意。对方看见化妆品包装上有“果酸”字样，就问他这是什么意思，有什么作用。这个推销员一听马上就懵了，吞吞吐吐谈不出个所以然，结果可想而知。而另一家化妆品公司的推销员，不论顾客问什么，有什么要求，他都对答如流，并尽量满足顾客的需求，销售业绩在同事中遥遥领先。

（三）判断推销的商品是理性商品还是感性商品

一般说来，汽车、房屋、钢琴、空调等高档耐用品以及生产资料均为理性产品，对于这一类产品人们购买时多持谨慎态度，购买时所花的时间也较长，购买时要充分考虑商品的特性、效用、价格、付款方式以及售后服务。理性商品的价格一般来说比较高，人们购买的次数也较少。而大多数日常用品如食品则为感性商品，这些商品价格比较低，人们购买的频率高，对于商品的合理性、效用性、付款方式不会过多考虑，购买时所用的时间也较少，有时甚至会在冲动心理下购买。当然还有一类产品是介于其间的，人们称之为中性商品，如皮箱、手提包等价格中档，购买次数不太多的商品。

（四）熟悉产品所在的行业和竞争对手

仅仅了解自己的产品还不够，还要熟悉产品所在行业的情况和主要竞争对手的情况。因为只有这样，才有可能做一位所推销的商品的专家，能够在客户面前滔滔不绝。了解自己的商品，可以让自己有信心；了解竞争品，可以让自己知道如何扩大推销优势。

二、顾客（客户）的背景认识

只了解自己与竞争者的商品还不够，还应该从客户的角度去思考，客户的购买动机是什么，客户的需求是什么，客户希望借由商品得到什么实质的利益。换句话说，首先要了解客户为什么要购买和他们考虑什么因素，然后再将商品的优点进行了总结，看能否带给客户实质的利益。因为客户是借由商品的特征来满足需求并创造利益的，这才是购买的真正原因。心理学家将顾客从心理上划分为 9 种类型，熟悉了解每一类顾客的性格与心理特征，可以在推销过程中对症下药，因人施计。推销员要做的是一步步分析、了解，最终做到心中有数。

（一）内向型

这类顾客生活比较封闭，对外界事物表现冷淡，和陌生人保持相当距离，对自己的小天地之中的变化异常敏感，在对待推销上他们的反应是不太强烈。说服此类顾客对推销员来说难度是相当大的。这类顾客对产品挑剔，对推销员的态度、言行、举止异常敏感，他们大多讨厌推销员过分热情，因为这与他们的性格格格不入。对于这一类顾客，推销员给予他们的第一印象将直接影响着他们的购买决策。另外，对这一类顾客要注意投其所好，这样做容易谈得投机，否则会难以接近。

（二）随和型

这一类顾客总体来看性格开朗，容易相处，内心防线较弱，对陌生人的戒备心理不如第一类顾客强。他们在面对推销员时容易被说服，不令推销员难堪。这一类顾客表面上是不喜欢当面拒绝别人的，所以要耐心地和他们周旋，而这也并不会引起他们太多的反感。对于性格随和的顾客，推销员的幽默、风趣自会起到意想不到的作用。如果受他们赏识，他们会主动帮助推销，但这一类顾客却有容易忘记自己诺言的缺点。

（三）刚强型

这一类顾客性格坚毅，个性严肃、正直，尤其是对待工作认真、严肃，决策谨慎，思维缜密。这一类顾客也是推销员比较难应对的，但一旦征服了他们，他们会对销售额大有益处。总体来说，刚强型的顾客不喜欢推销员随意行动，因此在他们面前应守纪律，显示出严谨的工作作风，时间观念尤其要强。这一类顾客初次见面时往往难以接近，如果在出访前获知某人是这一类型顾客最好经第三者介绍，这样会有利得多。

微故事 2-2

在某市，十几层的大厦需要几万平方米的地毯，这是一笔价值几十万元的生意，全国几十家地毯厂都盯上了这块肥肉，纷纷派人推销。一位推销员带着礼品去敲顾客的门。出乎预料的是，一位老者开门看到他手中拿的东西将他拒之门外，推销员百思不得其解。第二天他了解到，这位倔强老头是一位“老革命”，一身正气，两袖清风，对社会上的不正之风深恶痛绝。他好为人师，常教导青年人“革命的路该怎么走”。在了解到这些情况后，推销员再去拜访顾客，当然没有忘记应该两手空空，见到顾客后说：“我是一位刚参加工作的青年人，在工作生活上遇到许多困难不知该怎么处理，您是老前辈、老革命，有丰富的阅历，今天特来请教您。”一席话令老人十分高兴，忙请推销员坐下，然后“痛说革命家史”，讲自己当年过五关斩六将、南征北战的光荣历史。老人侃侃而谈，推销员洗耳恭听。“话到投机情便深”，两个人成了忘年交。最后的结果可想而知。

（四）神经质型

这一类顾客对外界事物、人物的反应异常敏感，且耿耿于怀；他们对自己所做的决策容易反悔；情绪不稳定，易激动。对待这一类顾客一定要有耐心，不能急躁，同时要记住言语谨慎，要避免推销员之间或是推销员与其他顾客之间进行私下议论，这样极易引起神经质型顾客的反感。如果能在推销过程中把握住对方的情绪变动，顺其自然，并且能在合适的时间提出自己的观点，那么就容易成功。

微故事 2-3

汪同学有机会在某超市卖场参加顶岗实习，有一次超市某产品在搞“买送”促销活动，促销赠品是有一定数量的，所以在活动公告中说明是送完为止。这天，她接待了一位顾客，要求参加“买送”活动，汪同学说：“不好意思，由于参加活动的人比较多，我们赠品已经送完了，希望您下次再来参加我们的活动。”一听这话，这位顾客不干了，马上就跳起脚开骂了，说：“既然你们没有这么多赠品，就不要搞这样的活动……”

（五）虚荣型

这一类顾客在与人交往时喜欢表现自己、突出自己，不喜欢听别人劝说，任性且嫉妒心较重。对待这类顾客要聊他们熟悉并且感兴趣的话题，为他提供发表高见的机会，不要轻易反驳或打断其谈话。在整个推销过程中推销员不能表现太突出，不要给对方造成对他极力劝说的印象。如果在推销过程中能使第三者开口附和这类顾客，那么顾客就会在心情愉快的情况下做出满意的决策。

（六）好斗型

这一类顾客好胜、顽固，同时对事物的判断比较专横，又喜欢将自己的想法强加于别人，征服欲强。他们有事必躬亲的习惯，尤其喜欢在细节上与人争个明白。对待这种顾客一定要做好心理准备，准备好被他步步紧逼，必要时丢点面子也许会使事情好办得多。要记住“争论的胜利者往往是谈判的失败者”，万不可意气用事，贪图一时痛快。准备足够的数据资料、证明材料，将会有助于取得成功。此外，要防止对方提出额外要求，不要给对方突破口。

微技巧 2-2

琢心理

琢心理，是指能较好地把握不同顾客的消费心理，进而能有针对性地进行产品介绍和相应的说服。比如说，顾客不是要买便宜的东西，而是要买让他占到便宜的东西，这就是一个顾客心理揣摩的体现。顾客的消费心理还有很多方面的体现，这些都需要我们平时多积累和多琢磨。

（七）顽固型

这类顾客多为老年顾客，在消费上具有特别偏好。他们对新产品往往不愿意接受，不愿轻易改变原有的消费模式与结构，对推销员的态度多半不友好。推销员不要试图在短时间内改变这类顾客，否则容易引起对方反应强烈的抵触情绪和逆反心理，用手中的资料、数据来说服对方比较有把握一些。对这类顾客应该先发制人，不要给他表示拒绝的机会，因为对方一旦明确表态就很难让其改变。

（八）怀疑型

这类顾客对产品和推销员的人格都会质疑。面对怀疑型的顾客，推销员的自信心更为重要，一定不要受顾客的影响，要对产品充满信心。但不要企图以口才取胜，因为顾客同样会质疑你的言论，这时也许某些专业数据、专家评论会对推销有所帮助。切记不要轻易在价格上让步，因为这也许会使对方对产品产生疑虑，从而使交易破裂。建立起顾客对你的信任至关重要，端庄严肃的外表与谨慎的态度会有助于成功。

微故事 2-4

汪同学在顶岗实习中，遇到过一位顾客在买洗发水的时候要求称下他手中的两瓶洗发水的重量，他要确定哪个分量更重一点，是不是分量不一样。

（九）沉默型

这类顾客在接受推销的过程中表现消极，对推销员冷淡。顾客陷入沉默的原因是多方面的，如果推销员不擅辞令，则会使整个局面僵持，这时推销员可以提出一些简单的问题以刺激顾客的谈话欲。若顾客对面前的产品缺乏专业知识并且兴趣不高，推销员此时一定要避免提出技术性问题来讨论，而应该就其功能进行解说，打破沉默；若顾客由于考虑问题过多而陷入沉默，则不妨给对方一定的思考时间，然后提一些诱导性的问题试着让对方将疑虑讲出来，一起协商；若顾客由于讨厌推销员而沉默，推销员这时最好反省一下自己，找出问题的根源，如能当时解决则迅速调整，如果问题不易解决则先搁置，以备再试成功。

以上是对顾客的总体分析，以及对待每一类顾客的一些简单的原则和态度，在推销过程中需要灵活对待。切记不可教条化，一位顾客也许是几类的综合，也许是介于两类之间，这时就要考验推销员的判断力与机智能力了。

微技巧 2-3

找相同

有共同嗜好的人，经常都会聚在一起，例如清早 6 点多钟，喜欢晨练的人，早已一起锻炼身体了；同样地，喜欢上酒吧的人，在深夜仍然沉醉在钢琴与醇酒之间，与三两好友侃侃而谈，忘了天之既白。由此可以看出，凡是有相同兴趣的人，彼此就像一块磁铁一样，相互吸引着。善于推销、勤于服务客户的专业推销人员，往往善于寻找出和潜在客户间的共同点，从而更加有利于彼此之间的交流。与客户间可以找的相同点有很多，比如相同的爱好、同乡、校友或者相关的经历等。

资料来源：http://www.baoxianwangluo.com/thread-18583-1-1.html.

2.3 熟悉推销礼仪

在推销工作中，礼仪是推销员的名片，顾客由推销员的礼仪而知其修养，产生信任与否、喜爱与否、接纳与否，从而决定是否购买其所推销的产品。成交是推销基本成功的标志，但并非意味着推销工作的结束，因为即使达成交易，对方也会更改意见，这时就要看推销员的礼仪表现了。

一、送访礼仪

（一）拜访礼仪

拜访也叫访问，就其性质可分为事务性拜访和礼仪性拜访两种，是推销活动中常见的交际形式，是推销人员经常使用的形式。通过拜访推销人员和顾客（客户），可以达到相互了解、加深感情、增进友谊和沟通信息的目的。拜访时要注意以下几点：

（1）拜访前应做好预约。

（2）拜访前的准备。

（3）要守时守约。

（4）讲究敲门的艺术。

（5）主人不让坐不能随便坐下。

（6）与主人说话要客气、谦虚。

（7）谈话时间不宜过长。

（二）迎送礼仪

迎送礼仪主要包括接待礼仪和送客礼仪，无论拜访者是事务性拜访还是礼仪性拜访，是在办公室还是居所，在接待拜访者时都要主随客便，考虑周全，关怀备至，讲究礼仪，尽量接待好拜访者，使其有宾至如归的感觉，促使双方的关系得到进一步的发展，为现在或将来的推销工作奠定良好的基础。

（1）接待客人要事先做好准备。在接待客人之前，宾主双方一般要约好会面的时间和地点。遵照社交惯例，这一问题最后要由主人决定，但识礼的主人一般不会忘记去征询客人的意见，等对方考虑之后，再共同把来访的时间确定下来。如果是客人首先表达了要来拜访的愿望，则一般不宜拒绝。当然如果提出的来访时间和地点不够妥当，可首先欢迎其来访，再提出一些自己认为方便的时间或地点供对方参考，并向对方说明原因。

在时间、地点确定之后，作为主人要适当地做些准备工作。比如要搞好环境卫生，使房间尽量整洁；备好接待客人的简单用品，像茶叶、水果、香烟、糖果和饮料等；如果约好与对方一起吃饭，也要将饭菜预订或准备好。同时，作为主人虽不用刻意打扮，但应仪表整洁、大方、自然。

（2）迎接客人要热情周到，接待客人应礼貌真诚。

（3）送客要尽心尽力，诚恳相送。

总之，无论是招待客人还是送别客人，都要使对方感到主人的热情周到、诚恳礼貌、有修养，使客人有宾至如归的感觉，给客人留下良好深刻的印象。

二、服装礼仪

服装礼仪是服饰礼仪的重要部分。服装根据适用的场合不同可以分为两类：一类是正式场合穿着的西装、职业套装（裙）、礼服等；另一类是非正式场合穿着的休闲服、牛仔装、家居服等便装。在推销活动中，推销人员主要是穿正式的服装，因而此处着重讲述一下正式服装。

（一）西服

西服是男士无可争议的最佳选择，因为它造型挺括典雅，具有开放式的领型、舒展宽阔的肩部和略加收缩的腰部，穿起来显得刚劲有力、风度翩翩、潇洒自如。穿着西服时，要考虑西服的面料、色彩、图案、款式、种类、大小等。

微技巧 2-4

懂着装

男士西装“三色原则”：男士西装要穿着合体、优雅、符合规范。选择庄重场合的西装要遵循“三色原则”。简单地说，“三色原则”是要求男士的着装中，其衬衣、领带、腰带、鞋袜一般不应超过三种颜色。这是因为从视觉上讲，服装的色彩在三种以内较好搭配。一旦超过三种颜色，就会显得杂乱无章。更讲究的做法是，使服装的色彩控制在三色甚至在同一色彩的范围内，先西装、次衬衣、后领带，逐渐由浅入深，这是最传统的搭配方式；反之领带色彩最浅，衬衫次之，西装色彩最深，即由深入浅搭配服装，也是可行的。国外有身份的男士，大都讲究手表带、腰带、皮鞋保持同一种颜色，认为这是最有风度、最有品位的，他们的皮夹、皮包等配件，也与服装的主要颜色相一致。

女士着装：在正式场合应注意以下方面：

（1）套裙不要过大或过小。

（2）套裙一定要衣扣到位。

（3）套裙不要穿衬裙。

（4）套裙不要内衣外现。

（5）套裙不能随意自由搭配。

（6）套裙不能乱配鞋袜。

资料来源：http://lz.book118.com/readonline-41738-41583-4.aspx.

（二）套裙

套裙是女士的最佳选择。女士穿着一套做工考究、端庄得体的西装套裙，立刻会显得与众不同。一套经典的西装套裙首先必须由高档面料精工制作，上衣与裙子要使用同一质地同一色彩的素色面料；其次造型挺括、贴身，上衣的肩部垫得非常平整。外观上突出个性；最后裙子以窄裙为主，而且应当是下摆过膝的长裙。

西装套裙本身是颇有魅力和韵味的。只有懂得其中的礼仪规范，才能把它穿得美丽、生动，为自己增添风采。

（三）职业装

职业装是按照统一规定的式样设计、制作的，主要用以标示着装者的职业特点。职业装没有固定的要求，不同单位、部门的样式不一样，即使同一单位和部门，根据性别、级别、季节、用途的不同也存在很大的差异。职业装在设计和制作上应注意以下几方面：

（1）面料要好，尽可能选择纯毛、纯棉、纯丝、纯麻等纯天然质地的面料。

（2）颜色要少，一般以不超过三种颜色为宜。

（3）款式要雅，式样要表现出端庄雅气、精明干练。

（4）做工要精细，制作必须精细严谨。

（5）穿着要美观，应当中规中矩，干干净净。

三、首饰礼仪

首饰是人们用来美化自身的装饰品，因其质地的不同有贵重首饰、珠宝首饰与时装首饰之分。前两种有时又可以合称为传统首饰，多由黄金、白银、白金以及各种珠宝、玉器精制而成，价格昂贵，被视为身份和地位的象征。时装首饰一般以各种廉价材料制成，款式多样，讲究新、奇、美，因而在首饰家族中占有一席之地。

（一）首饰的寓意

首饰是一种无声的语言，它展示了人们的知识、修养、阅历和艺术品位等。首饰也是一种暗示，它不经心地展示了人们的地位、身份、财富和婚姻状况。推销人员佩戴首饰应注意以下几方面：

（1）首饰的佩戴应以少为宜。在工作中，少戴或不戴首饰，不仅是推销人员自爱，也是为了维护自己及公司的形象。

（2）首饰的佩戴应同质同色。在佩戴两种或两种以上首饰时，只有质地和色彩相一致，才能相呼应，相映衬。

（3）首饰的佩戴应遵守惯例。与服装的穿着一样，佩戴首饰的一些惯例也要遵守。

（4）首饰的佩戴应合乎身份。佩戴前，要考虑自己的年龄、性别、职业以及个人的条件等，因人而异。

（二）饰物的应用

在推销工作中，除了要注意如何佩戴首饰外，还要了解首饰的具体运用。戒指有对称与不对称两种，对称的显得庄重，适合与套装搭配；不对称的别致，适合与时装搭配。项链被服饰专家称为“标榜女性的饰品”，在挑选时应以庄重、典雅为标准。其他如耳环、手链、手镯等应根据具体情形来选择。

四、交谈礼仪

交谈的礼仪一直受人重视，在推销活动中就更应如此，交谈不仅是语言的组织和运用，而且是人与人之间沟通和理解的纽带。通常来说，谈话有正式和非正式之分，前者一般适用于正式场合，大都严肃认真，有明确的主题和对象；后者一般适用于非正式场合，没有明确的主题和对象。

（一）使用敬语

在任何社交场合，推销员都要努力营造融洽的谈话氛围，这样才能使人感到亲切、轻松、自然。那么如何营造这种氛围呢？一定要树立双方平等的观念，在交谈中应以礼待人，这样既能显出自身人格尊严，又可以满足对方的自尊。所以，交谈中要随时随地有意识地使用敬语。这是以做人之心赢得尊重的有效方式。

敬语的作用不可忽视，人们见面时要互致敬意和问候，可以用“您好”“早安”“能够认识你真是太高兴了”等；寒暄时可以用“好久不见，你还好吗?”“近况如何?”等。尽管这些问候和寒暄用语并不表示特定的含义，但却是交际中不可缺少的，能显示出自己懂礼貌、有修养、有风度，有助于营造一种和谐、亲切、友善、热情的谈话氛围。

微故事 2-5

汪同学在顶岗实习的第一天，就发生了一件小事，让她难以忘记。她被分配去的部门是鞋服部，主管是位50岁左右的女士，汪同学报到时出于礼貌，叫了一声阿姨，然后主管说“我有那么老吗?”虽然主管没有责怪汪同学的意思，但是汪同学自己觉得还是犯了个小错误，同时她也深刻地体会到老师在推销课程上说的“开口叫对人”是多么的重要！

另一位周同学也是在顶岗实习时遇上一位老奶奶一个人来就餐，周同学很礼貌地称呼她“奶奶”，并问她要不要先上杯水，只听老奶奶说：“给阿姨来杯温水。”周同学还没太注意，接下来问她吃什么，老奶奶拿着菜单向周同学说：“阿姨想要吃……”，这时周同学才突然意识到自己称她老奶奶她并不喜欢，同时想到老师在课堂上说过要会叫人，接下来周同学改称她为阿姨……

微技巧 2-5

会称呼

会称呼是指生活中要学会称呼别人，不同场合不同的对象要采用合适的叫法称呼别人。不要出现微故事 2-5 中汪同学那样的情况，否则就很尴尬。生活中类似这样的情况还会有很多，一般而言现代社会把人往年轻的方向称呼出错的概率比较低，这些就需要大家在平时多注意，细心总结，习惯成自然就不容易出错了。

（二）注视

交谈中，目光注视对方是起码的礼仪，既表示对对方的尊重，又表示对谈话的关注和兴趣，同时也可以为愉快和谐的谈话气氛创造条件。所以，注视礼仪在交谈中是非常重要的。注视礼仪包括两方面的含义：一方面眼睛要看着对方，这是对对方的尊重。一般来说，如果两个人在室内面对面交谈，目光距离通常在 1～2 米，目光应注视对方胸部以上，额头以下的部位，出现交谈双方目光对视的情况时不必躲闪，泰然自若地徐徐移开目光即可。另一方面要注意让对方感受到推销员对谈话的态度。有经验、有修养的人在与人交谈时，都不会忽视引起谈话对象的谈话兴趣，回应对方、关注对方、理解对方、称赞对方是激发对方谈话兴趣的有效办法，可以使话题更加深入、广阔地展开。谈话时要做到相互正视、相互倾听；不要东张西望，心不在焉；更不能看报看书或面带倦意、哈欠连天；也不要做其他事情，这会使人感觉傲慢无礼。

（三）聆听

与人交谈，光做一个好的演说者是不够的，还须做一个好的听众。“听”可以获得许多信息。首先通过“听”可以观察了解到对方的各种信息，如通过对方讲话的内容、声调、神态可以了解对方的需要、态度、期望和性格；其次通过“听”能得到对自己有用的信息，如在推销洽谈中能通过别人的讲述获得有关价格、产品、供应、竞争等的信息；最后通过“听”可以向别人学习一些有益的东西，博采众家之长，丰富完善自己。

在推销活动中怎样鼓励对方去“讲”呢？首先，应当以积极的目光回应对方，在对方讲话时注意时常与对方交流目光。注视对方表明自己全神贯注、一心一意，这样能够赢得对方的好感。同时，如果对方情绪发生明显的变化，推销人员也要调整自己的情绪与之相呼应。其次，应以适当的动作来回应对方。当交谈对象所表述的观念与推销人员不谋而合时，应当轻轻地点点头以示赞同；当对方所谈内容极为精彩时，还可以鼓掌称赞；至于摇头，则表示自己出乎预料或是反对。再次，应以简短的言语来回应对方。在对方讲话时，适当地表示支持，如说上一句“对，没错!”“我也有同感”“的确如此”等，都会起到事半功倍之效。在对方讲话时进行回应，切勿过于做作，这样会使对方认为在被应付，没有诚意，反而起不到鼓励的作用。

五、体态礼仪

有关专家测定：在人际交往中，语言沟通的信息只占35%左右，而体态传递的信息占65%左右。这就说明人们在交际中不仅要把握交谈礼仪，更要掌握、运用体态礼仪，推销人员在推销活动过程中也不例外。体态礼仪主要由站、坐、行的姿态及面部表情等组成。

（一）站、坐、行

站、坐、行的姿态是体态语言的首要构成部分，从中可以体现出人的气质和修养，古人主张人的姿态要“站如松、坐如钟、行如风、睡如弓”，这是对姿态精辟而形象的总结。

1. 站姿

站立是生活交往中最基本的一种举止，良好优雅的站姿应该给人一种挺、直、高的感觉。人在站立时肩要平，胸要挺，手臂在身体的两侧自然下垂，手心向里，中指微贴裤线，挺胸抬头收腹，这样的站姿，才能给人一种挺、直、高的美感。

2. 坐姿

生活中各种活动都离不开坐，正确的坐姿能给人一种自然庄重的印象。在社交场合，不论是坐在椅子上还是沙发上，最好不要坐满，上身应端正、挺直，不要垂下肩膀，但不宜太僵硬、呆板。坐的时间久了可以靠在椅子或沙发的背上，但不要过分后仰，更不能斜倒在椅子或沙发上。坐时一般双腿要并拢或微微分开，男性可以跷“二郎腿”，但不要跷得太高或抖动；女性可以采用双脚交叉、双腿内收的姿态，但不可向前直伸。入座时动作要轻盈而稳健，入座后手不要乱放，不要用手托着下巴，以免显得无精打采，萎靡不振。

3. 行姿

行是动态的举止，矫健轻快的行姿可以表现出一个人精力充沛、蓬勃向上的精神状态，给人一种美感。行的正确姿态是灵活、轻巧、敏捷，行进的方向应保持相对稳定，不要多变；行进的步子不宜太大或太小，应尽量匀速前进；行进时应当目视前方，不宜东张西望；行进时腰部要放松，上身要挺拔，腿部要伸直；双脚不要距离过大，不要走成“八字步”。行走时也要以礼待人：第一，不要与人抢道，不应阻碍他人行走，在经过楼梯、走廊及公共场所时，不要抢行；第二，在上司、贵宾、长辈或女士在场时，最好不要从其面前通过，而应于其身后“绕行”；第三，在向别人告辞时，不要背朝着对方，而应面向对方或侧向对方，缓步后退。

（二）面部表情

人的面部表情是一种无声的语言，是人们心理和思想的外在表现，而且是内涵最丰富、变化最灵敏的表现。可以说：人的表情是感情思想的一面镜子。在推销活动中，热情周到、以诚待人的推销人员，有必要正确地把握和运用好自己的面部表情。只有这样，推销人员的友善与敬意才能真正为交往对象所理解。这不只是推销人员的职业要求，而且应当是他们待人接物的必要修养。

推销人员在推销过程中表情是十分丰富的，但有两个基本表情不可缺少，即认真的眼神和真诚的微笑。

1. 认真的眼神

“眼睛是心灵的窗口”，在与对方交往的过程中，眼神的交流是最频繁的面部表情，也是人们关注最多的地方。目光是眼神的重要组成部分，目光接触对方的部位、方向、时间和转换等具有不同的含义。为了表现推销人员的自信和对对方的尊敬，特别是在向对方问候、致意或强调自己的见解时，一定要看着对方的双眼；一般正视或仰视都可以表达认真、友好、尊重之意；推销人员长时间地注视对方也是不礼貌的，应有意识地转换目光，让对方借机放松一下；与多人交谈时，应遵守“平等”的规则。

2. 真诚的微笑

微笑是推销人员与他人交往中的一大“法宝”。要做好微笑，最重要的莫过于真诚，而且这种真诚必须发自内心。要使自己的微笑显得真诚，就要对人常存恭敬、友爱之心，笑得有真情实意，与当时的情形相符。推销人员微笑时要注意：第一，微笑应当与所处的场所相吻合；第二，应当避免矫揉造作；第三，微笑应当合乎规范。

推销职场

我的职场生涯第一站：海信电器

在实习中，我学到了不少在学校学不到的技能和知识，更重要的是自我的为人处世之道。在我们刚进公司时，正好公司“十一”新品上市，原来从来没有关注过这类行业的发展状况，到海信公司实习后才知道我们国家的电视行业也发展到这么高端、这么多功能的时代了，价格也比一两年前要优惠了很多。还记得我家的 46 寸电视机在前两年买的时候还要将近八千元呢，而现在全智能化的也只要六千元左右就够了。

在公司最先几天都是接受培训，了解新机型的功能，介绍并学习销售技巧，每一次培训、开会，我都会认真地记录每一个重点，但公司不可能针对每一种机型和销售技巧都单独给我们培训一遍，更何况光培训没有实际操作是没有任何效果的！我们的主要学习地点是在各门店，我在门店真学到了不少东西。我最初是在天一国美实习，在天一国美的这段时间里，我一边看，一边学，一边听，一边问，很快熟悉了门店里各机型的功能，我很羡慕并佩服很多导购员那老练的销售技巧和应变能力。在门店的时间里，我们的任务也相对比较轻松，只要把电视机“玩”熟，拿起遥控器就可以用，同时学会了销售技巧。每一位顾客的心理和性格都有所不同，有些人就需要热情的讲解，而有些人如果对他过于热情反而会适得其反，甚至会把顾客赶出自己的门店，我一直记着我们培训师的一句话“走出了自己的包厢就不是自己的顾客了。”这句话说得一点都没有错，最好的办法就是要让他走进来就买单，但这里包括太多的因素，要顾客一下子就买单需要多大的本事，几乎无人能做到。所有顾客基本都要到处比比看看，加之在所有国产品牌中我们海信电视同比之下价格可能要稍微贵那么一点，但我们海信电视不管是做工还是质量，都是所有国产品牌中最好的，所以我们有信心做好、做强。同时在空余时间，我也特别喜欢去别的品牌的包厢里转转，去研究他们的机型，了解他们的功能。对于我来说，就是要知道他们机型的弊端，知己知彼方能百战不殆。例如国产品牌创维采用的是硬屏，同时在数字一体化方面都采用一张小卡形式，而其他的国产品牌基本都采用大小卡形式，这就说明创维不走寻常路，与其他国产品牌都不同，比较另类，这也说明它是想以此优势来占领市场！

宁波人买东西都比较谨慎，真的要去货比三家，更重要的是有很多人只认价格不认质量，在价格谈不拢的时候我们就需要用一些小礼品来包装自己。现在电视行业能送的东西很少，一般只有高清数据线，如果顾客买个高档一些的电视机那也可能送一套无线键盘鼠标。这也需要靠自己的本事来为自己的商品进行包装，以便让顾客在心里感觉到自己占了便宜，要尽量满足顾客的心理。

在每一次活动中，我们需要学的东西非常多，每一次活动都要比上一次活动更加完善，做得更好。在做活动时，前期的广告真的非常重要。广告是现在销售行业领域不可或缺的一种手段，“好酒不怕巷子深”的时代也一去不复返了！海报，传单，群发短信，街道横幅，报纸广告……这些都不可或缺，一个活动的效果如何很大程度上要看做的广告效果如何，每一次活动的物资筹备、地方选址、人员安排等都是一项系统的、烦琐的工作，需要细心仔细地去完成。像大型的巡展活动，就要做到和在场消费者进行互动，加强引导和介绍。而在巡展兼顾销售的现场，不仅要多加强互动，而且还要多注重讲解，引导顾客购买并要尽可能地将其引导到智能机型上去。

在海信公司实习的这段时间里，我有许多自己的感受。作为一个大企业要不断提升自己的品牌形象和员工的品牌意识：

(1) 要加大品牌推广，保障产品质量，俗话说“好事不出门，坏事传千里”。

(2) 每一位员工都要对工作负责，对自己的公司负责，要相信付出和回报永远是成正比的。

(3) 每一位与顾客接触的导购员、推销员都要调整好服务态度。是否具有良好的态度给顾客的印象就会不一样。对于一名推销员来说，在与顾客接触的过程中，优质的服务是成功的一半。

(4) 要不断地提高导购员的产品知识水平和实际的操作能力，这样更加有利于销售。

(5) 作为营销专业的学生，我们还应该再学一门课程，那就是区域地理。要了解一个城市并对其进行分析，一个城市的文化、环境、经济、习俗、资源以及发展程度等都极大地影响着某一产品的销售市场。

(6) 对于一些顾客，要尽量让他自己先看一会，自己跟在后面仔细观察他的购买意向，然后在他消除戒备心的时候再与他交谈。

（浙江工商职业技术学院，营销 1112　褚占豪）

我的职场第一份工作：汽车销售顾问

3 月 1 日我正式去公司报到，早上我早早地来到了我将要工作的地方——浙江甬通汽车贸易有限公司，它是主营凯迪拉克和欧宝的。走进展厅，我第一反应很简单，“哇，这些车都好漂亮啊!”

早上看到未来的同事，一个个西装笔挺，不管男的女的都是精神饱满的，我又有了一丝丝崇拜。8 点 20 分时，大家很迅速地站成了两排，这就是每天例行的早会，卢总监让还没有穿上工作服的我也站队其中，这每天的早会就是总结前一天的工作业绩和对今天的工作安排及预期目标的制订。这样不仅可以有效地完成工作目标，还可以充分利用工作时间，将每个人的价值最大化。

开完早会后，我就去行政部报到了，领了相应的工作服还有上下班用的考勤卡等。之后又正式去销售部卢总监那里报到，我被分到了陆经理那里，值得一提的是陆经理对其手下的员工超级关心。很快陆经理给我找了一名叫刘超的师傅，我师傅是个很厉害又很好的人。之后，我就整天跟着我师傅了。很幸运，我师傅很乐意教我，第一天就教了我很多东西，包括带我将整个公司走了个遍，还带我认识一些我以后在工作中需要接触的人，并一直强调我是他徒弟，希望大家好好照顾我。我觉得我超级幸运的，听别人说，很多师傅都不愿意教人的，我倒是不那么觉得，我第一天上班接触到的人都很认真地教我，让我觉得很有亲切感。这一天很充实，所以感觉时间过得好快，我感觉我师傅教我的东西我才记了一点点，就到了下班时间。走在回家路上的心情很奇妙！期待第二天上班！

工作一星期后，我渐渐熟悉了公司的环境，渐渐记住了公司同事的名字。我发现在汽车公司上班，特别是在销售部上班，要记的东西不是一般的多，光是销售部的同事就很多，还不停地有新人进来，平时还要经常和其他部门打交道，前几天上班感觉每天都能见到“新人”，真是个庞大的团体啊！

这段时间，我一直学习有关汽车的资料，熟背这些车型的资料数据和各款车型具备的配置及其区别。一开始我没有找到学习的方法，只是死记硬背，背得我好痛苦。后来在我师傅的提示下，将资料和汽车实际联系起来背就感觉好多了，不光记住了，还理解了。我们组包括我有 3 个新人，都是女士，我们经理会隔两天检查我们的学习进度，我每次都受表扬，而且进度每次比经理想象得要快，我感到很骄傲，我没有给我师傅丢脸。

这两个星期过得比较充实，因为每天背资料，同时也比较无聊，因为每天只是背资料，不过我还是充分利用时间并珍惜这个学习机会的，为我真正接客户的那一刻做准备！还有一件很幸运的事，我是三月份来公司的，刚好赶上了三月份的国际车展，这是一个很好的学习机会，更是一个很好的展现自己的机会。平时新人进入公司，正常情况下，一般都要经过两三个月才能开始真正接手客户，也只有这时才是将自己平时学习到的知识得以展现的机会。所以说，我很幸运，赶上国际车展，一个月不到就开始接手客户了，更幸运的是，在车展的第二天，我就卖出了一辆奥迪 A6，我真的超级兴奋，虽然大家说奥迪车像是卖大白菜似的，太好卖了，但是我还是超级满足的。

这段时间上班期间，我一直有着一份好的心情，也许是因为跟同事、师傅、领导都处得比较融洽吧。不过通过每天对那些老销售顾问的观察，我觉得做销售每天必须要保持一种积极的心态，还有要能和客户谈天说地，否则有再扎实的汽车知识也只是纸上谈兵，口头经验。就这点来说师傅也帮不了我，我只能自己慢慢学慢慢积累。

在公司上班已经有一段时间了，同事之间也有了一定的了解，慢慢地也适应了这样的工作。有很多同事都说我很幸运，刚走出校园踏入社会，就进了相对不错的公司，做了相对不错的工作。我应聘的是销售顾问，公司给我安排就是做销售的，因为一开始不懂，就从销售助理的岗位开始学起，平时只要努力多看多学就行了。不像很多人，一开始面试的是做销售，但安排的却是从茶水员或是前台做起的，相对于我来说学习的机会会比较少，而且会比较辛苦。听同事们说了那么多后，我真的觉得自己挺幸运的，更加坚定了努力学习的决心。

车展结束了，我们公司获得了丰厚的业绩，之后还在华侨豪生酒店庆祝了一下。从车展前每天只是背资料，到车展后每天可以与客户交流，我发现我之前那么认真背资料的半个多月，还不及面对客户实际销售的车展这两天学的知识多和对知识的印象深刻。所以说，实践真是非常重要！

（浙江工商职业技术学院，营销 0822　谢春燕）

技能故事

1. 如何抓住客户的心

技能说明

对顾客消费心理的把握，是一个非常重要的技能，很多专业书籍中都会有关于顾客消费心理的一些理论知识，比如：顾客的从众心理、虚荣心理、爱占便宜心理、追求个性心理等。销售人员要想有销售业绩，必须要学习和掌握相关的知识，同时在实践中能有意识地应用和实践，进而加以总结和提升。

抓住客户心（上）

张小姐是法国艾卡尔高档男装的店面销售员，她销售的西装都由国际著名设计师设计，采用进口高档毛料制作，款式时尚，做工考究，唯一的问题是价格比较贵，所以很多客户问过价格之后就走了。我们一起来看一个销售场景。

钱先生走进了艾卡尔专卖店，看中了一套灰色浅格西装，张小姐殷勤地请钱先生试穿。穿上该西装的钱先生显得英俊潇洒，自己在镜子前转来转去，十分得意。

“这套西装多少钱?”钱先生问。

“7 800 元。”张小姐回答。

果然，钱先生脸上出现了犹豫的神色：“有折扣吗？我看现在商场有优惠促销活动，买 200 元送 100 元。”钱先生期待地说。

“不好意思，我们不参加活动，如果您有会员卡，可以九五折优惠。”张小姐心虚地说。

“太贵了。”钱先生说着，就走向更衣室，准备换下西装。

“我们的西装是世界著名品牌，都是名师设计的，采用进口高档毛料制作，做工也很考究……”张小姐使出浑身解数，试图留住钱先生。

“你们的西装是不错，但刚才我刚试过隔壁那家的西装，看上去稍微差一点，可人家才卖 2 800 元，难道你们一套西装能顶人家 3 套吗?”钱先生怀疑地问。

张小姐一时无语，眼见着钱先生换了衣服，走出了自己的专卖店。“如何才能抓住客户心，不让客户离开呢?”张小姐苦恼地想。

如果你卖的是优质高价的产品，你也会有同样的苦恼。面对这个问题，销售精英们是怎么做的呢？下面来看一个真实的故事。

一家广告公司因为竞争对手大打价格战，导致销售额急速下滑，为此，公司决定给销售员提供培训，增强他们的技能。培训前，笔者访问了十余名销售代表，总体来说，这些销售代表都觉得自己公司的产品价格过高，很难销售。最后，笔者访问了公司的销售冠军，据销售总监介绍，这位销售冠军的业绩没有受到价格战的冲击。笔者向销售冠军了解他能保持业绩的秘诀，销售冠军很平淡地说：“没什么秘诀，我们公司和竞争对手根本不在同一层面上，如果你让客户认识到这一点，他们就不可能用我们的服务和那家竞争对手去做比较!”——就这么简单。销售冠军们能够通过自己高超的技巧，使客户对自己的产品情有独钟。如果钱先生只喜欢艾卡尔的西装，就无法把艾卡尔的价格和隔壁西装的价格进行比较，从而只能接受7 800元的价格。如何让钱先生情有独钟呢？

客户的选购心理

要影响客户，首先要了解客户的选购心理。钱先生是如何选购西装的呢？

钱先生是一位大客户销售代表，以前在一家国内企业工作，由于业绩出众，经人介绍，得到一家著名外资企业的聘用，并会在两周后到新公司报到。为了以一个良好的形象加入新公司，钱先生准备为自己置办几件新“行头”，为此，他做了1万元的预算。到外资企业工作，要买什么样的西装，钱先生也没有明确的思路，但他知道，西装必须看上去有档次，这样才能被客户认同；颜色要符合商务礼仪要求；穿起来必须合体……此外，最好价格在5 000元/套以内。这就是钱先生的选择标准。

客户在选购时，会先确定一个选择标准，客户选择哪个产品，由这个标准来确定。它就像是一把尺子，客户会用这把尺子去衡量他看到的产品，并进行比较分析。客户的选择标准分成两类：一类是必备标准，例如符合商务礼仪要求，必备标准在选择时是不可改变的；另一类是参考标准，如价格。用必备标准衡量，钱先生在商场中看中了3套西装，一套是法国品牌艾卡尔的灰色浅格西装，价格7 800元；一套是国内品牌美雅的藏青西装，价格2 800元；还有一套是合资品牌酷客的米色西装，价格是5 600元。3套西装都满足看上去有档次，颜色符合礼仪要求，穿着合体的条件，那接下来就是考虑参考标准，也就是价格。美雅的价格最便宜，于是，钱先生顺理成章地选择了美雅。

如果在钱先生的选择标准中加入国际品牌，结果如何呢？毋庸置疑，艾卡尔就成了唯一的选择，那价格也就不再是问题。

所以，抓住客户心的核心，是用自己的优势去影响客户的选择标准。为此，销售员要做好3件事：发现自己的优势；了解自己优势带给客户的价值；把优势“卖给”客户。

发现自己的优势

抓住客户心的第一件事，是发现自己的优势，就像找对象一样，总要有一些好处，来博得对方的好感。发现优势，说起来容易，做起来难，因为太熟悉自己的产品，知道自己产品所有的弱点，但却不太熟悉竞争对手的产品。

人们通常都是通过对方的宣传资料来了解其产品的，这就造成经常会用自己的劣势和对方优势去比。如果自方产品质量好，会看到自己比竞争对手贵，因为竞争对手总是用价格战取胜。如果自方产品价格低，又会看到自身的质量和服务比较差，因为竞争对手会用质量和服务取胜。如此一来，自身总有心虚之处。如果自己对产品都没有信心，就无法抓住客户。

(1) 发现优势第一步：寻找差异。现在，从客观的角度去找自己的优势，方法是先不谈优势，只找差别。国际品牌和国内品牌是差别，蓝色和灰色也是差别。只要有不一样的地方，就列出来，见表2-1。

表2-1　艾卡尔的竞争分析

比较项目	艾卡尔	酷客	美雅
服装颜色	藏青、蓝色、灰色浅格	藏青、蓝色、灰色浅格	藏青、蓝色
面料	高档纯毛	高档纯毛	毛涤
制作方式	手工制作	手工制作	机器制作
价格	7 800元/套	5 600元/套	2 800元/套
……	……	……	……

（2）发现优势第二步：区分绝对差异和相对差异。绝对差异就是自身和所有竞争对手都不一样的差异。如果商场中只有艾卡尔、美雅、酷客3个品牌，那么国际品牌就是绝对差异。绝对差异是销售的重要武器，如果能把绝对差异纳入客户的选择标准，客户的选择就非你莫属了。

相对差异是和部分竞争对手相比的差异。例如，美雅只有藏青和蓝色西装，而你和酷客都同时拥有藏青、蓝色和灰色浅格西装，那么，灰色浅格就是自身和美雅的相对差异。当钱先生决定只在自己和美雅中选择时，可以用颜色将自己和美雅区分开来，并让钱先生产生偏爱。

（3）发现优势第三步：区分优势差异和劣势差异。现在，要区分在所有的差异中，哪些是优势差异，哪些是劣势差异。优势差异是抓住客户心的武器，劣势差异则会成为客户的购买障碍，需要通过一定的策略去化解。

例如：国际名师设计与国内普通设计师设计相比，显然是优势差异，因为意味着艾卡尔的服装更美观，更时尚。而7 800元和2 800元相比，显然是劣势差异。钱先生就是因为价格的原因，决定改选美雅西装。如果自身是价格高的产品，必须通过一定的办法，化解客户的购买障碍。

了解优势对客户的价值

张小姐努力宣传自己的优势："我们的西装是世界著名品牌，都是名师设计的，采用进口高档毛料制作，做工也很考究……"试图留住钱先生，结果无效，因为钱先生不关心这些特点，他只关心自己能得到什么好处。如果不能让钱先生觉得他多支付的5 000元钱物有所值，无论产品有什么特点，都不能打动他。

所以，现在要做的是把自身的优势差异翻译成客户语言，也就是客户能得到的价值。

世界著名品牌：意味着能显示自己高贵的身份，彰显自己的成功，从而得到雇佣企业和客户的信任；还可能意味着在外资企业内入流，不会被同事看不起……国内品牌相对来说就会显得寒酸，意味着不太成功。

名师设计：意味着款式时尚，让人觉得有品位、有档次。此外，名师设计还意味着舒适合体。普通设计师设计可能就穿着不服帖，或者让人觉得老土。

高档毛料：意味着挺括，穿着体面；还意味着耐洗，历久弥新，客户可以长时间穿着，并且因为不用频繁更换西装而为客户节约费用。普通毛料新的时候看起来和高档毛料似乎没有差别，但洗几次就会变形，或者显得很旧，穿不了两年就需要更换新西装。

如果张小姐能把上述价值向钱先生解释清楚，就会很好地影响钱先生的决策。以高档毛料为例，艾卡尔的西装很耐洗，通常穿五六年都没有问题，而美雅的西装只能穿两年左右。还记得钱先生在离开时说："你们的西装是不错，但刚才我刚试过隔壁那家的西装，看上去稍微差一点，可人家才卖2 800元，难道你们一套西装能顶人家3套吗？"

通过对高档面料这一特点的价值分析，足以证明艾卡尔的西装确实能顶3套美雅西装。而且，价值还不仅限于此。买3套美雅西装，能穿五六年，买一套艾卡尔西装，也能穿五六年，但如果做了第一个选择，五六年的时间内，一直穿着寒酸的中低档西装，而在第二个选择中，则一直穿着体面的高档西装，如此说来，哪种选择更划算呢？

把优势"卖"给客户

接下来，需要把差异的价值卖给目标客户。如果只是展示差异和优势，而没有让客户接受和认可，差异就不能建立竞争优势。虽然艾卡尔有很多地方超越美雅，但是，艾卡尔的西装要比美雅贵出5 000元！也就是说，这些好处并不是送给客户，而是卖给客户的！这时候，客户就会想：我真需要在一套西装的基本功能之外，额外支付5 000元去购买国际品牌、手工制作和更高档的面料吗？如果推销员不能把这些差异用5 000元卖出去，仍然无法赢得客户。

那么，如何把自己的优势卖给客户呢？

(1) 确定目标客户。把优势价值卖给客户，首先要确定目标客户，也就是找到那些对优势差异带来的价值感兴趣的客户。如果试图把艾卡尔西装卖给农民工，就是有再高的销售技巧也无法成交，因为品牌、形象这些对农民工来说没有什么意义。但是老板、销售员等商务人士则会对这些特点感兴趣，因此，艾卡尔西装应该针对这类人群进行销售。

(2) 激发目标客户对优势差异的偏爱。现在，推销员需要用前面学过的超级影响力，引起客户对优势差异的偏爱，也就是分析如果客户选择了不具备优势差异的产品，会面临哪些麻烦，如果选择了推销的产品，会带来哪些利益。

例如：钱先生是一个刚刚要加入外企的销售员，如果选择了便宜的西装，可能会让未来的同事看不起，让人觉得他不入流。此外，外企的客户可能档次更高，廉价西装会让人怀疑其实力，不愿意和他往来，从而影响他的销售额。如果穿国际品牌的西装，能更快地被团队接受，并且使工作更顺利。如此分析，就能很好地激发钱先生对国际品牌这个特点的重视。

(3) 把优势差异融入客户的评价体系。在客户产生兴趣之后，一定要把差异优势提升一步，变成客户的选择标准。例如，张小姐可以继续告诉钱先生："要想在外企工作，在选择西装时，一定要选国际著名品牌，并且有手工制作痕迹的那种，最好选择法国品牌，因为法国服装无论是从设计上还是从制作上都是全球一流的。"如果客户认同了该标准，美雅就被淘汰了。

在将优势差异融入客户的评价体系时，首先应该尝试使自己的优势变成客户的必备指标，如果能把自己的绝对优势变成客户的必备标准，那么客户的选择就非你莫属。例如：如果能让客户认为他必须选择法国品牌，而该品牌是商场中唯一的法国品牌，那么，这个客户就肯定是你的了。如果无法实现把优势差异融入参考指标，那就设法增加该指标的权重。

(4) 化解劣势差异。化解劣势差异就是淡化客户对劣势差异的认知，让劣势变得不那么重要。

(5) 打击竞争对手。打击竞争对手，就是选择竞争对手的劣势来设计评价指标，并把它融入客户的评价体系中去，使客户在考察竞争对手时很容易发现对方的弱点。

例如：美雅为了节约成本，用了比较普通的毛涤面料，而该毛涤面料没有艾卡尔的纯毛面料挺括，那么，张小姐就要让客户知道，选择西装一定要了解面料是否是纯毛的。如果这一影响成功，则根本不需要提到竞争对手的名字，就已经有效地打击了竞争对手。因为客户看到美雅西装，一定会问西装是否是纯毛面料。一旦售货员回答是毛涤，就意味着美雅西装有了一大弱点，甚至可能出局。

资料来源：王云．销售与市场（成长版），2011（6）：68-72.

2. 业务员如何学会长大

技能说明

都知道业务员的进入门槛并不高，可是要在一个集团公司从业务员、业务主管、城市经理，一直到区域经理，实现从做销售到做营销，从被管理到做管理的一个转变，对于大多数的业务员来说是一个很漫长的过程。

销售成长——半个月从业务员到区域经理

现实：几年过去了，少数业务员成了经理、总监甚至是老板，而大多数业务员还在原先的职位上坚守岗位。很多在基层干了五六年依然是个业务员，都干麻木了，对于晋升和加薪已经不抱什么希望——认为这就是命，咱没那个命，轮也不会轮到我，只要能混个衣食无忧就 OK 了；有的则一直在抱怨、发牢骚，天天在叫“千里马常有而伯乐不常有”。

这些人没有总结过为什么别的业务员能够很快获得晋升？为什么你总是那个默默无闻的“老黄牛”？

事实：“很多所谓在基层工作了 5 年的老销售，只不过是第 1 年的积极努力，再加上 4 年的消极重复而已，挫折磨平了个性，时间磨灭了激情；工作已经完全程式化，很少去思考、总结、改变自己、提升自己，已经被环境完全同化了，做事已经没有了创造性。”

下面讲一个真实的故事，希望能给在一线默默拼搏，盼望有一天能出人头地的业务员一点启发：

A 是一个退伍老兵，因为初中没毕业，所以退伍安置不了好工作，被分到一家效益不好的企业工作，工作了没几个月就下岗了。A 于是四处找工作，可很多企业一看到 A 的学历就直摇头。A 来到人才市场看到一家经销商在招业务员，而且基本上对学历没有要求。凭着良好的个人形象、出众的谈吐，再加上退伍军人的“驰名商标、金字招牌”——吃苦耐劳，踏实肯干，一举打动了面试者，老板当场拍板，让 A 第二天就去上班，一个月工资 600 元，已经半年多没挣到过一分钱的 A 立刻就答应了。

不畏困难

A 的主要工作是针对老板代理的一个老产品（G 牌方便食品）的整个市区所有零售网点的铺市和市场维护。当时 G 产品在当地已经做了两年了，由于当地属于三级城市，厂家对该市场不太重视，投入资源较少，而经销商又是出了名的“铁公鸡”和“周扒皮”，业务员经常换，所以该产品在当地一直卖得不好，遗留的问题也特别多，市场口碑极差，而且方便食品又是一片竞争激烈的红海并不好做。

感恩的心

A 作为一个新手对于这些困难一点畏难情绪都没有，反而对这份来之不易的工作有一份感恩的心态，下定决心一定要干好！用自己的成绩向以前那些因为学历低而不给自己机会的老板证明自己的能力，走好职业生涯的第一步。

善于学习

A 去了以后一直跟着老板在转店，学了两天以后，A 则认为很高深的“销售”原来很简单。

推销的技巧：只不过是“一套销售话术”，见了不同的客户换个不同的花样反复地说而已。

推销的关键：只有四个字“利润”和“信任”。

提高终端销量的方法也很简单：突出陈列、保障货源、店方推荐、促销跟上。

做好陈列和订货等的关键就是做好“客情”。

搞好客情好像太容易了——只要经常走访，帮店里做点力所能及的事，跟店员聊会天，送对方点赠品等，让对方喜欢你就行了。

找个榜样，三人行必有我师

从第三天开始A就觉得在老板身上学不到什么东西了，于是A开始独立作业了。路上A遇到了一位一线快消品品牌的资深业务员小马，两人聊得很投机。加上A的刻意奉承，马大姐并没有把这位同行当冤家，反而教了A很多东西，包括：推销技巧、陈列原则、如何设计拜访路线才能提高工作效率，如何应付店方的异议和刁难，怎么说服对方，如何有效沟通以增进客情等业务心得，使A受益匪浅。

于是A视马大姐为良师益友，看到了马大姐的优秀，A也发现了自身的不足，买了大量的销售类书籍学习以增长理论知识，经常和马大姐一起巡店，交流业务心得，而且每天晚上回到家都把自己关起来回想当天在推销中的细节，反省自己和总结经验，在自身的努力学习和马大姐的指导下，A的业务技能提升得很快，同时借助马大姐的良好客情资源，A开发新客户的成功率极高。

用业绩展示能力

十多天以后G产品的零售网点客户数量从70家提升到了200多家，原有销售点所陈列的产品的质量和销售业绩也得到了极大改善，刁难的客户也少了，销量快速提升，仅半个月的回款就比前两个月的都要高，老板当然乐得合不拢嘴了。

机遇来临时，你准备充分了吗？把握住了吗？

一天早上A还没起床老板就打来电话，说让A穿得精神些，今天G公司的大区经理要来检查市场，让A同他一起带领导看看最近市场取得的成绩，好跟厂家多要点费用。

见到G公司的X总后，X总对于A表现出来的良好的气质和出众的谈吐印象非常好，在转完市场后X总对于A能在短期内取得如此成绩及表现出来的才干一直是赞不绝口。当得知A才开始做业务只有半个月时，X总惊讶过后眼中又闪过一丝不易察觉的惊喜。

中午在接风宴上，老板对X总说：“现在市场提升很快，你得给点费用支持吧！小A工作这么卖力，公司也得给点奖励表示一下吧！”X总说：“这样吧我这个月再给你1万块的通路促销费用，再支持你一个业务员名额，工资我来出，我看也不用找别人了，就小A了怎么样？”老板还不知足：“小A可都工作了半个月了，一直只负责你们的产品的！”X总说：“没问题，都算我的，不过我得给小A办我们公司的入职手续。”老板说：“没关系，到时你就把工资直接打到我账户上就行了。”X总说：“明天我要去T市开个营销会议，我看把小A带去锻炼一下，也给你培养个人才。”

大区会议和铺货比赛

第二天A和X总一起去了T市，到了以后A才知道此次会议的参会人员都是公司的中高层，最低的都是华北大区的区域经理，有20多人，就A是一个最底层的业务员。晚上会餐时X总致辞说：“此次营销会议的主要精神是从实战出发打造销售团队，分为两个方面：一是销售培训；二是铺货比赛，规则是买十赠一，但是必须收回现金，压单赊账的不算数；接下来的两天是铺货比赛，第一名给500块钱的奖金。”

独辟蹊径，主动灵活，敢为人先

一听有奖金，A的眼光立刻就亮了，A主动找到了T市铺市的经理敬酒，对方说：“当地市场是新开发的，竞品做得早，很强势，而且本品刚刚进行完大规模的产品铺市，投入挺大的但效果很不理想，估计也是总经理定在这儿开会还让公司的区域经理们亲自来啃这块硬骨头的主要原因。”

A又了解到当地的车站等特通渠道还没有开发，A马上就想到长途汽车站和火车站是客流量尤其是流动人口最大的地方，方便食品和饮料销售也是最大的，而且品类也比较单一，买东西的人也很少有挑选的时间，一般是有什么就买什么，对于好卖的产品都敢压货，老板们最看重的是利润，而且不退货。

G产品虽然不比竞品在当地的知名度高，但是利润高，再加上这么大的促销力度，肯定好推，而且量都少不了。

在别人举着酒杯喊“哥俩好”的时候，A则悄悄地退场了，回到宾馆拿着样品和赠品直奔火车站而去（火车站里和周围的便利店一般都营业到很晚）。

很多客户对于深夜来访的A很讶异，并为A的敬业精神所感动。结果不出A所料，深夜客户们大都不忙，而且也乐得有个人陪聊，并没有人拒绝A的推销，在A展示出G产品同竞品品质相当，而利润空间要高出不少的同时，很多客户都动心了，A又指出来经销商就是在当地实力和信誉都较佳的Q商贸后，不少客户都放心地直接签单订了货，连首批压款和优惠都没有要求。

很多客户单凭销售利润和信誉并不能被打动，这时A就拿出了首批进货的促销政策来吸引客户，就这样火车站的附近30家零售店已经成交了十几家。

问题与思路

有几家比较有实力、有影响力且很有意向的客户要求产品进店要付费用（进店费和陈列费），虽然并不高，但是开会时并没有谈到进店费和陈列费用的问题，这时领导肯定都喝多了在睡觉，打电话请示不是找挨骂嘛！这时A就犯难了。

吃了几次闭门羹后，A蹲在火车站门口开始苦思对策。这时A的脑子一亮想到了这部分客户关注的焦点是“费用”，而不是“促销政策”，那我可不可以把买赠的费用转换成进店费用呢？算了算账，A发现如果这样操作的话，加上刚才节约的促销资源减去进店费的话还有盈余！

这时A又在想自己暗箱操作私自改变公司销售政策会不会挨批评啊！接着A又跟自己说：“去他的吧，做销售哪来的这么多规矩和教条！就好比公司给我10块钱让我开发10家客户，一家1块钱，有的客户能不用花钱我就省了，有的客户得花两块钱，还有的客户250分成交（2.5元的不要，得把2.5元钱的纸币换成250个1分的硬币他才要）。”

悟

“我们做销售的只有从客户的需求出发才能成交，这就得学会变通！不会变通就只有找死或等死！如果给公司创造了业绩，还节约了费用，挨批我也认了。”

辉煌战果

看着手中一叠的订单，A粗略地算了一下，成交了近20家，订货数量有500多箱。A

自豪地笑了。

普通的零售店一次能进五箱就很不错了，一个优秀而且路线比较熟的业务员一天也就转40家店，新品铺市成交率在50%以上就非常不错了，而且，前段时间刚进行过大规模的铺货，即使不计算很多人因路线不熟而重复拜访的无用功——第一名十拿九稳了！4个小时500件货，多么震撼的数字啊！A都有点忘乎所以了！

第二天A睡了个大懒觉，起来后在市区随便转了下就到晚上了，到了宾馆会议室，很多人都到了。只见一个省级经理在炫耀："我今天新开了12个客户，铺货50件，今天的第一估计非我莫属了。"A则在心里快笑翻了天——才50件就说自己是第一，口袋里要是装了500块钱你还当自己是中国首富了呐！

震撼全场

汇报战果的时候，A的订货量500件一说出口，喧闹的会场立刻就没声了——全蒙了！

X总是第一个反应过来的："小A啊，别乱说，这是开会不能开玩笑的！"

A说："是事实啊！不信可以问一下经销商的业务经理嘛！我这有订货单副件。"

其他人也反应过来了，有的说："扯淡，一天铺货500件，是不是开了个二批啊！"

在一连串的追问下A说出了自己销售的经过。

指责

一石激起千层浪！立刻引起了大家的争议，大多数人都在指责——主要是以下几点：

(1) 不遵守纪律，提前行动。

(2) 没有按照区域划分，抢了别人碗里的饭。

(3) 在没有经领导批准的情况下私自更改了活动方案，如果处理不好会对市场造成"难以估量的严重后果"。

亮剑

A满心期待地等待着领导们的赞赏，谁知道迎来的是一片指责。

巨大的心理反差之下，A忘了自己只是公司的一个最底层的业务员，在座的任何一个人都可能是自己领导的领导。

A气愤地站了起来，对着那个声讨呼声最高的省经理说：

(1) X总说过了商场如战场，本次铺货演练要从实战出发。水无常势，兵无常法。要想克敌制胜就是要出敌不意，抢得先机，落后就只有挨打。

(2) 市场不是竞争对手施舍的，是自己抢来的。我们做市场也没有哪个竞争对手会跟我说东边市场是他家的，叫我别来抢，西边市场是我的，他不会跟我抢，大家各自守好一亩三分地。做市场不是小孩子过家家，"市场蛋糕"放在那你不吃，没人会给你留着，抢不到你就是要挨饿。这就是自然法则：优胜劣汰、胜者为王。

(3) 我认为我并没有违反规则，而是正确领会了领导的指示精神。

1) 我们得明白企业经营的目的是什么？是创造效益！为了实现企业可持续发展！而不是培养只知道执行不知道变通的业务员。

2) 我们销售的目的是什么？我们销售的根本目的就是用最低的成本把产品最大量地卖出去，以获取更高的利润。

3) 我们促销的目的是什么？通过促销政策的推动实现产品的快速铺市！对不对？那

就是说促销是手段、铺市率和销量才是目的。

(4) 我现在超常完成销售目标，还节约了促销费用难道是错误？难道把促销费用100%花出去才是完成任务？难道销售只是手段，花钱才是目的？

在A一系列慷慨激昂的反问之下，那些经理人又蒙了！谁都没有想到一个穿着土得不能再土的绿军裤、大头皮鞋，留着傻了吧唧的大平头，长着一副只有20岁出头娃娃脸；一个不知道哪里冒出来的小业务员竟然有这么锋利的言辞，竟然敢跟他这个省经理这样说话！

圆场

最后还是X总打破了尴尬的局面。X总笑了几声说："小A做工作能独辟蹊径并取得惊人的成绩确实值得表扬，也值得大家学习。只不过既然是集体活动就必须有纪律，不能想干什么就干什么，想怎么干就怎么干，尤其市场政策是非常重要的，很多时候牵一发而动全身啊，不能想当然地私自行动，必须要请示，有特殊情况可以说明，我想公司不会不批。今天A成绩的取得确实和他自身的努力是分不开的，但擅自行动对于其他人来说也是有失公平的，大家看这样行不行——今天A的成绩不计入考核，明天还有一天，如果A明天的成绩很差，那今天的成绩就有投机取巧之嫌！如果单凭明天的成绩A仍然是第一名或很突出，那我们就要必须认可A的能力，向A学习。大家认为怎么样?"

大多数的人都赞成这个决定。

X总又问A："愿不愿意再挑战自己一次?"A说："我会再次用业绩来证明自己的。"

X总接着说："今天你的成绩的取得大家都认为是因为你在暗处，大家在明处，别人还没起跑你都早已到终点了。我可以认可你的业绩和做事的思路，但并没有看到你的销售能力。你明白吗？我明天希望能看到你和大家在同一条起跑线上的时候，你是如何灵活运用销售的技能获胜的。做市场并不是每次都可以取巧的!"

A坚定地点了点头没有说话。

收集信息，摸清市场

散会后A找到了T市的经理，想再打听一下关于今天别人的行进路线，免得吃"别人嚼过的馍"。可是这回T市经理学精了，咬紧牙关，什么信息都不说了。无奈之下A想到了T市经销商的业务员强仔。对于A今天所取得的成绩，强仔简直都快把A当偶像了，当然是知无不言了。

很快A就确定了今天别人活动的范围，从订单上来看基本上都集中在东城，而西城离宾馆比较远，骑自行车一天是转不过来的。A又向强仔了解到，在西城有几个很集中的居民区，超市非常多，而且上次铺市去的是该办事处最弱的业务员，铺市率很低，是个半空白的市场，于是A就将目标锁定了该区域。

成功的关键：领先一步（你骑自行车，我坐出租车）

第二天在领导做完动员工作后别人都骑着自行车出发了，A则招来一辆出租车直奔目标区域而去。凭着过人的推销技巧和真诚执着的态度，A让很多以前业务员没有成功签单的客户都签了单。到了下午，A一看自己的记录成交17家，出货120箱，这时只见T市经理气喘吁吁地骑着自行车过来了，A对他哈哈一笑，从容地坐上公交车回去了。

晚上开会的时间到了，T市经理仍然没有回来，正当X总说会议开始的时候，只见T市经理汗流浃背地跑了进来，X总一看他那狼狈样，笑呵呵地问他："看你累得一身汗，开会都迟到了，怎么样？今天的业绩肯定不错吧！"

只见T市经理的脸憋得通红，站在那好一会都没有说出话来，最后小声地嘟囔了一句，不知道谁跑得那么快，我自行车骑得够快的了，还是落在了别人的屁股后面，到了地方以后，那一片的客户都订过货了，今天没业绩。

再爆冷门

在公布了业绩之后大家都沉默了——今天又是A的销量最高，120件，第二名是39件，即使A昨天的业绩为零，那A也稳得第一。所有的经理心情都很郁闷——都没想到会让一个新兵蛋子一而再再而三地出风头。

这回A学乖了，站起来说："我今天又有点取巧了，别人都是骑自行车去转店，我是打的去的，而且运气好正好赶在T市经理的前面，T经理的能力、客情都比我的强，我如果也骑自行车去的话，今天我们俩的业绩就得换个个儿了。"这时X总站起来发言了："对于A取得的成绩，大家认不认可？"只听齐声回答："认可。"

X总又说："别人一时的成功，我们出于安慰自己脆弱的自尊心可以归结为运气、取巧，但是接二连三地超越我们，那就只能说明别人比我们强，至少在某一方面比我们突出；我们只有看到并承认别人的优点，改进自身的不足才能不断进步，才能在市场竞争中立于不败之地。"

"我们做市场不相信运气，也不同情弱者，只相信实力，只相信完善的计划方案，只看最后的结果！我们唯一的目的就是赢！"

X总顿了顿，眼含深意地看了A一眼说："散会之后你到我的房间找我。"

破格晋升

散会后A去找了X总，X总说："我跟公司总经理沟通了一下，觉得你做事有思路、敢想敢做、比较有培养潜力，所以公司决定培养你担任我公司直营区经理，享受省级经理待遇。"

听完任命之后，A蒙了！A使劲地用手搓了搓脸揉了揉眼，再摇了摇头，确定这是真事。然后他茫然地看着X总，傻傻地说："经销商那边怎么处理呢？"

X总笑骂道："刚夸完你聪明就犯傻！你管他干吗？对一个'只想挤牛奶又不想给牛吃草'的小老板你还挺忠诚，一个大老爷们儿一个月挣600块钱的工作你还舍不得！"

"从现在开始你就是我们公司的销售经理了，是白领了懂不？去，先到何助理那借支2 000块钱买身衣服，把自己包装一下！"

A根本没有想到机会来得这么突然，他已经不知所措，又傻傻地问了一句："可我是初中没毕业啊！"

X总认真地看着A说："我们做营销的最看重的是能力和业绩，做什么都得用业绩来说话！学历高不代表有文化，有文化不代表有素质，有素质不代表有能力，有能力也不一定能给企业创造效益。"

"企业需要什么样的销售人才——'能把信送到加西亚的人'；能创造业绩的就是好样的，管他黑猫白猫，能抓到老鼠的就是好猫！"

在A转身出门的时候，X总叫住了他："记住职场也有职场的游戏规则——说你行你就行，不行也行！一定要学会高调做事、低调做人，不要太出风头，要谦虚谨慎，你需要学的东西还很多!”

故事讲到这就告一段落了，A能否胜任新的岗位、是福是祸那是后话了，我们需要思考并讨论的是为什么A能在入职短短的半个月内就连晋四级?

资料来源：http://www.emkt.com.cn/article/337/33782-3.html.

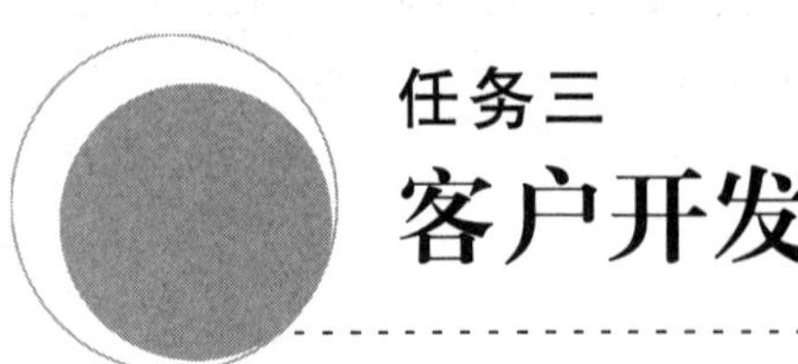

任务三 客户开发

开篇故事

挫而不折绝处逢生

——记某职业技术学院2010届毕业生曹少坡

曹少坡是浙江经济职业技术学院财务信息管理专业2010届毕业生，在校时他就开始了创业实践。回想自己的经历，可谓一波三折，是母校使他的企业摆脱困境，迎来了发展的艳阳天。2010年年初，曹少坡和同学吴水平一起成立了杭州华恒会计服务有限公司，主要经营代理记账、会计培训以及财务相关软件销售。他在离学校三四千米的地方租了400多平方米的办公场地，隔成几个教室，买来各种培训设备，做好了会计培训的一切准备。同时公司也展开了代理记账和软件销售的业务。

新公司的发展并不那么尽如人意，曹少坡遇到了发展的瓶颈。为了公司业务的发展，曹少坡以“扫楼”的方式推销自己公司的服务。他每天穿梭于各个写字楼，挨个敲门、挨个询问，不放过任何一家公司。一些公司对大学生创业不信任，使得他一次次地被拒绝，但曹少坡依然坚持着，“想生存，只要有一丝曙光我也会牢牢抓住。”曹少坡坚定地说。

2010年7月，刚毕业的曹少坡正式将公司迁入学校的创业园。免费的办公场地和老师的专业指导让他的事业大有起色。在老师的指导下，曹少坡认真学习销售知识，逐渐摸索出一套推销业务的技巧。他在推销业务时首先问这些公司的负责人，公司的账务是不是有专门的公司代理，如果还没有，他就把自己公司的业务优势及代理的好处介绍给对方，以得到对方的信任并接受其服务和产品；如果对方已经有代理公司了，曹少坡就会追问他们对现有的代理是否满意，如果负责人表露出对现有的代理公司不满时，他就会根据自己的经验迅速做出反应，了解对方的需求，然后发挥自己的专业优势为对方分析目前存在的问题，提出解决问题的办法。这种处处为客户着想、为客户解忧的方法让曹少坡拿下了不少业务。

“要想有业务，必须做好服务，必须站在客户的角度考虑问题，想客户所想，想客户未想，设身处地地为客户服务。”正是这种理念让曹少坡的公司站稳了脚跟。不少公司与他签约后，都表示愿意与他长期合作。杭州恒求贸易有限公司是曹少坡的第一个客户，这家公司与曹少坡至今仍然保持着良好的合作关系。如今，曹少坡已经拥有了 60 多家固定客户，加上销售财务软件的收入，公司月营业额最高时达到 60 万元。

资料来源：何伏林．吴新芳．“两创”教育看高职——浙江省七所院校创新创业教育的探索与实践．北京：现代教育出版社，2012.

推销思考：曹少坡是怎样进行客户开发的？对你有何启示？

掌握客户开发的方法

推销人员的主要任务之一就是采取有效的方法与途径来寻找与识别目标顾客，并实施有效的推销。可以说，有效地寻找和识别顾客是成功推销的前提。进行顾客的寻找工作是推销实践的开始，并在推销活动中占有重要的位置，寻找潜在顾客使推销活动有了开始工作的对象，寻找、掌握与潜在顾客进行联系的方法与渠道，就使以后的推销活动程序有了限定的范围与明确的目标，避免推销工作的盲目性，掌握一份不断补充的稳定的潜在顾客名单与联系方法，能使企业保持稳定的顾客数量，从而使企业保持一个稳定的市场和销售额。

一、客户开发的基本含义

推销过程的第一步就是寻找潜在的顾客。顾客是推销人员的推销对象，是推销三要素之一。在竞争激烈的现代市场环境中，拥有的顾客越多，推销规模和业绩就越大，但顾客又不是轻易能获得和保持的。

在推销活动中，推销人员面临的首要问题就是“把产品卖给谁”，即谁是自己的推销目标。推销人员在取得“线索”之后，要对其进行鉴定，看其是否具备准顾客的资格和条件。如果具备，就可以将其列入正式的准顾客的名单中并建立相应的档案，作为推销对象。如果不具备资格，就不能算一个合格的准顾客，不能将其列为推销对象。一个推销人员，如果没有任何顾客，那么即使拥有超人的素质、突出的外表、理想的表现和丰富的知识，也不可能销售出一件产品。

二、客户开发的基本方法

（一）逐户访问法

逐户访问法又称“地毯式”访问法、普遍寻找法、贸然访问法、挨门挨户访问法或走街串巷寻找法，是指推销人员在任务范围内或特定地区、行业内，用上门探访的形式，对预定的可能成为准顾客的单位、组织、家庭乃至个人，无一遗漏地进行寻找并确定准顾客的方法，也称“扫街”。

微故事 3－1

汪同学在一家必胜客餐厅打工。餐厅要求他向店里客人推销泰迪熊玩具，汪同学觉得这个玩具没什么吸引人的地方，而价格又贵，在尝试着向几个客人推销遭到拒绝后，汪同学有点泄气不想再推销了。这时，他看到一对外国男女在用餐，突然灵机一动，想挑战一下，向外国人推销也许人家会买。于是，他鼓足勇气，用自己不是很好的口语和他们打招呼：

"Hello, nice to meet you. Please, let me introduce a produce-tidy bear." 汪同学对着那男士说："Could you buy it to your girl friend for gift?" 这时，顺便赞美一下这位女士："Your girl friend is very beautiful, if you gift to her, she will very happy. Can you buy one?"

外国男士说："No..." 汪同学一听，心想："完了，没戏。"只听外国男士接着说："Two, I want to buy two."

（二）连锁介绍法

连锁介绍法又称客户引荐法或无限连锁法，是指推销人员请求现有顾客介绍未来可能的准客户的方法。连锁介绍法在西方被认为是最有效的寻找顾客的方法之一，被称为黄金客户开发法。

微故事 3-2

我做销售的时候，有一个主要的客户是一家超大型的集团企业。那时我主要和信息部联系，几乎所有的项目都是信息部的。但是，我每次拜访信息部之后，都会顺便去拜访一下人力资源部和生产部的部长。有一次，人力资源部的部长跟我聊天，无意中就提起董事会当天上午刚刚发布一个决议，可能要上一个项目，为了这个项目还要成立一个新的部门。我立刻捕捉了这个信息，发动关系找到了这个新部门的负责人，成为最早介入这个项目的厂商，最后以很大的优势赢得了这个项目。

资料来源：汤晶琪. 话说客户拜访那点事儿（1）. 销售与市场（成长版），2012（10）.

（三）中心人物法

中心人物法又称中心开花法、名人介绍法、中心辐射法，是指推销员在某一特定的推销范围内发展一些有影响力的中心人物，并在这些中心人物的协助下把该范围内的组织或个人变成准顾客的方法，是连锁介绍法的特殊形式。

微故事 3-3

某保险公司有一位推销员给自己定下一条规矩：每天必须完成向 10 个人推销之后才回家。有一次，当他向 8 个人推销完之后已经是晚上 10 点多了，他上了回家的末班车，思考第 9 个推销给谁。他发现售票员也可以成为推销对象，就决定推销给售票员。与售票员谈了半个多小时，汽车到达终点，他给售票员留了一张名片下了车。这时已经近 11 点了，可给自己定的任务还差一个没有完成，就决定去推销给值班的警察，又与警察谈了半个多小时，认为自己完成了任务，这才回家。长此以往坚持下去，他最后终于成为优秀推销员，业绩名列前茅。

资料来源：http://www.vsharing.com/k/marketing/2003-03/A461196.html.

（四）个人观察法

个人观察法又称现场观察法，是指推销人员依靠个人的知识、经验，通过对周围环境的直接观察和判断，寻找准顾客的方法。个人观察法主要是依据推销人员个人的职业素质和观察能力，通过察言观色，运用逻辑判断和逻辑推理的方法来确定准顾客，是一种古老且基本的方法。

微故事 3－4

有一天，原某到一家百货公司买东西。他身边的一位先生问女售货员："这个多少钱?"说来真巧，问话的人要买的东西与原某要买的东西一模一样。女售货员很有礼貌地回答："这个要 7 万元。""好，我要了，你给我包起来。"购买同一样东西，别人可以眼也不眨一下就买了下来，而原某却因为价钱左右思量。原某有一根敏感的神经，他居然对这位先生产生了极大的好奇心，决定追踪这位爽快的"有钱先生"。"有钱先生"继续在百货公司里悠闲地逛了一圈，他看了看手表后，打算离开。那是一块名贵的手表。"追上去。"原某对自己说。那位先生走出百货公司门口，横过人潮汹涌的马路后，走进了一幢办公大楼。大楼的管理员殷勤地向他鞠躬。果然不错，是个大人物，原某缓缓地吐了一口气。眼看他走进了电梯，原某问管理员："你好，请问刚刚走进电梯那位先生是……""你是什么人?""是这样的，刚才在百货公司我掉了东西，他好心地捡起给我，却不肯告诉我大名，我想写封信向他表示感谢，所以跟着他，冒昧地向你请教。""哦，原来如此，他是某某公司的总经理。""谢谢你!"

资料来源：http://book.qq.com/s/book/0/15/15045/30.shtml.

（五）委托助手法

委托助手法又称"猎犬法"，是推销人员雇用他人寻找准顾客的一种方法。在西方国家，这种方法运用十分普遍。一些推销员常雇用有关人士来寻找准顾客，自己则集中精力从事具体的推销访问工作。这些受雇人员一旦发现准顾客，便立即通知推销员，安排推销访问。这些接受雇用的人员被称为推销助手。

（六）广告开拓法

广告开拓法又称广告拉引法、广告吸引法，是指推销人员利用各种广告媒介寻找准顾客的方法。这种方法依据的是广告学的原理，即利用广告的宣传攻势，把有关产品的信息传递给广大的消费者，刺激或诱导消费者的购买动机和购买行为，然后推销人员再向被广告宣传所吸引的顾客进行一系列的推销活动。

（七）资料查阅法

资料查阅法又称文案调查法，是指推销人员通过收集、整理、查阅各种现有文献资料来寻找准顾客的方法。这种方法是利用他人所提供的资料或机构内已经存在的可以为其提供线索的一些资料，这些资料可帮助推销员较快地了解到大致的市场容量及准顾客的分布等情况，然后通过电话拜访、信函拜访等方式进行探查，对有机会发展业务关系的客户开展进一步的调研，将调研资料整理成潜在客户资料卡，就形成了一个庞大的客户资源库。

（八）网络搜寻法

网络搜寻法是指推销人员运用各种现代信息技术与互联网通信平台来搜索准顾客的方法。它是信息时代的一种非常重要的寻找准顾客的方法。近年来，随着互联网技术的不断发展与完善，各种形式的电子商务和网络推销也开始盛行起来，市场交易双方都在利用互联网搜寻准顾客。

微故事 3－5

徐虎和沈斌是同班同学，都学物流管理专业，两人各出 2 000 元作为网店的启动资金，他们的网店——"布衣神话"就这样开张了。由于缺乏经验，开店之初生意并不乐观。他们在四季青进了一批衣服，拍了照片放在网上，但一个月下来，只有零星几件衣服成交。好在他们有充分的思想准备，"就当交学费了，重要的是我们知道应该改变思路。"沈斌说。

资料来源：何伏林，吴新芳."两创"教育看高职——浙江省七所院校创新创业教育的探索与实践.北京：现代教育出版社，2012.

(九) 交易会寻找法

交易会寻找法是指利用各种交易会寻找准顾客的方法。国内外每年都有不少交易会，如广交会、高交会、中小企业博览会等。充分利用交易会寻找准顾客，与准顾客联络感情，沟通了解，是一种很好的获得准顾客的方法。

微故事 3－6

每次举办大型的车展都会有不少人来看车，在看车的过程中，销售顾问应争取留下客户的电话号码等联系方式，过上一周，在空闲的时候就可以联系这些客户，争取约他们来展厅更加仔细地评鉴各种车型，以找到与客户需求匹配的车。

资料来源：孙路弘.销售入门：把握销售机会的技能.销售与市场（成长版），2012（3）.

(十) 电话寻找法

电话寻找法是指推销人员在掌握了准顾客的名称和电话号码后，用打电话的方式与准顾客联系而寻找准顾客的方法。电话最能突破时间与空间的限制，是最经济、最有效的接触客户的工具，如果推销员每天至少打 5 个电话给新客户，一年下来能增加 1 500 个与潜在客户接触的机会。

微故事 3－7

有一个地毯推销员，一次在车上听到前面有两个人说一家医院的老干部病房有一位老干部摔倒了，她们的话引起了推销员的注意，他想：如果这家医院铺有地毯的话，老干部可能就不会摔倒，于是推销员就询问是哪个医院的老干部病房有老人摔倒了，她们说是××医院老干部病房。推销员第二天就来到了这个病房，原来，在车上讲话的那位女士正是老干部病房的护士长，于是这个推销员就做成了十几万元的生意。

资料来源：http://www.doc88.com/p-566032585.html.

微技巧 3-1

会找客

要在茫茫人海中确定要走访的顾客确实是一项困难的工作，而这项工作又非做不可，否则就成了没头苍蝇，结果自不必说了。对于大多数商品来说，“80∶20 定律”都是成立的。也就是说商品销售额的 80%来自这种商品所拥有的 20%的顾客，那么如果能够顺利地找到那 20%的顾客，就事半功倍了。

(1) 先从大处着眼，圈定推销对象的所在范围。对于个人消费品来说，推销员应根据前面谈到的对产品各层次的把握来分析这种产品主要满足于哪些层次的顾客需求，其顾客群分布在社会的哪个层面上，进而根据这些顾客总体的特点也就可以粗略地拟定出推销场所和推销时间了。如某种化妆品，按其档次及特点判断出适用于职业女性，故而应在晚间上门推销；如果是工业品，则要确定产品满足哪一类型工厂的需要。

(2) 列出潜在顾客的名单的方法是多种多样的。客户利用法即利用以往曾有往来的顾客来寻找、确定新的顾客，对过去往来的顾客应设法保留；社会关系法即通过同学、朋友、亲戚等社会关系来寻找可能的客户，通过这种方法联系到的客户一般来说初访成功率较高；人名录法即细心研究能找到的同学录，行业、团体、工会名录，电话簿，户籍名册等，从中找到潜在顾客；家谱式介绍法即如果顾客对产品满意并与推销员之间保持良好的人际关系，那么不妨请他们将产品介绍给他的亲朋好友或是与其有联系的顾客。

(3) 对潜在顾客进行分类，挑选出最有希望的顾客，使出访尽可能命中上面提到的 20%的顾客。一般来说顾客可分为这样三类：有明显的购买意图并且有购买能力；有一定程度的购买可能；对是否会购买尚有疑问。从中挑选出重点推销对象，会使销售活动效果明显增强。总的来说，重点应放在前两类顾客上。

资料来源：http://www.ax999.org/wzhview.asp? id=13949.

微故事 3-8

我在大昌一汽马自达店的短暂实习期过去了，这次实习使我感受颇深，让我学到了一些书本中学不到的东西，教会了我怎样与顾客接触，使我认识到生活中的很多事情不是那么轻易就能做好的，要靠自己的不断努力和坚韧的毅力才能做好。但我相信：只要虚心向师傅学习并不断努力就会有新的收获。报到的当天我很兴奋并去得很早，到店后很快就见到了销售经理，接着就上了岗，从此我就跟着师傅开始了以后的工作。我每天早晨 8:00 上班到下午 5:00 下班，刚来的前几天工作还比较轻松，可之后就特别累，每天骑着自行车，疲惫地回到寝室，连饭都不想吃，就想好好地睡一觉。可时间长了，我也经受住了这些对我的考验。因为对汽车的不了解，有的时候虽然与顾客接触了，但总怕说错什么话。记得有一次，一位驾龄比我年龄还大的顾客让我给他讲一下发动机，当时我都有点傻了，不知道从哪里说起，怕说错什么让人家笑话，同时也感觉他看我是新来的有可能故意在戏弄我，幸亏当时小尹帮我解了围。通过这件事我也意识到自己知识的欠缺，以后要努力学习。在以后的日子里，我会更加努力，争取成为一名优秀的销售顾问。

推销职场

职场新人的秘书工作初体验

月末有一个重要的会议。那天，市长、市委书记以及各个局的局长都要来参加，总经理对于此次会议的安排十分重视，我也是十分紧张，打起十二分的精神。经过大家的努力配合，此次会议圆满结束，也得到了总经理的表扬，一天的忙碌感觉都烟消云散了。我的进步离不开大家的帮助和总经理的教导，我会更加努力，将自己的事情做到最好。

尽管每天的工作很多，但是感觉很充实。每天早上起床的时候都想继续睡懒觉，好不容易等到周末了又要加班。那天，我心里就期盼着早点下班，但直到晚上六点多才离开，心里感觉很不平衡，为什么别人今天都休息，就我要加班，还那么晚下班。最后朋友说加班是正常的，经过一番开解心里就不难受了。工作了这么久，对工作内容有了一定的了解，知道哪些是重要客户，哪些会议需要谨慎处理。熟悉这些情况之后处理起事情来轻松了许多。

实习一个多月了，每次办事都小心翼翼，就怕出差错，最担心的事情还是发生了。公司的项目报告整理好之后得去做个封面，我以为那是很简单的事情，就掉以轻心了。等做好封面后才发现封面搞错了，跟里面是两种不同的内容。被经理狠狠地骂了一顿，做秘书最怕的就是粗心。说得我后悔不已，暗暗下决心，以后绝对不能犯类似的错误。作为秘书还要讲究时效，不能拖到时间快到的时候再去完成，因为，你要做的事情不可能一次就做好，需要在反复的修改中达到最好。

经过本星期的工作，我发现秘书需要学习的东西太多了。自己存在的不足和缺点需要不断改进。作为一名文秘，需要严守纪律，保守机密，不能将工作上的内容作为闲暇时间谈论的话题。我接触到的很多文件都是公司的内部资料，不能对外透露。所以作为秘书，在公共场合活动时要注意内外有别，把握分寸，做到心中有数。公司每天都会收到上千封信件，全部是英文的，我负责将它们分类，重要的要注明，没用的要剔除。每天的工作量还是蛮大的，有些还得借助词典翻译。

转眼间，我的第一周实习时间就过去了，对于刚刚踏入社会的我来说，面对眼前的一切既陌生又熟悉，一周的实习，使我感触还蛮多的。第一，我初步了解了我所在的单位的情况。公司是一家领带出口公司，总部在嵊州，云南、湖北等地都有分公司。第二，我清楚了自己的职务，我是总经理秘书。第三，我初步了解了公司的流程。第四，我认识了很多新同事。经过一个星期的实习，从什么都不懂到会熟练地使用打印机和复印件，能发传真，更熟悉了操作 Office 办公软件。另外，对工作、生活各方面也渐渐熟悉了。

第二周的实习时间也即将结束，这周我学到了更多东西，与各个部门都有了沟通。总经理主要管公司的业务和新项目，所以我也要熟悉和了解各业务和新项目的内容。但对于我来说，专业用语是很陌生的，在同事的帮助下，我慢慢掌握了一些。时间一天天过去，在忙碌中学到了很多东西，也得到了总经理的肯定。

这星期，我算是开始了真正的秘书工作。作为领导的助手和参谋，记录、抄写、文稿起草都是秘书的工作范围。最近公司投入大笔资金引进一个新项目，需设计很多事情，大会小会天天开，对我来说每天都有忙不完的工作。开会前做会前准备、场地布置、资料准备、人员通知等；会议期间记录领导讲话；会后写会议纪要，还要将公司大小通知发给每个部门。最难的是速记，虽然平时自己写字还是蛮快的，但是有时候看着笔记自己都看不懂，但工作还是要做的，除了努力外还是努力。每次将整理之后的笔记给经理过目，经过修改和指点，最后还是有模有样的。每次完成一件觉得自己不可能完成的任务，心里就很有成就感。

一个月的实习过去了，学到的东西真的很多，那些是学校里学不到的。工作也越来越多，有时候真的感觉忙和累。会议记录和文稿起草都成了日常工作，不懂的就问同事，要改进的就改进，总之务必把事情做好。有时候要跟着总经理一起接待客户，第一次心里很紧张，吃个饭也很拘束，就怕影响了工作。从他们席间的谈话中我感觉到了作为商人的敏锐和智慧，很多言语是我想象不到的，真正体会到了商场如战场。感触颇深。

（浙江工商职业技术学院，营销0822　求刿铃）

一个“差等生”的海信“情缘”

我于2013年12月—2014年6月来到青岛海信电器股份有限公司参加实习工作。这次实习严格来说是第二次了，相比于第一次我更加从容和淡定。刚开始工作我就被安排到舟山欧尚做导购，由于以前那边没有导购，所以销售量非常低，他们希望我过去以后能够提升销售量。在舟山我几乎什么都干，因为管我的人在宁波，离我这里比较远，所以很多事情都由我一个来做。刚开始的时候我觉得挺累的，不过现在也已经习惯了。到现在为止我做得还不算特别出色，但是相比较以前我还是把这边的销售量提升了很多，现在基本上能把销售量稳定在全公司的第二名。

说实话，虽然我是学市场营销专业的，但是真正的销售工作我一次也没有做过。刚到海信的时候我基本上什么都不懂，我不懂海信公司的企业文化、产品功能、市场形势。记得面试的时候人事部经理问我是否了解海信的企业文化，顿时我脸红了。当时我只是很盲目地找实习工作，经过同学的介绍才来的，所以什么都没有准备。我当时以为不会录用我了，没有想到还是被录用了。

我开始工作了，刚到的时候这里真是太糟糕了。海信的牌面是最差的，还有很多以前遗留下的问题，比如坏机、库存不对等都需要我自己去处理，所以我当下的任务就是先把这些问题处理好。不过我运气不错，遇到了一个不错的经理和一个同事，我不会的东西基本上都是他们带着我去操作的，遇到问题时都是他们帮我一起解决的，就这样，我度过了这段最艰难的时光。接下来最重要的就是我要把我的销售量提上去，要想达到一定销量必须做如下努力：第一，就是自己的努力，我每天都很早去卖场，而几乎每天我都是最晚下班的，不管是遇到什么样的顾客都主动上前去介绍，不管是失败还是成功都要相信自己；第二，跟卖场的同事搞好关系，这样他们总不会在背后做小动作，也不会很直接地跟你竞争；第三，投入和支持的力度很重要，我来的这段时间搞了很多场活动，虽然活动时的销售量还不是很大，但是还是有一定的效果的。虽然我现在还不是最优秀的，但是如果继续下去我一定会成功的。

这几个月虽然很累，但是我还是过得比较充实。我明白了干任何工作都是不容易的，特别是干销售这份工作。我也终于明白了销售是真的最锻炼人的。销售不仅仅是向顾客介绍产品，还要与各种不同的人进行交流，在这中间我相信我们是能够学到很多知识和技巧的，但是我还是有很多的不足，很多时候心情会影响我的销售，如果心情好我会觉得很有动力，心情差可能我就会失去动力了。还有就是我的社会经验实在是太不足了，说白了我就是太嫩了，有时候把事情想得太简单了。我不得不说在这段实习的过程中我还是比较幸运的，我遇到了很多对我很好的领导和同事，他们不仅在工作中给予我支持和帮助，在生活上也对我关心照顾，因此我非常感谢他们。这次实习在我心中还是比较完美的，它让我成长了、成熟了。

（浙江工商职业技术学院，营销 1112　季叶帅）

技能故事

1. 如何做好客户开发工作

技能说明

如何做好客户的开发，不同行业有不同的做法，通过学习其他行业推销员的一些先进做法，可以提升自己在客户寻找和开发方面的能力。

开发客户五把砍刀

第一刀：预则立，搜集信息，挖掘客户

俗话说得好，卖什么就吆喝什么，也就是说一个行业的销售人员，首先要具备一定的基础知识，包括各种产品的部件构成，以及各品牌的优劣点、产品线宽度、价格体系、市场策略、行业的发展状况、本行业区域市场的情况、市场容量、经销商、分销商、零售商与消费者等各种概念和各环节，如果不掌握这些基础知识则无疑是盲人摸象！因此，在做销售、搞市场开发、谈客户之前，这些基础知识是必不可少的，也只有了解了这些基础信息，对本行业有了一个整体的认识后，才算是有了一个基础入门证。对于市场的了解认识，要有一个端正的态度和正确的方法。对于具体目标区域市场，不能仅停留在拜访几个本行业的批发商上，也不能根据拜访几个批发商的信息就判断定位市场。

通过对区域市场各个环节进行深入的了解掌握，包括该区域市场的行业产品渠道流向、区域市场的批发市场、核心零售市场、县区市场构成、该区域市场本行业的业态特点等情况，同时掌握该区域市场的核心客户具体生意状态、管理水平、生意思路、经济实力、网络资源优势等，这样才算是对整体市场有了一个全面深入的了解和认识，只有这样开发客户才能有目的性、有针对性、有主动性地展开工作。

了解市场是开发客户的前提，一方面，通过走访市场搜集市场信息，市场包括：批发市场、零批店、零售店、县级分销商，通过与他们的交谈就可以挖掘出大客户名单；另一方面，对于有意向的中小客户可以直接承诺，本市场一旦代理商确定后，就可以给他们供货，成为特约分销商与零售商。

在细节的把握上，走访市场带着名片足矣，携带大包小包进店，容易使客户产生先入为主的抵触心理，明确告知客户，本次拜访的主要目的就是上门请教，以及交流市场看法，至于是否生意合作，看以后双方彼此缘分与选择。

区域经理切忌初到一个新市场就贸然进入大小店合作谈判，或者妄想一蹴而就、一谈就成，或者梦想一劳永逸客户唾手可得，瞎猫碰见死老鼠的侥幸心态要不得。

第二刀：根据所掌握的信息，预约客户

通过行业认识、市场了解等基本功的锤炼，对于区域市场有了一个深入而全面的认识了解后，就会对该市场的目标客户有一个清晰的认识，这个时候就可以按遴选合作客户的条件，对潜在目标客户进行排位。那些具备先进的现代市场理念、有一定的品牌意识、有思路、懂管理、具备优质网络、有配送能力的客户就成了首选目标客户。

根据客户的具体情况，排出第一个候选客户、第二个候选客户、第N个候选客户，这时候可以安排电话预约拜访，根据拜访的时间安排做出一个客户拜访时间表。

在正式拜访客户之前，还有一个重要的事情要做，那就是针对每个目标客户做一份有针对性的商业计划（不一定形成书面）。其内容包括该客户目前的生意分析、在行业里的优劣势、需要提升的方面和有待改进的地方。在此基础上结合品牌推广方案与市场操作思路，分析出该品牌在与该客户结合的同时，能给该客户带来的正面影响和对其生意方面的促进提升。

在商业计划书里特别要注重客户、市场、自身品牌三方面的结合，特别要体现出品牌市场推广方案能给客户带来生意和形象方面的提升，即使来不及做这样的一份正规的商业计划书，至少在拜访客户之前要理顺思路，认识与客户合作的方向、对市场的规划布局和该区位市场的操作思路。只有站在客户的角度和思路上去考量和审视合作的意义，才会有一个正确合理的谈判状态。

众所周知，正规经销商都有自己的既定工作计划，不希望被贸然打乱。预约客户，既是礼貌，又能显示业务人员的专业性。

电话预约情景展现：

区域经理：“请问是××商贸××老板吗？不好意思打扰了。”

客户：“我是××，你哪位？什么事？”

区域经理：“是这样的，我是××企业的××，现在寻求市场合作伙伴。通过对市场的了解，得知您在此行业很资深，想找个时间请教您，不知是否方便？”

客户：“方便啊，没关系的。”

区域经理：“那我明天上午还是下午来找您？”

……

第三刀：安排正式拜访客户步骤

经过前期的准备和投入，正式客户拜访就提上了日程，既然客户给了一个展示产品、探讨思路与市场规划等的机会，那么就要好好利用这样的机会，让客户正确认识、了解、接受推销的品牌。区域经理约见客户应该尽量安排在客户生意不是太忙的时间段，同时尽可能脱离开客户的营业铺面，至少也要争取在客户的办公室里谈，这样客户才会有精力、有时间、有心情去认真地倾听区域经理介绍产品、品牌、市场思路、商业计划，让客户从容地了解该品牌给他的生意带来的促进和积极正面的影响，特别是对于市场的网络开发、市场投入、全年整体的生意量以及客户利润空间和利润量等方面的影响。

跟客户谈什么？谈客户期盼的方案，而不是标准答案。

一般的合同，表面上看起来很长，实际上主要内容包括：付款方式、物流承担、任务额度、年度返利等几项内容，这些东西大家备有标准答案，用不了 5 分钟就可以谈完，那么跟客户谈什么？哪些东西是客户期盼的方案呢？

推销的品牌会给客户的生意带来多大的机会，对现有的生意能否促进提升，结合已经掌握的信息，分析在当地市场如何运作该品牌，市场如何布局，包括分销渠道模式、市场宣传支持、物料品种等。只有让客户清楚该品牌有一套成熟的市场运作模式，而且在相邻市场已经被证明是成功的，打开他的从众心理，打消他的顾虑，让他相信做该品牌代理没有任何市场风险，客户才会接受先款后货的结算模式。讲不透这一点，往往是区域经理与客户纠结的根源。

不是要求客户一定要按照推销方的规定去做，而是告知客户这次合作机会将给客户带来什么好处。"我们规定××市场任务额是多少万元"，让客户接受这个数字的前提是分析出这个数字得以实现的途径，而不是空穴来风。要从客户的角度逐条分析，本次合作会给他带来多大的收益，这才是他真正关心的，至于双赢，则是自然的结果。切忌用"我们要求""公司规定"这些字眼，而要多用"如果这么做，会给您（客户）带来……"这样的句子。

客户也在对该合作进行评估。经销商购买动机解析如下：

(1) 对方（厂家业务）是谁？从评估到判断推理，判断为骗子，马上拒之门外；判断为正规厂家业务，可以以礼相待。

(2) 这桩合作是否有风险？在最糟糕的运作下会损失多少？这个损失幅度是否在自己所能承受的范围之内？

(3) 通过双方的共同努力，该项目应该能够赚钱，那么投产比是多少？投入这个生意是否划得来？这个钱是否能够赚得久、赚得稳当？

(4) 除了经济方面的收益之外，该项目会促进本人的地位提升吗？会进入行业前三名吗？由此会有更多的名牌厂家来合作吗？

……

在这个过程中，要充分利用自身的产品优势、品牌推广的思路、市场广告、促销物料的投入，以及人员的市场跟进、专业的行业形象等去打动、影响、说服客户。将商业计划书客观地展现给客户，也许客户在动心时都有矜持的一面，这个时候要给客户一个思考的空间，让客户认真、全面、正确地考量彼此携手会给自己带来的生意上与形象上的提升，认真了解双方合作的积极意义。

只有在信息对称的前提下才会有对等的谈判。当客户知道推销员比他还清楚地了解这个行业、这个生意机会、这个市场状况，甚至他自己的网络网点时，他才会重视这个机会，从内心深处严肃进行考虑，或者仔细核算他决策失误后的机会成本与损失。

第四刀：扫描潜在客户，锁定目标客户

根据拜访的实际情况，对拜访过的每一位客户都进行认真细致的梳理排队，认真考量意向客户对品牌的需求。然后根据梳理后的情况，对不同的客户做出不同的跟进计划，特别是第一目标和第二目标意向客户，更应该认真做出跟进计划。

拜访结束后，在告别的时候都应该为下一次的拜访留下伏笔，约定下一次拜访，或者为下一次谈判创造机会，在适当的时机对于合作的具体条件达成共识，往进一步下单打款乃至签订全面合作协议方向上推进。

第五刀：运用排除法，最终筛定合作客户

区域经理把所有的希望都放在一个客户身上是最危险的也是最愚蠢的行为。必须搞清楚最要紧的是谁愿意合作，由推销方来定夺客户，而不是推销方愿意与哪些客户合作，丧失了主动权。

因此，首先确定同意合作的客户名单，进行优中选优，以公司领导需要最后审核为由不急于答应合作，逐一与每一个准客户轮番谈判，始终把握谈判主动权，运用排除法，最终锁定客户。

资料来源：http://www.emkt.com.cn/article/496/49675.html.

专家提醒

客户没有打款之前，一切都是零，什么都没有。因此按照重要性排位：回款第一，合同第二，订单第三。当然对于新晋推销人员来讲，还没到考虑催款的时候，刚入行更多应考虑的是积累客户资源。

2. 如何增加自己的客户量

技能说明

对于销售员而言，除了要知道如何寻找客户资源外，还要进一步增加客户的数量，特别是优质客户的数量，这样才能形成一个较好的销售工作状态。增加自己的客户量是所有做销售的人员不得不面临的问题和应具备的能力。

在“任务二”中我们探讨了如何准确地鉴别客户，并获得这些客户的联系方式。本任务我们将讨论如何不断地获得客户资源，保持稳定的销售额。在开始讨论之前，先来看一个案例。

如何获取客户资源

张某是泰华食品公司的销售员，负责向超市销售熟肉类产品。刚到公司时，公司拨给他 40 个客户，公司规定的销售额是 70 万元/月。张某算了算，这 40 个客户只能给他带来 50 万～60 万元的订单，所以，他需要自己再开发新客户。经过三个多月的努力，张某开发出了 20 个客户，这样，他就有 60 个客户了。其中，有 5 个客户每月可以订购 6 万元左右的产品；有 6 个客户每月可以订购 3 万元的产品；其余客户平均每月订购 6 000 元左右的产品。一个月累计可以实现销售额 77 万元左右。张某顺利地度过了试用期，他松了口气。

此后，张某觉得有这些客户资源足够了，就不再继续开发客户，而是忙着和这些老客户保持联系，并且为他们服务。张某的经理李某提醒他应该继续开发新客户，否则不能保持稳定的销售额。张某不以为然，一是他觉得自己的销售额已经绰绰有余了；二是没有时间开发客户，他每天要安排 60 个客户的订货送货，还要轮流拜访这些客户，真的是很忙。

现在，请思考一下，张某的想法对吗？下面来看看张某后来面临的危机。

在张某到公司的第六个月，竞争对手的新产品带着铺天盖地的广告宣传上市了，他的很多客户因此减少了订货量，有3家客户不再订货，其中有2个是每月订货6万元的大客户。张某的销售额急剧下降，月底一算，只有50多万元的销售额。

在做完这个月的销售统计后，李经理把张某叫到了办公室，告诉他，如果不尽快改善销售额，则会影响年终奖金。

开始张某还很不服气，因为他觉得这是公司营销跟不上造成的，不是他的错。后来，李经理给他看了销售报表，他才知道在同样的条件下，24个销售员中只有包括他在内的3个人没完成任务，而销售冠军赵某居然在这个月完成了145万元的销售额，差不多是他的3倍！这下，张某急了，他不明白为什么会这样，想来想去，决定请赵某喝酒，向他请教。赵某心态很开放，毫无保留地介绍了自己的经验。下面，看看赵某是怎么说的。

"我到公司时，公司刚开业不久，只分配给我十多个客户资源，其余都是我自己开发的。我开发客户的方法和别人不一样，很多销售员见门就进，只要人家说愿意进货就感激涕零。我可不是，我挑肥拣瘦，达不到一定订货量，我还懒得和他们合作呢！但是遇到那些我认为销售潜力大的超市，我会死磨硬泡，想不和我合作都难。"

"另外，我对客户是分类服务的，进货多的客户，我的服务会很周到。所以我的大客户都是'铁户'，很少流失。当然，我也会在满足了大客户需求的前提下尽量照顾小客户，这更多的是出于对客户的责任感。其实，如果这些小客户因为照顾不周而流失，我并不太在乎，因为每个月我都会研究和尝试开发几个新客户。"

"我对自己的管片了解得一清二楚，哪里有新超市开业，我比工商局都清楚。另外，我也经常去竞争对手那里抢几个客户，这些新开发出来的客户可以帮我补充客户流失造成的损失。所以，客户流失不仅不会影响销售额，还给了我用新的好客户替代不良客户的机会。当然，好客户也不是完全不流失，只是流失的比较少，而且，一旦流失，也可以用新开发出来的好客户补上。这样，经过几年的调整，我现在手中会非常稳定地拥有45～50个客户，其中20多家都是'高产田'，每月进货都在3万元以上。"

"这个月我的客户也减少了订货量，并且还有2个客户结束了合作。但是，我补充的5个新客户帮我补足了损失的部分。所以，我的销售额没有受太大影响。"

再思考一下：赵某的做法和张某的有什么区别？最大的区别就是赵某不停地开发新客户，使自己拥有充足的潜在客户资源。这种资源给赵某带来了很大好处。

第一是他可以挑肥拣瘦。由于客户资源充裕，赵某就可以挑选优良的客户资源，并把他们培养成自己的"铁户"，来保障自己的销售额。第二是可以有效应对市场的变化。由于有丰富的客户资源储备，即便受到竞争对手的冲击，赵某也可以通过补充新客户来减少销售额的下滑。所以，要想拥有稳定的销售业绩，就要让自己有源源不断的潜在客户资源。为此，必须有计划、有步骤地进行客户开发，并通过自我管理来保证客户开发的数量和质量。让客户资源滚滚来，要制订好客户开发计划。

一、制订和销售目标配合的客户开发计划

1. 确定开发目标

制订开发计划的第一步是确定开发目标。销售员会在两种情况下进行客户开发，第一种情况是寻找到足够的客户，以完成销售任务。张某刚到公司时做的客户开发就属于这一类。有些公司，其客户并不持续采购，例如电脑销售，一家客户可能会一次性购买200台电脑，但并不会每月或者每年都购买200台电脑，在这些公司工作的销售员要不断为完成销售任务而开发新客户。第二种情况是为补充和优化客户资源而做的开发，就像前面案例中赵某一直在做的客户开发一样。这两种情况下确定开发目标的方法是不一样的。

以完成销售任务为目标的客户开发，要首先计算为了完成销售任务需要和多少客户成交；然后推算要获得这些客户需要多少潜在客户；要获得这么多的潜在客户需要和多少客户建立联系，从而确定开发目标，并通过有计划地完成开发目标，使自己获得充足的客户资源。

以补充和改善客户资源为目标的客户开发，则要根据可能面临的风险和现有客户资源的情况，确定需要储备多少资源，并据此确定开发目标。例如：赵某的目标是每月获得1家新的客户，为此，他至少要找出3个符合条件并有合作意向的新客户。

开发目标包括3部分：潜在客户目标；联系目标；转化目标。

潜在客户目标是最终目标，推销方需要多少潜在客户，则目标就是多少；联系目标是过程目标，也就是推销方认为需要和多少客户联系才能实现潜在客户目标；转化目标是衡量联系的客户数中能产生多少潜在客户。

例如推销员每联系100个客户，会产生8个潜在客户，那么转化率就是8%。如果个人所联系的客户的转化率高于平均转化率，说明个人的客户开拓能力很强，但是如果个人所联系的客户的转化率低于平均转化率，就要考虑是不是自己的工作方法有问题，或者相关能力有欠缺，并应尽快改善提高。

潜在客户目标、联系目标和转化目标这3个目标兼顾才能产生满意的工作质量。如果只注意要联系的客户数量，没有实现转化目标，可能导致完成了联系目标，但由于没有产生足够的潜在客户数量，而没有完成潜在客户开发目标。另外，由于可能会有意外发生，所以推销员联系的客户数量要定得稍微高一些。

假设张某向赵某学习，争取每个月和1家新客户开始合作。和1家新客户合作，是张某的销售目标，张某的客户开发目标要以此为基础。他根据自己的经验，为获得1家成交客户，每个月至少要获得3个符合条件并有合作意向的新客户，3个客户就是张某的潜在客户目标。张某通常的转化率是20%，也就是说，他每和100个客户联系，会得到20个意向客户。为此，张某就必须和15个客户联系，15个客户就是张某的联系目标。

张某的开发目标如下。

(1) 潜在客户目标：3个/月。

(2) 联系目标：15个/月。

(3) 转化目标：20%。

这里的转化目标，通常是根据销售员自身的能力确定的，销售员可以通过提高转化率，来减少联系客户的数量，从而减少工作量。

例如，假设张某发现赵某的转化率是50%，自己20%的转化率太低，他可以通过改善自己的开发技巧以提高转化率，并制订比较高的转化率目标。但要注意，转化目标一定要根据自己的实际情况来确定，不切实际的转化目标会导致潜在客户目标无法实现。

2. 制订开发计划

开发计划包括：用什么方式、在什么时间进行开发，然后排定时间表。可以每周拿出一天的时间进行客户开发，也可以每天拿出一定的时间来进行客户开发，具体时间可以根据每个人的工作习惯来定。客户开发是一项非常重要的工作，一旦制订了计划，一定要严格执行。

一份客户开发计划表可以帮助大家制订有效的客户开发计划，客户开发计划表包括如下内容：

(1) 销售任务描述。在制订计划时，先要明确销售的任务数量，并根据销售任务量确定需要的新客户总量，这样制订的计划才能确保实现预定的销售额。

(2) 每月开发目标。包括潜在客户目标、联系目标和转化目标，并标注起止日期。

(3) 行动计划。在制订计划时，要填写行动日期、需要联系的客户数量和开发手段。计划执行后，要统计已获取的潜在客户数量，并填写是否完成了计划。

(4) 计划执行总结。总结主要包括两部分：一是总结是否按时完成了计划；二是根据联系数量和获取的潜在客户数量，考查自己是否达到了转化目标，如果没有达到，则要思考改善的方法。

表 3-1 是一个客户开发计划表的范例。

表 3-1　　客户开发计划表

<table>
<tr><td colspan="5">销售任务描述：
年度销售额：600 万元。
为完成年度销售额，需要的成交客户数量为 30 个，为此，需要开发的新的潜在客户数量为 70 个。</td></tr>
<tr><td colspan="5">月开发目标（2018 年 5 月 1 日—2018 年 5 月 30 日）：
潜在客户目标：6 个/月。
联系目标：60 个/月。
转化目标：10%。</td></tr>
<tr><td>日期</td><td>联系数量</td><td>开发手段</td><td>获取的潜在客户数量</td><td>是否完成</td></tr>
<tr><td>5 月 4 日</td><td>20</td><td>电话开拓</td><td>1</td><td>√</td></tr>
<tr><td>5 月 13—15 日</td><td>50</td><td>展示会收集信息，并初步接触，电话追踪展示会客户</td><td>15</td><td>√</td></tr>
<tr><td>5 月 18 日</td><td>20</td><td>电话开拓</td><td>5</td><td>√</td></tr>
<tr><td colspan="5">计划执行情况总结：
本月计划按时完成，实际转化率为 23%；
5 月 4 日使用的“企业名录大全”信息不准确，成功率低；
展示会开拓效果好，多注意行业展览会；
5 月 18 日使用的××网站的黄页数据质量较好，成功率较高。</td></tr>
</table>

二、有效地执行客户开发计划

有效地执行包括两方面的含义：一是不折不扣地执行，不让计划落空；二是高效率地执行，保证转化率达到，甚至高于转化目标。为此，要充分利用公司的资源，如广告、各种宣传推广活动、展览会等来和客户接触，并综合利用电话、信函、电子邮件、陌生拜访、客户推荐等多种手段来和客户建立联系。

资料来源：王云．从哪里找到客户．销售与市场（成长版），2010（12）.

专家提醒

如何获取客户资源其实主要强调的还是从客户的需要出发，深入分析自己产品与竞争对手的差别，以己之长对敌之短。对于这一技能的理解大家不能仅局限于文中所列举的实例，还应更多地结合实际并有意识地去实践才有可能熟悉掌握这一技能。

3. 如何进行大客户开发

技能说明

不同行业客户开发的技能要求会有小小的差异，但主要工作方式和原理都是相同的。对于任何一家企业而言，都必须积极做好大客户开发工作，并且对老客户做好维护工作。

耗材市场的大客户开发

文化用品行业被称为是未来最具发展潜力的行业之一，中国文化用品行业（包括办公用品和学生用品）以200亿美元的保有量高居全球前几位，而且每年还在以超过15%的速度增长，占有最大份额的莫过于办公设备及耗材。

国内某通用耗材厂家A公司主要以生产兼容墨水为主（主要给行业内的兼容厂家提供墨水），从去年开始进入兼容墨盒、硒鼓、色带领域，这些产品大多以OEM（代工生产）为主。A公司在国内有22名销售经理（其实是“光杆司令”），只有一个销售部门，并没有市场部，全国每月的销售为20万～30万元。经过高层激烈的讨论以后，大客户部产生了，这个部门一切从零开始。大客户的开发流程如下。

一、市场分析

1. 国内通用耗材状况

(1) 品牌差异化不够。

(2) 促销手段缺乏创新，没市场拉动力。

(3) 广告投入不够系统，较零散。

(4) 产品吸引力不足，卖点不鲜明。

(5) 产品都涌向超低端，高端产品开发不足。

(6) 领导性的品牌主要是为经营时间较长的公司所占有。

(7) 在终端消费者眼里没有真正的兼容品牌。

2. A公司面临的市场竞争

(1) 与四大家族HP、EPSON、CACON、Lexmark等之间的竞争。

(2) 与国内如天威、格之格、格力、博雅、原色、TCL、清华紫光、神州数码、七喜等兼容品牌之间的竞争。

(3) 与国内假冒产品之间的竞争。

(4) 与国外的兼容耗材如Q牌、DELL电脑、LG电子、韩国现代等之间的竞争。

3. A公司进入通用耗材市场的机会

(1) 在通用耗材中还没有产生品牌的概念，消费者对公司的品牌、实力、网络、服务更看重。

(2) 客户更希望得到专业化的指引来选购办公耗材商品。

(3) 客户越来越看重供应商提供一站式的服务。

(4) 客户需要专业化的服务从而达到节约成本、节约时间的目的。

(5) 批发市场、大型商场的服务已经跟不上终端客户的服务需求。

(6) 私人企业、合资工厂对成本的控制越来越看重。

(7) 消费者购买耗材的心理已经越来越理性。

4. 影响消费者购买通用耗材的关键因素

(1) 产品质量。这是影响消费者购买的最根本的因素。

(2) 销售员推荐。在本行业中消费者的心中还没有绝对的品牌概念，他们的购买大部分都是通过促销来完成的，所以促使消费者购买通用耗材的关键就是销售员的促销。

(3) 一站式、便利（物流功能）。消费者通常希望能够随时随地在某一固定的企业（统一结算）购买到自己紧急需要的文具用品，这个一站式不单单是指文具的购买，而且包括家具、家电、日用品、图书、音像制品等，这是消费者的消费习惯。

二、A 公司大客户的定义

行业内竞争没有任何秩序，渠道主要为电脑批发城、文具批发城，新兴渠道的建设还都处在探索阶段，于是 A 公司开始给自己公司的大客户进行定义，到底谁才是真正的大客户呢？先来看看下面的大客户。

(1) 国际型的大卖场——沃尔玛、家乐福、麦德龙、山姆会员商店、好又多、卜蜂莲花、普尔斯玛特等。

(2) 国内大型家电、IT 数码连锁企业——国美、苏宁、顺电、大中、永乐、五星、三联、雅泰、灿坤等。

(3) OP 行业的大型直销、网络运营商——OA365、亚商在线、前程无忧。

(4) OP 行业的零售大卖场——北京欧玛特、广州今日合作、斯普玛、杭州景文等。

(5) OP 行业各地大型连锁企业——东莞文一、上海源丰、旗舰速配、温州人可、上海办公伙伴、都都、鹰王、易事达等。

(6) 文具生产企业（主要为 OEM、ODM）——齐心、得力、益而高等。

(7) 金融行业生产商——百佳一本、康艺、普霖等。

(8) 原装设备代理商——佳能、HP、爱普生、利盟、施乐等原装厂家的代理商。

(9) 影像处理商——柯达、富士、爱克发、柯尼卡、乐凯等。

(10) 办公设备及纸张生产企业——科密、三木、千叶百汇、欧梅、亚龙、亚太等。

从上面的公司名单里看到，客户有这么多，什么样的客户是厂家的大客户，值得用较高的成本来开发它？沃尔玛、家乐福是厂家的大客户吗？就其销售能力和服务成本来看似乎应该打个问号。从渠道来分，渠道分销商是一块，比如众多的生产同行和国内大的代理商；同时最重要的是厂家对终端的把握，而且一定是能够大量销售产品的客户。从发展趋势可以看出，终端的办公文具销售商将会变成通用耗材主要的销售渠道。

三、大客户价值分析

经过 A 公司的调查发现这些大客户的情况都不一样：

(1) 国内外的大卖场——这类客户的主营业务不在办公用品领域，它们也不重视这一块的业绩，而且它们对品质要求很严格，所以都不敢尝试兼容的，怕承担责任。

(2) 国内大型家电、IT 数码连锁企业——这类客户有的已经在运作了，但销售状况整体不好，原因是消费者的购买习惯还未养成，而且客户本身并不重视这些产品所带来的利润（所占的比例太小），合作方式主要为代销。

(3) OP 行业的大型直销、网络运营商——这些客户具有很强的办公文具销售能力，也是未来文具行业最具发展前景的营销方式，而且兼容耗材的利润比其他产品更好，所以都愿意做，合作方式主要为贴牌加工。

(4) OP 行业的零售大卖场——这类客户主要以综合办公文具供应为主，面对终端消费者，办公设备的销售相对较小，但按行业发展趋势来看，这类经营方式将在未来有所突破，合作方式可以是代销和贴牌加工。

(5) OP 行业各地大型连锁企业——这类客户的终端网点和本城市的销售能力都很强，可以给品牌带来很好的宣传，大部分前期已经经营过通用耗材，因为前期国内厂家的质量不稳定，所以它们现在经营通用耗材已经有所顾忌，有相当一部分连锁企业经营不好通用耗材，合作方式可以是代销和贴牌加工。

(6) 文具生产企业（主要为 OEM、ODM）——在国内文具行业具有绝对的渠道和网络，而且它们本身的产品利润已经越来越少，正在寻找新领域产品的利润增长点，这是通用耗材行业的最好的机会。

(7) 金融行业生产商——这类客户具有强大的金融、政府等终端网络，可以让产品直接而且快速地走向终端，很值得去开发，主要是贴牌加工。

(8) 原装设备代理商——前几年它们通常都是通过经营假冒产品来获利，而现在政府的打假力度越来越强，再经营假冒品的机会已经越来越小，风险太大的事一般人都不愿意做，所以它们选择经营通用耗材来补充原装产品的利润是很正常的事，最好帮它们贴自己的品牌。

(9) 影像处理商——很难接受通用的产品，主要是以提供墨水为主。

(10) 办公设备及纸张生产企业——因为销售渠道相对一致，这类客户在国内也具有不错的分销网络，是值得尝试的渠道，合作方式以代理为主。

于是 A 公司从当中挑选出了几个最适合的客户进行（主要是文具行业的）开发，从现在的结果来看，这个选择是正确的（由于篇幅有限，以下就以典型的客户为例）。

四、开始接触并建立档案

1. Y 客户档案及策略

(1) 档案：Y 公司是具有耗材销售能力的办公纸张分销网络，每年的销售额高达 8 亿元，单一品牌的销量在全国排名第一，QJ 的品牌在国内办公用品行业已经具有相当大的品牌价值；现在国内已经有 20 余家店面，主要分布在江苏和浙江，其负责人说在一年内将增加到 150 家以上。拥有系统的经营运作团队，拥有高效、强大、低成本的物流配送体系，拥有国内办公行业最强大的运作资金，终端的控制和办公用品领域的全面化（和纸张紧密关联的产品）是该公司的发展方向之一。

(2) 策略：通过 Y 公司的纸张网络、目录手册、原产品客户数据库等销售渠道销售；通过 Y 公司的培训支持来提高整体销售能力；通过 Y 公司的网站来进行大客户拓展。A 公司和 Y 公司之间的产品关系密不可分，市场竞争运作发展的结果是“上下游”企业、“产品兄弟”的强强联合。

2. W 客户档案及策略

(1) 档案：W 公司在该城市有 30 多家零售店面，并且已经在其他城市建立了 2 个零售店面，年销售额已经达到 3 亿元以上，是我国最大的文具销售商。W 公司不管是在零售、直销还是渠道上都算得上是本省乃至全国的典范，在该城市的直销网络有十几个办事处和一百多个直销人员，在以终端为主的办公文具市场，这些遍布各个角落的销售人员将是企业最大的价值所在。在零售店面上，W 公司也是在国内文具零售行业里第一个把 OA 设备、耗材、IT 数码独立于传统文具并建立专卖店的企业，并设立了独立于传统文具的事业部，在采购、销售、管理上都有专门的经营团队，其目的很简单，吃掉办公文具行业里最后一块蛋糕——设备售后服务与通用耗材销售。W 公司还是文具行业里拥有自己刊号发行办公杂志的少数企业之一。在渠道方面除了拥有强大的市场网络外，W 公司还有具有很强竞争力的 OEM 产品，这些产品除了遍布本省外，在湖南、湖北、上海等地也到处可见，主要有两个品牌，产品涉及文件管理系统、本册、纸张、桌面用品、办公设备等上百个品种。

(2) 策略：由于其终端的网络只限制在本城及周边城市，所以前期可以考虑让其先做本公司的品牌代理（或一个全新品牌），这样可以获得较可观的利润，而且可以把该城市做成样板城市，这样对招商和公司在同行业的知名度都有相当的影响，本公司的所有的价值都体现在产品上，目的是以低价抢占市场份额。实行双品牌策略，将前期操作现有产品而沉淀下来的客户进行市场细分，做出双方共同拥有的品牌。

五、艰难的公关过程

1. Y 客户公关过程

开始时间——战术说明。

10 月 8 日——和一名采购负责人洽谈，主要传递信息：A 公司的一些基本情况；办公用品公司（加盟连锁）经营耗材的机会与挑战；A 公司的实力和对经销商的支持。

10 月 19 日——利用幻灯片向客户展示作为我国的大型办公用品连锁企业应该如何经营耗材，是否有机会做通用耗材，A 公司会如何帮助其把通用耗材做大（Y 公司共有 4 人参与谈判，包括采购负责人和营运处长；A 公司 2 人）。

10 月 26 日——A 公司大客户经理用一周的时间在浙江和江苏对 Y 公司的现有加盟店进行调查和分析，希望能找出 Y 公司的需求。

10 月 30 日——在 Y 公司会议室演示 A 公司大客户经理对 Y 公司各加盟企业的调查结果和分析，尤其是存在的经营管理上的问题，以及下一步 A 公司的策略，并对 A 公司的样品进行试用（Y 公司共有 6 人参与，包括采购负责人、加盟连锁负责人、营运处长；A 公司只有大客户经理 1 人），得到很多的赞同。

11 月 3 日——建立良好的私人关系。

11 月 4 日——Y 公司产品测试员反映，A 公司产品还是不错的，比竞争对手的要好，并等待其内部讨论。

11 月 10 日——设计一份 Y 公司加盟商的门店调查表（目的是看各加盟商是否有信心经营通用耗材和如何才能经营好）。

11 月 20 日——建立较好的私人关系（客户提出本产品的质量不是很好）。

11 月 25 日——建立密切的私人关系，确定合同的内容，并讨论宣传单的印刷问题，客户还反应A公司不是最终生产商，没有绝对的竞争优势，而且Y公司内部对色带的引进更感兴趣（公关从此时开始发生转变）。

12月8日——原采购负责人被降职（此前没有任何预兆），于是让原采购负责人帮忙约新任经理在本月9日见面。会谈目的：确定合同内容，确定第一批销售的店面、初步的推广方案，了解Y公司是如何要求A公司在耗材类别上对其进行协助，下一步要催促其把单页的宣传单印出来。还要进一步让其引见更上一级的领导给A公司大客户经理认识，并把确认后的合同和A公司做的推广方案发给他，让他在内部推进。后经原采购人员解释，经过对A公司的考察，发现A公司在管理和营销工作上具备实力，但是在生产上有待加强，Y公司考虑到广东的某公司进行考察回来后再和A公司洽谈。

12月10日——A公司写了一封题为“致Y公司全体员工”的信，目的是要让Y公司全体员工都知道A公司所做的努力（关键是引起高层的重视）。

12月15日——信件最终没有发给Y公司，Y公司员工赶去广东考察。

1月份——Y公司已经在销售QJ牌的色带了，但并没有OEM墨盒和墨水（A公司以失败而告终）。未来半年（至今），这个项目该公司一直没有跟上。

2. W客户公关过程

开始时间——战术说明。

8月10日——第一次接触（W公司谈判参与者为OA产品专员），目的是了解客户的一些经营情况和它们现在对通用耗材的做法。

9月4日——原来的OA产品专员离职，重新认识新的负责人。

9月6日——用幻灯片展示A公司的实力，进一步推进项目的日程；让客户了解办公用品连锁企业应该如何经营耗材（W公司产品总监1人；A公司1人）。

9月12日——用幻灯片向W公司各部门负责人（包括直销采购、OA采购、销售经理、渠道经理共5人）阐述A公司的策略及好处，W公司表示了极大的兴趣，最后向其邮寄了A公司样品（其中填充水漏墨）。

9月18日——建立友好的私人关系，并成为在办公行业有共同语言的朋友。

9月20日——A公司销售总监及大客户经理和W公司总经理、OA副总、总经理助理一起共进晚餐。

10月9日——就通用耗材事项和W公司的副总、总助及产品总监沟通，了解其不做OEM产品的真正原因，并了解其下一步对通用耗材的做法，包括是否新引进品牌，是将原来经营的通用耗材继续做大还是不再做了，对供应选择的标准等问题，并以“×龙”厂家的身份打电话到其最大的门店进行对“×龙”产品的销售等情况的了解（A公司的市场部开始建立，包括品牌经理1名、技术支持1名）。

10月15日——A公司大客户经理花了一周的时间对W公司的销售网点、直销经理、渠道经理等进行调查和了解（W公司经常在门店培训店长和直销经理）。

10月21日——利用W公司内部做培训的时间给W公司的采购、直销、渠道等经理做设备与耗材的培训，效果不错，并在培训会上和各部门负责人交流销售心得，使他们相信A公司能帮助他们提升销售。

10月30日——召集W公司的经销商进行设备与耗材的培训，培训内容包括A公司产品和生产状况、竞品状况、渠道销售开发、直销开发等。

11月4日——和W公司协商好，设计一份经销商调研表，请W公司的所有经销商填写（包括门店办公文具整体经营状况、耗材的所有销售、各个耗材品牌的销售比例、如果经营新的通用耗材需要哪方面的支持、如何经营才能经营好等）。

11月10日——W公司考察工厂的加工能力（对A公司的工厂不是很满意）。

11月10日到12月——此段时间为W公司内部推销时间，他们在内部不断地研究此方案是否行得通（谈判其实是在客户内部进行的）。

12月下旬——W公司最后确定代工生产自己的品牌，其看中的是A公司的市场营销能力，第一笔OEM货款30万元汇到A公司账户。

六、后期的市场推广

表3-2为A公司给W公司做的市场推广。

表3-2　　市场推广方案

时间	内容	说明
12月份	产品的上市准备	(1) A公司和W公司签订通用耗材产品的合同； (2) 产品上柜，陈列安排； (3) POP悬挂与张贴，销售配置； (4) W公司渠道经理、直销经理和店长等人员培训（包括产品利益培训、机器工作原理培训、80∶20原则培训、直销大客户开发管理培训、渠道开发管理培训、门店经营管理培训）； (5) W公司各店面商圈的分析； (6) W公司渠道销售的优劣分析并协助其开发； (7) 销售手册的制作，售后服务体系的建立。
第二年1—2月	产品试销期	(1) A公司参与W公司大客户的招标及重点客户的开发； (2) A公司产品的销售分析（按单品）并调整到最适合的产品结构； (3) W公司经销商的培训； (4) 探讨和研究出W公司最佳的销售模式组合以更好地销售产品。

因篇幅有限推广方案不一一列举。

七、尾声

可以看到大客户的开发和维护与普通客户的开发是截然不同的，建议对于每一个大客户都应该按一个细分市场来操作，每一个大客户就是一个项目，而推销员作为大客户经理，其实就是客户的顾问，自身在专业上具有的优势应该转化为客户的优势，当客户在销售的过程中碰到困难时要能够帮其解决销售的问题，这就是大客户经理的价值，也是客户选择产品供应商的最重要的标准之一。从这个开发的过程可以注意到一点，那就是了解客户这项工作占了工作内容的60%，大客户真正要的是了解和知道其需求的供应商，当大客户的需求和供应商给的解决方案最大限度地重合时，那就成功了。

资料来源：http://www.newsmth.net/pc/pccon.php?id=5163&nid=121917.

专家提醒

供应商最终的目的是如何把大客户从产品合作升级到战略合作。随着市场经济的发展，大客户的开发与管理慢慢地会由原来的“客户关系管理”转变到“客户价值管理”客户和供应商通过紧密地协同合作，使整个供应链条得到更好的提升，这种合作不仅是在本企业的内部，而且会不断地以不同的方式在各个关联企业部门里产生。现在的竞争已经不是企业和企业的竞争，而是涉及整个供应链和资源整合的竞争。

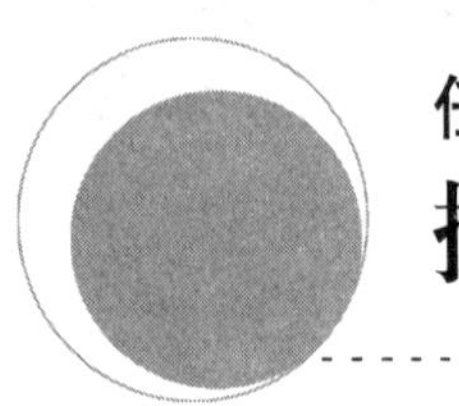

任务四
推销接近

开篇故事

破釜沉舟从头再来

——记某职业技术学院2010届毕业生郑江

2010年从学校毕业后，郑江这个重庆小伙子就留在温州创业。现在，他已经注册成立了两家公司，一家是温州浩然贸易有限公司，主要经营男鞋进出口生意；另一家是乐清维尔曼鞋业有限公司，是专业的网络供应商，主要客户群是网络上的小买家。郑江在大学期间有过成功的赚钱经历，也有经营失败的项目，使自己亏得连学费都交不起。他曾经想过把江浙一带的农业机械优势资源引到西南地区进行跨区作业，为跨区作业提供食、住、业务洽谈和沟通等综合服务。郑江联合几位同学，总共投入4万多元，就在准备展开该项目的时候四川发生了地震，他们的投入全都打了水漂。

那年暑假，郑江带着失落回到重庆老家，他回家后接连几天足不出户，还是学生的郑江所受到的打击一度将他击垮。郑江的异常引起了外公的注意，为了让他从失败的痛苦中走出来，外公外婆特意带他去外面旅游。外公是个有42年教龄的老教师，深谙开解之道，几天下来，外公的鼓励、外婆的关爱让郑江重新鼓起了勇气。

“外公告诉我，河长有深潭，路长有曲折，山高有陡坡，关键是要吃一堑长一智，跌倒了要重新站起来。”如今，郑江已能用云淡风轻的语气来讲述自己那段痛苦的经历。为了把下学期的学费赚回来，他决定到重庆市区打工，他说：“学费是自己亏的，就自己去赚回来，赚不回来就不回学校读书了。”

几番思索后，郑江和他的3个朋友决定去销售银行信用卡，因为销售是赚钱最快的行业之一。他们一起到兴业银行信用卡中心应聘做信用卡业务，银行承诺销售量达到一定数量后有固定工资，并给他们较高的提成。7天过去了，他们没有推销出一张卡。接下来的生活更加拮据，身上已经没剩下多少钱了，每餐只能以馒头和泡面充饥，步行能到的地方绝不花钱坐车。他们吃的“闭门羹”不计其数，被人赶出来更是平常之事。

不放弃就会有奇迹发生，两个月时间，他们一共跑了46 000多个办公室，一共推销了

1 670 多张不同额度的信用卡，算下来每人分到 8 750 元。学费够了，自己终于可以回到温州继续读书了，这一刻郑江深深沉浸在幸福之中。郑江深刻地明白了一个道理：无论做任何事情都有一个循序渐进的过程。挫折也是一种收获，经过这次挫折，他拥有了看世界的新视角，拥有了永不言败的斗志和毅力。

资料来源：何伏林，吴新芳."两创"教育看高职——浙江省七所院校创新创业教育的探索与实践.北京：现代教育出版社，2012.

推销思考：郑江的故事给你什么启发？如果是你去做信用卡推销，你如何开展客户接近？

4.1　做好顾客约见工作

现代推销原理告诉人们，约见拜访是推销人员事先征得访问对象同意接见的行动过程。约见拜访作为接近推销对象的基础和前提，是整个推销活动过程的重要环节。通过约见，推销人员才能成功地接近准客户，顺利开展面谈；推销人员还可以根据约见时客户的初步反应来进行推销预测，为制订面谈计划提供依据；此外，约见有助于推销人员合理安排时间，将推销计划落到实处，大大提高工作效率。但是，约见顾客并不是一件简单的事情，推销人员必须掌握相应的策略和技巧，做好相应的准备工作才能顺利达到目的。

一、约见顾客的准备

"不打无准备之仗"是推销工作的一个重要原则，要想获得与顾客见面的机会，顺利开展推销洽谈，推销人员必须做好充分的前期准备工作，一般包括深入地了解顾客和充分的思想准备两个方面。

（一）做好事前调查，充分了解顾客

1. 了解顾客本人资料

无论是推销个人消费品还是产业用品，推销人员都是在与人打交道，即使对方是一个由多人组成的采购中心，推销人员也是在与其中的决策人约见、洽谈，因此凡是与人交际、沟通的技巧都可以运用到推销活动中。不同的人在客观上存在着很大的个体差异，推销人员如果能事先了解他们的个性、爱好、习惯、厌恶等，就能投其所好，避其所恶，并以此为依据运用不同的方式和技巧去约见不同的顾客，提高约见成功率。推销人员应了解的顾客背景资料如下。

（1）姓名。事先要弄清约见的准顾客的姓名，见面后会缩短双方的距离，增加亲切感。中国人对姓氏名字十分讲究，这就要求推销人员在称呼或书写时务必准确无误，否则会引起顾客反感，严重时还会使约见失败。

（2）年龄。了解准顾客的年龄是约见准备工作的基本内容之一，它有助于推销人员了解和预测该顾客的个性和需要等情况，以免冒犯顾客。

（3）籍贯。不同籍贯的人往往有一定的性格差异，了解顾客的籍贯对推销人员与顾客接触很有益处。

（4）文化水平。受教育程度的高低，在一定程度上会影响到人的需求和品位，在约见顾客之前了解其文化水平，有助于推销人员选择合适的话题和推销计划，创造有利的面谈气氛。

（5）家庭状况。对于一些重要的顾客，如果事先了解其配偶、子女的基本情况，有助于推销计划的制订和实施。

（6）兴趣爱好。了解顾客的兴趣爱好，可以寻找更多的话题，使顾客产生好感，营造友好的谈话气氛。

2. 进一步确定顾客的需要

在顾客资格评审和验定过程中，推销人员初步判断顾客对推销产品有需要，但是顾客有可能通过购买替代品或竞争对手的产品来满足这种需要，因此在约见顾客之前和约见顾客的过程中，还要进一步判断顾客的需要是否能指向本企业的产品。推销人员可以用以下步骤去观察、判断：

（1）观察顾客现有产品。每个人的购买行为、购买模式受习惯的影响在一生中不会有太大的变化（除非有重大事件影响其生活）。因此，推销人员可以通过观察准顾客目前正在使用的产品，推测出他今后需要的产品。

（2）了解顾客喜爱的产品特征。推销人员应调查了解顾客最喜爱目前所拥有产品的哪些特性，是什么原因使顾客购买这些产品，所推销的产品是否具备这些属性。一般而言，如果顾客喜爱某一产品特性，他还会重复购买具有该特性的产品。通过这一调查推销人员可以预测顾客是否会对所推销的产品感兴趣。

（3）发现顾客改进的愿望。推销人员可以通过调查发现顾客对现有产品有何不满意之处，有哪些改进的愿望。由于事物是发展变化的，顾客总是追求更舒适、更便利、更满意的产品，所以，从理论上说，任何产品在满足需要时都会有欠缺，如果推销人员发现了现有产品的缺陷及顾客希望改进的原因，就可以按照这个方向设计自己的推销方案，以满足顾客希望改变、提高的愿望。

（4）提供解决办法。如果推销人员发现了顾客期望改善的地方，并能够提供办法解决问题，增进其利益，那么向顾客提供这个办法就是最好的约见理由。

（二）做好思想准备，保持良好的心态

在约见顾客之前，推销人员要做好充分的心理准备，因为约见请求被顾客拒绝是经常发生的，这时推销人员不要丧失信心，不要让受挫感扰乱真正的机会，而要把每一次拒绝看作是一个台阶，一级一级迈上去就会见到真正的客户。同时推销人员应该认识到顾客拒绝的是产品，而不是推销人员本人，所以在遭到拒绝后不要对自己产生怀疑，而要尽快摆脱心理阴影，保持良好的心态。优秀的推销人员是不怕拒绝的，因为拒绝是下次约见的开始。

上述约见准备内容的具体情况要因顾客的不同而不同、因推销产品不同而有所不同，推销人员还要结合自身的性格特征灵活掌握。

二、约见顾客的工作内容

任何推销过程中的约见，都必须考虑以下四个问题。

（一）确定约见对象

进行推销约见，首先要明确访问对象。如果推销的是个人家庭用品，访问对象容易确定；如果推销的是大型产业用品，推销人员将面对一个采购中心，这时最理想的情况是能够直接约见决策者。但一般大宗采购的决策权都是企业高层领导人，他们公务繁忙，往往会指派下级人员与推销人员接触、洽谈，然后再汇报情况，只有当他们认为有必要接见

时，推销人员才能与之见面。因此，推销人员要制订计划，首先选择一位对决策者有较大影响力的人作为初次约见对象，争取他的合作，然后再一步步地接近决策者。推销人员要有足够的耐心，切勿急躁冒进，因为企业的采购往往是大批量、周期性、稳定的，值得推销人员花费较多精力去争取。

此外，在确定约见对象时，既要摸准具有真正决策权的要害人物，又要处理好相关的人事关系，避免“不见真佛不烧香”，得罪下级人员同样对推销不利。

（二）告知约见事由

任何人都不会接受没有理由的约见，特别是在双方还不十分熟悉的情况下，所以推销人员在约见访问对象时，必须告诉对方访问的原因和需要商谈的事项，使对方有所准备。就约见准顾客而言，访问的事由主要是推销产品，但在买方市场条件下，以这个理由很难约见到顾客，推销人员可以借一些其他事由来约见对方，如市场调查、提供服务、提供咨询、走访客户、交换意见等，用这些事由较容易得到顾客的应允。

推销人员在设想约见事由时，要采用换位思维方式，即从顾客的角度出发，以顾客的需要为依据，触动对方的敏感点，这样提出的约见理由才能引起顾客的兴趣。

（三）选择约见时间

推销要掌握最佳的时机，要求推销人员一方面要广泛收集信息资料，做到知己知彼；另一方面要培养自己的职业敏感。具体约见时间的确定要因约见对象、约见事由、约见方式、约见地点的不同而不同，但有一个原则要把握：最好的时机是“雪中送炭”或“锦上添花”。如对方刚开张营业需要产品或服务时，客户遇到困难需要帮助时，客户对原有产品不满意时，或者对方遇到厂庆纪念、大楼奠基、工程竣工、加薪提拔等喜事时。

（四）选择约见地点

约见地点的选择对于约见的成功与否也起很重要的影响作用。约见的理由、对象不一样，约见的地点也应有所不同。基本原则是方便顾客、有利推销。从推销活动的实践看，约见地点可选在客户的住所、办公室、社交场所等。约见地点不同则推销效果不同，推销人员应学会根据具体情况进行选择。

1. 住所

如果推销的是日用消费品，选择顾客住所为见面地点无疑是最合适的，推销人员登堂入室，能深入了解顾客，做好推销预测。如果推销的是产业用品，则不宜贸然造访决策人的住所，否则会使对方产生戒备心理，容易被拒之门外。但是当有人引见时，比如有与对方关系良好的第三者相伴，或带上与对方有交往的人的介绍信函，在这些条件下选择对方的住所作为见面地点要比在对方办公室更能创造良好的合作气氛。

2. 办公室

顾客的办公室是常用的约见地点，在这里双方有足够的时间来讨论问题，反复商议以达成共识。但是在办公室会面容易被外界干扰，办公室人多事杂，电话不断，拜访者也不止一个人，因此推销人员必须设法使客户集中注意力，争取尽快达成交易。

3. 社交场所

推销学家曾指出，最好的推销场所也许不在客户的住所或办公室，如果在午餐时，在网球场边或高尔夫球场上，对方更容易接受你的建议，而且戒备心理也比平时淡薄得多。因为社交场所气氛轻松愉快，有利于拉近推销人员与顾客的距离，增进理解和友谊，为推销工作打下良好基础。

微故事 4-1

石莉莉今天拜访的这个冯医生太难约了。本来约好上午10点见面，但冯医生说："抱歉，今天可能没有时间谈了，卫生厅来领导了，需要我们进行汇报。"石莉莉说："那好，我等您。您不用着急，汇报也会结束的，我一直在这里等您。"石莉莉没有想到，这一等就到了下午3点，自己午饭也没有吃，还要等下去吗？这个冯医生约了3个月了，今天终于同意见一次。公司新引进的刚拿到批文的药，能否打开这个区域市场，关键就看这个冯医生是否能够接受，需要他同意医院进这个药，当然，还要他在开处方的时候给患者开这个药。

此时，石莉莉对面10米外的那扇门开了，从里面出来的第三个人就是冯医生。没有等石莉莉开口，冯医生就说："哟，你还在，你吃饭了吗？我们一起出去买点东西回来，将就一下。咱们路上说说，你来要推荐的是什么药？""啊？"石莉莉确实愣了一下，"噢，行，您也没有吃饭？这附近您肯定熟悉，您定吧！""好，那咱们一起走吧，附近有一家麦当劳。"他们边说边走，已经到了麦当劳，分别购买了食品后，向医院的方向走去……

资料来源：孙路弘．销售入门：把握销售机会的技能．销售与市场（成长版），2012（3）．

三、约见顾客的方法

约见的过程，实质上是推销人员与推销对象信息沟通的过程。因此，信息传递的方法也就是约见的基本方法。

（一）电话约见

电话约见是现代推销活动中常用的方法，它的优势在于能在短时间内接触更多的潜在顾客，是一种效率极高的约见方式。但电话约见也有明显的缺点：由于推销人员与顾客没有直接见面，顾客占主动地位，推销人员处于被动地位，容易遭到顾客的推脱和拒绝。

获得电话约见成功的关键在于推销人员必须懂得打电话的技巧：精心设计开场白，激起对方足够的好奇心，使他们希望继续交谈；约见事由的叙述要充分，用词简明精练；态度要诚恳，语气平缓。电话约见可以依照以下几个步骤进行。

1．问候

接通电话后可利用对方的名字或职务正式问候，注意使用一种与众不同的方式以加深印象。

2．介绍

问候之后要自我介绍，并简要介绍推销人员所在公司的业务。注意要用以顾客需求为导向的语言来叙述。假如推销产品是真空吸尘器，应该说："本公司致力于为顾客提供美好清洁的环境，以增进顾客身体健康。"这样的语言会激起顾客的好奇心，继续与推销人员交谈。

3．感谢

对顾客抽出宝贵时间接听电话表示感谢，使顾客感觉到自己受到了充分重视，会很乐意再给推销员几分钟时间。

4. 目的

这一步骤接触到了约见的核心，推销人员要告诉对方约见的事由。较好的方式是由问题导出，例如："如果我们能使您家里时刻保持一尘不染而并不增加您的劳动负担，您会感兴趣吗?"

5. 约见

提出约见的请求，如果对方有意见面，要提前告诉他洽谈大概需要多长时间，并约定见面时间及地点。

6. 再一次致谢

进一步强调约见时间和地点，向对方表示感谢后结束谈话。

电话约见要掌握好时间和分寸，如果对方表示时间不合适或没有兴趣，则应立即停止对话并道歉，不要强人所难。所以，在通话时间上，除非对方特别感兴趣，否则应控制在两分钟之内。

（二）信函约见

这是销售人员利用书信约见客户的一种联系方法。信函约见的优点在于可以畅通无阻地进入顾客的办公室或住所，避免了推销人员用其他方式约见顾客时遇到的层层人为阻碍，也不需电话约见时的机智对答，而且费用低，是所有约见方式中成本最低的。信函约见的缺点也很明显，它花费时间长，反馈率低。

销售人员在写约见信函时应注意以下问题。

1. 措辞委婉恳切

写信约见顾客，对方能否接受，既要看客户的需要与购买力，也要看推销人员是否诚恳待人，一封措辞委婉恳切的信函往往能博得客户的信任与好感，也会使对方同意会面。

2. 内容简单明了

书信应尽可能言简意赅，只要把约见的时间、地点、事由写清即可，切不可长篇大论、不着边际。

3. 传递的信息要投其所好

约见书信应该以说服客户为中心，投其所好，供其所需，以顾客的利益为主线劝说或建议其接受约见要求，为此要做到真实性与适度修辞相结合。例如用"物美价廉"来说明推销的水果，虽然简练，但较抽象，不如改成"汁多味甜，个大色艳，每千克 1.80 元"，这样具体翔实，将水果的色泽、口味、价格描述得一清二楚，给人一种感性印象，对方很快会给予答复。

4. 信函形式要亲切

约见信函要尽可能自己动手书写，而不使用冷冰冰的印刷品，信封上最好不要盖"邮资已付"的标志，要动手贴邮票。

5. 电话追踪

在信函发出一段时间后要打电话联系，询问顾客的想法与意见，把电话约见与信函约见结合起来使用会大大提高效果。

（三）当面约见

这是销售人员对客户进行当面联系拜访的方法。这种约见简便易行，也极为常见。当面约见的优点是可以通过见面观察顾客，与之交流感情，有经验的推销人员会给顾客留下良好的印象，使顾客愉快地接受约见。该方式的缺点是一旦当面约见遭到顾客拒绝后，推销人员便处于被动局面，无法挽回败局。

当面约见的机会，往往是推销人员在某些公共场合与顾客不期而遇，借机与之面约。但是这种机会并不常有，这就要求推销人员时时留心，了解重要顾客的生活习惯、兴趣爱好，创造机会与顾客见面，进而约定正式见面的时间。

微故事 4-2

小影最近和一个大型集团公司业务部的人沟通了好几次，请求约见，但对方都不肯见，对方推辞说项目情况还没确定，等确定了再给她消息，所以小影就无法和客户展开互动沟通。但是她和该公司的网络部已经建立了联系，也有其他项目正在开展。我就给小影提了个建议，让她先去拜访网络部。这样，一来可以让网络部的人把她领进公司大楼，因为这家公司管理非常严格，没有本单位的人下来接，根本就进不去；二来她拜访完网络部就可以顺便去拜访业务部，见到对方就说："我来和网络部谈事情，顺便过来看看您，认个门儿，也想听听您的指示。"

资料来源：汤晶淇. 话说客户拜访那点事儿（1）. 销售与市场（成长版），2012（10）.

（四）委托约见

委托约见是指推销人员委托第三者约见顾客的一种方法，简称托约。托约中的第三者称转托人或受托人。转托人一般都是与访问对象本人有一定社会关系或社会交往的人，尤其与访问对象关系密切的人员或对其有较大影响的人士最为合适。这种方法的优点在于转托人与访问对象关系很好，容易得到对方接见的首肯。但是如果转托人与访问对象关系一般，则不易引起重视，或转托人不负责任将转约之事遗忘造成误约，这些都是托约的不足之处。

微技巧 4-1

找证据

业务人员面对一位陌生的客户，如何在短时间之内让客户认识并而且产生信任，理由很简单，只要业务人员能够拿出证据，证明他的产品及他本人值得相信，人们常听说："客户讲你一句好话，胜过业务人员讲一百句。"那么就需要为自己制造推销的"秘密武器"，包括下列几个重要组件：

（1）报道。本公司的新闻、专栏、特别采访文章，将这些文章剪下来，编辑成册，供客户阅览。

（2）有关产品消息的报道。如将报纸、杂志上的报道专文剪下，将电视报道用照片加以说明，汇集成册。

（3）请客户将使用后的满意成果反馈以该公司的信纸写一封致谢信；客户是个人的话，请他以个人的名义来封致谢信，以他个人的知名度做后盾，可以创造名人效应，进而产生模仿效果。

（4）客户的订单影印本，最好有印章（但价格方面要特别注意如何显露），以印证知名企业或个人采购的事实。

（5）政府机构或独立机构所出具的检验报告。

（6）其他能够证明公司或产品特色的文件或照片。

将这些资料放在透明夹内供客户翻阅，或将这些资料制成电子文件发送给客户，或做成简报供客户保存。推销员的推销经历越多，累积的资料就越多，出门推销带着“秘密武器”，无往不利！

资料来源：http://blog.163.com/wingd1987@126/blog/static/30437598200969953593 4/.

4.2 做好接近前的准备工作

为了更好地达到接近准客户的目的，需要在接近准客户前进行一系列的准备活动，即接近准备。所谓接近准备是指推销人员在接近某一准客户之前进一步了解准客户情况的过程。推销接近准备阶段实际上是对客户资格审查的延续。接近准备工作的主要目的是搜集更多的准客户资料，为推销访问和面谈做好准备。

推销接近的准备工作是收集第一手资料的活动，要想获得推销接近的成功就必须做到先全面了解自己的准客户，俗话讲，“磨刀不误砍柴工”。在接近每一个准客户之前，都要尽可能地抽出时间做好相关准备，准备得越充分，访问的效率就会越高，效果就会越好。

一、接近客户前的心理准备

推销人员在接近客户前，最容易出现的问题就是信心不足，其实这也是一种心理素质的问题。缺乏经验的推销人员顾虑有：是否会搅乱客户的正常生活，客户是否会接受推销访问，客户拒绝成交怎么办。这种无形的“恐惧”如果表现在推销过程的言谈举止中，会使客户丧失对推销人员个人及所推销的产品的信心。

二、客户资料的准备

准客户的种类很多，主要分为个体准客户、团体准客户和老客户。销售人员在接近不同类型的准客户时，需要依据其类型进行不同的准备。

（一）个体准客户的接近准备

这里所谓的个体准客户，是指一个个体的准客户。按照西方销售学家的说法，个体准客户是作为一个人的准客户，而不是作为一个公司经理人的准客户。

微技巧 4-2

了解信息

一般说来，接近个体准客户前要尽可能全面地了解以下信息：

（1）姓名；

（2）年龄；

（3）性别；

（4）民族；

（5）出生地；

（6）相貌特征；

（7）职业状况；

（8）学习和工作经历；

(9) 兴趣爱好；

(10) 需求内容；

(11) 办公及居住地址；

(12) 家庭背景及其家庭成员情况。

(二) 团体准客户的接近准备

团体准客户是指除个体准客户以外的所有准客户，包括工商企业、政府机关、事业单位及其他社会团体组织。由于团体准客户的业务范围广，购买数量大，而且购买决策人与购买执行人往往是分离的，所以团体准客户的购买行为更为复杂，因此涉及的问题也比较多。团体准客户的接近准备需了解以下内容。

1. 基本情况

团体准客户的基本情况包括机构名称、品牌商标、营业地点、所有制性质、注册资本、职工人数等。除此之外还要掌握团体准客户总部所在地及各分支机构所在地的详细地址、邮政编码、传真号码、公司网址，具体办事人员的办公电话号码、手机号码，以及前往约见与接近时可以利用的交通路线及交通工具、进入的条件和手续等情况。

2. 生产经营情况

即产品品种、产量、生产能力，设备技术及技术改造方向，产品结构情况，产品加工工艺及配方，产品主要销售地点及市场反应，市场占有率及销售增长率，管理风格与水平，发展、竞争与定价策略等。如果准客户属于商业机构，应该了解准客户的营业面积、商品规模、商品等级、客流量、购买者的购买行为及商品特点等，并了解对方的资信情况。

3. 采购习惯和购买情况

不同准客户有各自不同的采购习惯，包括采购对象的选择、购买途径、购买周期、购买批量、结算方式等方面都可能有差异。在接近准备的过程中，推销人员要对团体准客户的采购习惯进行认真、全面、细致的分析，再结合推销品的特征和性能，确定能否向团体准客户提供新的利益以及团体准客户对推销品采购的可能性。

购买情况包括：在一般情况下，由哪些部门和机构提出需求或提出购买申请；由哪个部门和机构对需求进行核准；由哪个部门和机构对需求及购买进行决策及选择供应厂家；团体准客户目前向哪个或哪几个供应者进行购买；供求双方的关系及其发展前景如何等。

4. 组织情况

对团体准客户的推销，实际上是向机构决策人或执行人推销，而绝非向机构本身推销。但是，机构本身复杂的组织结构和人事关系，对推销能否成功有着重要的影响。因此，在接近团体准客户之前，推销人员不仅要了解团体准客户的近远期目标、规章制度和办事程序，而且还要了解它的组织结构和人事状况、人际关系以及关键人物的职权范围与工作作风等方面的内容。

5. 关键部门与关键人物情况

对于在购买行为与决策中起关键作用的部门和人物的有关情况也要了解清楚。

6. 其他情况

对影响团体准客户购买的其他情况也要了解。例如，购买决策的影响因素有哪些？目前进货有哪些渠道？维持原来的购买对象与可能改变的原因是什么？目前团体准客户与供应商的关系及发展前景如何？目前竞争对手给团体准客户的优惠条件是什么？团体准客户的满意程度如何？等等。

(三) 老客户的接近准备

老客户是推销人员熟悉的、比较固定的买主。保持与老客户的密切联系，是推销人员保证客户队伍的稳定和取得良好推销业绩的重要条件。对老客户的接近准备工作与新客户的接近准备工作有所不同，因为推销人员对老客户已经有了一定程度的了解，主要是对原有资料的补充、修订和调整，是对原有客户关系管理工作的延续。在接近老客户前，应该准备的资料如下。

1. 基本情况

在见面之前应对老客户原有情况进行温习与准备。在见面时可以从这些内容入手进行寒暄，这样会使老客户感到很亲切。

2. 变动情况

对原来档案中的各项资料逐一审查，并加以核对，了解原有资料是否有变动。

3. 信息反馈情况

推销人员再次拜访老客户之前，应该先了解老客户（无论是个体客户还是团体客户）上一次成交后的信息反馈情况，包括供货时间、产品价格、产品质量、使用效果和售后服务等情况。老客户的反映情况有两种：一是好的反映；一是不好的反映。无论老客户反映好或坏，推销人员都应该认真听取并加以研究。

微故事 4-3

推销人员小马给老客户某医院的郝院长打电话，内容如下。

小马：“郝院长您好！好长时间没见了，今晚有空吗？我请您吃饭。”

郝院长：“不，谢谢。”

小马：“我们公司从国外刚进口一种新的心脏起搏器，我想向您介绍一下。”

郝院长：“有业务想起找我了？”

小马：“当然，我们是老朋友嘛。”

郝院长：“我恐怕让你失望了。”

小马：“为什么？”

郝院长：“一年前我就改任书记，从事党务工作了。”

小马的推销一定是不成功的，虽然郝院长是熟人，但他长时间没有与客户保持联系，对老客户的变动情况也不了解，容易产生老客户的流失。

资料来源：http://www.doc88.com/p-936705945519.html.

三、其他准备

推销人员要准备好名片、身份证、引荐信，所要销售的产品样品以及与之相关的宣传资料，进行产品演示的辅助用具，用于记事用的本子和笔等。有经验的推销人员在这方面的准备往往是认真细致的。推销人员要注意，决不可以丢三落四，不该带的带了一大堆，该带的还没有带上，等需要用的时候干着急不说，还会给客户留下不好的印象，影响访问效果。另外，还要根据约见的场合准备好自己的衣着打扮，力求大方、得体、适宜。

4.3　学会接近方法

接近顾客是推销过程中的一个重要环节，它是推销人员为推销洽谈与目标顾客进行的初步接触。能否成功地接近顾客，直接关系到整个推销工作的成败，许多推销人员的成功与失败，往往都决定于最初的几秒钟。由于顾客的习惯、爱好、性格等情况各不相同，所以推销人员应依据事前获得的信息或接触瞬间的判断，选择合适的接近方法去接近不同类型的顾客。推销人员在正式接近顾客时必须掌握一定的接近方法和技巧。最常见的接近方法如下。

一、介绍接近法

介绍接近法是指推销人员通过自我介绍或他人介绍接近顾客的方法。介绍的形式可以是口头介绍或者书面介绍。自我介绍法是最常见的一种接近顾客的方法，大多数推销人员都采用这种接近技巧。例如："××，你好。我是××，是××公司的代表，这是我的名片，请过目。"

在一般情况下，推销人员应采用自我介绍法接近顾客。交换名片是现在非常普遍的做法，给对方递上自己的一张名片可以弥补口头介绍的不足，并且便于日后联系。出于礼节，对方会回赠名片，由此又获得了顾客本人及其企业的一些资料和信息，为今后进一步联系提供了机会。但是，由于这种接近方法使用过于普遍，所以难以给人留下深刻印象。最好与其他方法结合使用。

微技巧 4-3

省名片

名片不一定要在刚见面时就给，也不是一定要给。如果觉得客户的洽谈意愿不是很强，可以不留名片，同时也为下次造访提供一次接近的理由："上次拜访没有给您名片，今天过来补上。"

他人介绍法是推销人员利用与顾客熟悉的第三者，通过打电话、写信函字条，或当面介绍的方式接近顾客。如果有可能的话，推销人员也可以通过第三者介绍来接近顾客。在推销人员与所拜访顾客不熟悉的情况下，托人介绍是一种行之有效的接近方法，这种方式往往使顾客碍于人情面子而不得不接见推销人员。一般来说介绍人与顾客之间的关系越密切，介绍的作用就越大，推销人员也就越容易达到接近的目的。

二、产品接近法

产品接近法又称实物接近法，是指推销人员直接利用所推销产品的实物或者模型摆在顾客面前，以引起顾客对其推销的产品的足够注意与兴趣，进而转入洽谈的接近方法。精心策划的产品接近法能够调动顾客的感觉器官，通过产品自身的魅力与特性引起顾客的兴趣，达到接近顾客的目的。

采用这种方法的关键之处在于以下方面：

(1) 产品本身必须要有一定的吸引力，能够引起顾客的注意和兴趣；

(2) 产品必须是易于携带、方便顾客参与操作；

（3）产品本身功效明显，易于宣传；

（4）宣传的产品与商品实物应该完全一致。

如果宣传的产品与商品实物不一致就容易导致顾客误会。另外像车间机床、大型电动设备等产品不方便携带和顾客操作，不宜采用此种方法。让真实的产品本身去做介绍，这种做法更符合顾客的认识与购买心理，因而接近顾客的效果比较好。

微故事 4－4

有一家橡胶轮胎厂的推销员到汽车制造公司去推销产品，他们随车带去了该厂生产的50多个品种的汽车轮胎。进了对方厂门以后，他们并不做过多的口头宣传，只求汽车制造公司总经理看看随车带来的轮胎，琳琅满目，应有尽有，最后对方拍板与该厂签订了长年订货合同，汽车制造公司生产的汽车全部采用这家橡胶轮胎厂的轮胎。

资料来源：http://hi.baidu.com/qyzzdzz/blog/item/1df38639ed4bb6f03a87ce0b.html.

三、利益接近法

利益接近法是指推销人员以顾客所追求的利益为中心，简明扼要地向顾客介绍产品能为顾客带来的利益，满足顾客的需要，达到正式接近顾客目的的一种方法。这种推销方法接近顾客时不是从宣传自身商品的优点入手，而是考虑顾客购买后给顾客带来什么好处，比如从经济、实用、功能等方面，站在顾客的角度，换位思考。

利益接近法的主要方式是直接陈述或提问，告诉顾客购买商品本身的实惠。语言不一定要有惊人之处，但必须引起顾客对商品利益的注意和兴趣。

四、好奇接近法

好奇接近法是推销人员利用顾客的好奇心理而接近顾客的方法。好奇之心，人皆有之，好奇心理是人们的一种原始驱动力，这种驱动力促使人们去探索未知的事物。好奇接近法通过引起顾客对推销人员或推销产品的注意和兴趣，从而接近顾客。好奇接近法需要的是推销人员发挥创造性的灵感，制造好奇的问题与事情。采用好奇接近法应该注意的问题如下：

（1）引起顾客好奇的方式必须与推销活动有关；

（2）必须做到出奇制胜；

（3）引起顾客好奇的手段必须合情合理，奇妙而不荒诞。

五、震惊接近法

所谓震惊接近法，是指推销人员设计一个令人吃惊或震撼人心的事物来引起顾客的兴趣，进而转入正式洽谈的接近方法。例如一个家庭防盗报警系统推销人员可能会这样开始他们的推销接近："您知道家庭被盗问题吗？根据公安机关公布的数据，今年家庭被盗比率比去年上升了15个百分点。"利用震惊接近法的关键在于推销人员要收集大量的事实资料，并且对材料进行分析，提炼出一些具有危害性、严重性的问题，并且刚好自身产品可以作为防范措施杜绝或减少上述危害问题的发生。因此，如何选择震惊材料便是重中之重。

推销人员在使用这种方法时应该特别注意以下几个问题：

（1）推销人员利用有关客观事实、统计分析资料或其他手段来震撼顾客，其所述内容应该与该项推销活动有关。

（2）推销人员无论利用何种手段震惊顾客，必须先使自己震惊，确保奏效，以取得一鸣惊人的效果。

（3）推销人员震惊顾客应该适可而止，令人震惊而不引起恐惧。

（4）必须讲究科学，尊重客观事实，切不可为震惊顾客而过分夸大事实真相，更不应信口开河。

六、戏剧化接近法

戏剧化接近法又称马戏接近法、表演接近法，是指推销人员利用各种戏剧性的表演技法引起顾客注意和兴趣，进而接近顾客的方法。戏剧化接近法既有科学性又有艺术性，能迎合顾客求新求奇的心理，唤起人们的思想感情，需要慎重使用。戏剧化接近法在应用时应注意如下事项：

（1）表演一定要有戏剧效果，要能够引起顾客的兴趣和注意；

（2）表演应该自然，有活力，打动顾客的心灵；

（3）尽量使顾客卷入戏剧中，使其身临其境；

（4）使用的道具最好与所推销的商品有关，使表演与推销浑然一体。

七、提问接近法

提问接近法又称问答式接近法或讨论接近法，是指推销人员通过直接提问来引起顾客注意和兴趣，进而转入面谈的方法。提问接近法是推销中经常使用的一种很好的方法，可以单独使用，也可以在利用其他接近技术时穿插使用的一种方法，通过一问一答的形式，有利于拉近顾客与推销人员的距离，消除戒备心理。尤其适合在第一次约见陌生客户的情景中使用。

推销人员所提的问题必须精心构思，刻意措辞。如“近来生意好吧?”“最近很忙吧?”等问题就显得平淡、乏味，无法取得良好的接近效果。提问接近法虽然是比较有效的方法，但其要求也较高。推销人员在提问与讨论中应注意以下两点：

（1）提出的问题应表述明确，尽量具体，做到有的放矢。例如：“你愿意节省一点成本吗?”这个问题就不够明确，只是说明“节省成本”，究竟节省什么成本？节省多少？多长时间？这些都没有加以说明，很难引起顾客的注意和兴趣。而“您希望明年内节省 7 万元材料成本吗?”这个问题就比较明白确切，容易达到接近顾客的目的。一般说来，问题越明确，接近效果越好。

（2）提出的问题应突出重点，扣人心弦。在实际生活中，每一个人都有许许多多的问题，推销人员只有抓住最重要的问题，才能真正打动人心。推销人员提出的问题，重点应放在顾客感兴趣的主要利益上。如果顾客的主要动机在于节省金钱，提问应着眼于经济性；如果顾客的主要动机在于求名，提问则宜着眼于品牌价值。因此，推销人员必须设计适当的问题，把话题集中于顾客所希望解决的问题上面，缩短成交距离。

（3）所提的问题应全面考虑，迂回出击，不可出言不讳，避免语出伤人。

八、请教接近法

请教接近法是指推销人员虚心向顾客讨教问题，利用这个机会，达到接近顾客目的的一种方法。在实际推销工作中，多数顾客都有一些“自以为是”的心态，推销人员若能登门求教，自然会受欢迎。如：“赵工程师，您是电子方面的专家，您看看我厂研制投产的这类电子设备在哪些方面优于同类老产品?”“我是这方面的新手，我想知道您是否能够帮助我?”“我的同事说我们公司的产品是同类中最好的，请问您是怎么看的?”

在具体应用请教接近法时应注意以下方面：

(1) 赞美在先，求教在后；

(2) 求教在先，推销在后；

(3) 态度诚恳，语言谦虚。

九、馈赠接近法

馈赠接近法是指推销人员以一些小巧精致的礼品赠送给顾客，进而和顾客认识并接近，借以达到接近顾客目的的一种方法。在某些情况下，推销人员可以用一些小礼品来“收买”顾客，以换取他们短时间的注意力。现实生活中，推销人员经常发放一些特制的广告品，比如记事簿、签字笔、打火机、广告伞等。小赠品的价值不高，却能发挥很大的效力，不管顾客喜欢与否，都是一种对顾客的尊重，会使顾客内心的好感油然而生。

应用馈赠接近法需要注意的事项如下：

(1) 慎重选择馈赠物品，推销人员应该设法了解顾客的喜好，了解顾客对赠送礼品行为的看法；

(2) 赠送的小礼物不需要过于昂贵，以免造成对方心理负担，使其敬而远之；

(3) 赠送的礼品尽量与所推销的产品有某种联系，尽量与企业的整体形象和谐一致。

微技巧 4-4

会送礼

给客户送礼是一种非常有效的人际沟通手段，用心选择小礼物送给客户对于拉近彼此之间的距离非常有帮助。

十、赞美接近法

赞美接近法是指推销人员利用顾客的虚荣心来引起顾客的注意和兴趣，进而转入正式洽谈的接近方法。赞美接近法的实质是推销人员利用人们希望赞美自己的心理来达到接近顾客的目的。喜欢听好话是人们的共性，用这种方法接近顾客，有时会收到意想不到的效果。当人们在心情愉快的时候，很容易接受他人的建议，这时，推销人员应抓住时机，正确地引导推销活动。使用赞美接近法应注意以下几点：

(1) 选择适当的赞美目标，避免冒犯顾客。个人的长相、衣着、举止谈吐、风度气质、才华成就、家庭环境、亲戚朋友等，都可以给予赞美。若是顾客讲究穿着，可向他请教如何搭配衣服；若是顾客是知名公司的员工，可表示羡慕他能在这么好的公司上班。如果推销员信口开河，胡吹乱捧，则必将弄巧成拙。

(2) 真诚赞美顾客，避免虚情假意。推销人员赞美顾客一定要诚心诚意，把握分寸。事实上，不合实际的赞美、虚情假意的赞美，只会使顾客感到难堪，甚至导致顾客对推销人员产生不好的印象。

(3) 针对不同顾客选择不同的赞美方式。对于不同类型的顾客，赞美的方式也应不同。对于严肃的顾客，赞语应自然朴实，点到为止；对于虚荣的顾客，则可以尽量发挥赞美的作用；对于年老的顾客，应该多用间接、委婉的赞美语言；对于年轻的顾客，则可以使用比较直接、热情的赞美语言。

微技巧 4－5

会赞美

让人产生优越感最有效的方法是对于他自傲的事情加以赞美。顾客的优越感被满足，初次见面的警戒心也就自然消失了，能拉近彼此的距离，让双方的关系向前迈进一大步。

微故事 4－5

某推销员有一次去拜访一家商店的老板。

“先生，您好！”

“你是谁呀？”

“我是××公司的××，今天我刚到贵地，有几件事想请教您这位远近有名的老板。”

“什么？远近有名的老板？”

“是啊，根据我调查的结果，大家都说这个问题最好请教您。”

“哦！大家都在说我啊！真不敢当，到底什么问题呢？”

“实不相瞒，是……”

“站着谈不方便，请进来吧！”

资料来源：http://wenku.baidu.com/view/805877c8da38376baf1fae38.html.

十一、调查接近法

所谓调查接近法，是指推销人员利用调查机会接近顾客的一种方法。在许多情况下，无论推销人员事先如何进行准备，总有一些无法弄清的问题。因此，在正式洽谈之前，推销人员必须进行接近调查，以确定顾客是否可以真正受益于推销品。此方法可以看成是一种销售服务或销售咨询法。采用这一方法比较容易消除顾客的戒心，成功率比较高。推销人员可以依据事先设计好的调查问卷，征询顾客的意见，调查了解顾客的真实需求，再从调查比较自然、巧妙地转为推销。

在利用调查接近法时，推销人员必须注意以下几个问题：

（1）突出推销重点，明确调查内容，争取顾客的支持和协助。

（2）做好调查准备，消除顾客的防备心理，达到接近顾客的目的。

（3）运用适当的调查方法，确保调查成功，顺利接近顾客。

总之，调查接近法作为一种比较可行的接近方法，既是为生产厂家服务，也是为消费者服务，既有利于推销人员收集市场情报，又有利于顾客获得最佳的推销服务。

微故事 4－6

香港某银行准备购进一大批电脑并实施联网。世界各地从事电脑业务的公司云集香港，其中一个公司没有急于去接近顾客，而是派了 13 名推销员到该银行及其他金融机构进行调查。最后，拿出一份关于该银行客户规模、构成、分布、储蓄倾向性、储蓄特点等内容的调查报告，以及 5 套电脑联网的设计安装方案。当推销员提出不管能否做成生意，公司的技术人员都愿意当面向董事会成员做调查汇报时，董事会全体成员都愉快地答应了，自然生意也做成了。

资料来源：http://wenku.baidu.com/view/4699f85cbe23482fb4da4c42.html.

十二、搭讪与聊天接近法

搭讪与聊天接近法是指利用搭讪与聊天的形式接近陌生顾客的方法。搭讪与聊天接近法不会很快进入推销程序，有时要用很长时间追踪与寻找机会，因此要花费很多精力。所以，使用该方法时应该注意：

（1）要选准接近顾客的时机。只有对于非常重要的顾客，而又没有其他方法或者机会可以接近的情况下，才可以选择搭讪与聊天接近法。最好的时机是顾客有自由掌握的时间的时候。

（2）要积极主动。对于没有与之搭讪机会的重要顾客，推销人员应该在了解顾客生活习惯的情况下，主动创造条件和机会与之搭讪。

（3）尽量紧扣主题。

微技巧 4-6

思开场

最能吸引客户是刚开始的第一分钟，如果这一分钟说的内容能够吸引他的话，那这次拜访注定会成功，因此用心设计一个好的开场白也是非常必要的。

微故事 4-7

有一家鼓风机企业的推销员到一家工厂去推销产品，推销员几次约见该厂的厂长都未果，始终没有机会和厂长接触。后来推销员通过厂长的一个钓友得知该厂长喜欢钓鱼，他便买来渔具学习钓鱼。之后，通过钓鱼，推销员成了该厂长钓鱼圈里的一员，接触的次数多了，很快就和这位厂长成了朋友。后来厂长一次就购买了近 50 万元的鼓风机。

资料来源：http://wenku.baidu.com/view/4675331214791711cc79176e.html.

推销职场

宁波新美心公司的职场菜鸟

我在新美心公司的营销部做团购销售，这是我第一份真正全职的工作，刚进入营销部，首先了解公司的产品和工作的流程。团购销售工作主要是向企业、单位销售大批量的新美心的提货券或者 VIP 卡，在端午节或中秋节这种特定的节日还推销粽子和月饼。刚开始我学习如何下订单、写送货单、写交款单等，还要特别注意其中的一些细节。协助师傅做一些简单的工作。由于我是新人，刚开始就送券或卡去见一些老客户，在熟悉一些工作流程之后，我就开始学习如何与客户打交道，之后就自己打电话寻找客户，在打电话的过程中要注意语气和语言的表达。销售是在不断学习中提升自己，见的客户越来越多，心态也越来越好，不会紧张了，能够与客户大方地交谈了。我觉得，聊天就是要抓住重点、抓住核心，用简练的话表达出自己的意思。

我选择销售就是为了锻炼自己，让刚出校园的我更加成熟。在新美心工作将近两个月，我学会了很多东西，能够严格遵守公司的规定，提高了做事的严谨性，养成了做事仔细的习惯。在平时工作、生活中，都能够与同事和睦相处，工作很愉快。在与客户的交流中，不断提升自己的胆识，以沉着冷静的状态面对顾客，随机应变，提高反应能力，并且增强语言的组织能力和交流能力。当然，还存在一些问题，比如与客户交流时，想事情不够全面，该问的不能全都问到。

工作是辛苦的，每天要出去见客户，但是，对于我来说也是一种磨炼。学会吃苦，学会忍耐，事情总会成功的。

我在团购一部工作，这个部分为海曙、江东、江北、鄞州、金融以及外围的宁海和奉化等区，我被分在金融区，这是独立出来的一个区，包括银行、证券、保险、通信四块。每个区域都有不同的目标任务，我所在的金融区有两个人，任务由两个人共同完成，只有完成任务才有奖金。最近迎来一个端午粽子的销售高峰期，每天都要去接触很多客户，送宣传册，进行拜访。销售是蛮辛苦的，压力也挺大的，但是这正是一个锻炼的机会，刚出校园的我需要得到磨炼，应该化压力为动力，不断向前。

（浙江工商职业技术学院，营销 0822　陈梭）

别小看了前台接待的工作

经过反复的斟酌，最后我选择在宁波海曙区索华电子有限公司的索尼维修站实习，工作岗位是前台客服，工作内容包括两部分：一是负责接待来送修的顾客并做好故障的确认和登记工作；二是负责接听客户来电，对其问题做好记录，对电视机安装以及调试进行预约。我来这里的第一周，主要是熟悉工作环境以及工作内容。这一周主要是学习的阶段，帮忙打打下手，慢慢熟悉工作流程。这时候，我要多看、多学、多问、多记。这一周，我主要是了解了索尼产品的一些基本故障，以及工作的流程。下周，我要真正开始工作了，加油！

在索尼维修站已经工作两周了，现在我基本可以自己独立接机登记了。主要就是顾客把机器拿过来，在看见顾客进门的时候，站起来微笑等候，然后请顾客坐下来，询问其机器的问题，并开机确认是否存在这样的问题，确认之后做登记。登记的时候要认真仔细，机型、机身号、发票号之类的不能弄错。在保修期内的一定要把保卡、发票拍照并上传，在没有发票、保卡的情况下，拍下机器的名牌，截图上传。在保修期外的，务必向顾客讲清收费标准。最后，将登记单核对无误后打印出来。

近一周内，我学到了基本的接机常识以及能够判断一些简单故障发生的原因。知道了如何提升自我的服务质量以及如何很好地与顾客沟通。记得朱师傅的一句话："任何时候不能说'我不知道'，要有服务意识。"不知道不是理由，我们可以说"这个我帮你去问一下"，并且要养成同事之间也不讲"我不知道"的习惯，从而提高服务质量。

我觉得这句话也是对生活的一种态度。我们有很多不知道，如何让这些不知道转化为知道，这就要靠实践积累，靠多问、多学。在这里实习要抱着学习的态度，认真地去学习一些东西。我现在在前台接待相对比较轻车熟路了，不过，我还要熟悉新的工作，比如电话接待。电话接待，除了要掌握电话接待的话术外，还要了解电视机安装调试的有关事项。

今天，我正式电话接待了。首先，师傅向我讲了个大概的情况，就直接让我自己上手，并说遇到不懂的就直接问她，或者让她来接听。今天是我第一天从事电话接待，难免有些生疏，有很多问题不是很懂，另外对宁波的地名也不是很熟悉。相信经过今天一天的实际操作，明天我就会比较熟练了。

在索尼维修站实习，除了可以学到前台客服接待的一些礼仪和一些基本的操作流程外，还能更多地了解数码产品，特别是相机与笔记本。一方面能了解产品的特性；另一方面对于一些常规故障也有了初步的判断能力。空闲的时候，也可以参观维修人员的工作，了解机器的内部构造。很多让顾客十分困扰的机器问题，师傅们能简简单单地处理一下就好了。觉得人有一技之长真好！

（浙江工商职业技术学院，营销0822　金碧芳）

汽车销售的职场新人

我选择的顶岗实习单位是绍兴市申浙汽车有限公司，实习时间是2月28日至5月31日。这是一家集整车销售、维修服务、配件供应、旧车置换于一体的绍兴地区首家上海大众4S店，公司主营上海大众系列车型：LAVIDA-朗逸、PASSAT-领驭、POLO、TOURAN-途安、VISTA-志俊、普桑。我主要在售后客服部门工作，工作内容是回访、抱怨处理以及客户信息的输入和维护。除此以外，还通过各种渠道了解公司的运作和管理，了解汽车的配置和性能，并与同事一起承担车展工作。

前几周的时间主要是熟悉工作环境，与同事沟通感情。这周参加了车展活动，车展活动比较热闹，也是一次重要的展会活动。在展会活动中，同样可以学到其布置和设计上的先进之处。我们展位的地面上铺设着红地毯，场地前端放置浅黄色木质前台，场地上放置各类车型。展位左边摆放桌椅以开辟一个休息区，主要供与客户进行商谈和工作人员休息之用。墙壁贴以大张广告宣传图，起装饰和宣传的作用。

我们的场地布置比较简单，与我们的产品价格定位相符合。一些高档轿车的展厅布置得就比较豪华，配以背投电视的广告展示，整个展厅投以白炽灯，展厅整体装饰为白色，使展厅看起来干净整洁。通过与同行业其他企业比较可以找出自身的缺点，同时进行修正和提升。

开始的15天主要是观摩工作内容，熟悉工作环境。首先学习的工作内容是售后电话回访和抱怨处理。售后电话回访的人群主要是要求修理、保养和索赔的客户。对于回访客户要用专业的语言话术，除此以外，平和的心态尤为重要。在回访过程中总是会碰到各种各样的客户，有些客户会提出一些无理要求；有些顾客比较焦急，甚至情绪比较激动。此时，都要求回访员保持专业的职业操守，以优美的语言，礼貌地回答客户的每一个提问。遇到有抱怨的客户要耐心倾听其抱怨，找出产生抱怨的原因，安抚客户情绪，做好调解与沟通工作，争取客户的理解，让其相信他所反映的问题会得到及时有效的处理。通过这段时间的工作与学习，首先让我感觉到的是需要学习的东西还有很多，比如各类不同车型、配置等。在销售的过程中，除了销售人员的伶牙俐齿外，还需要市场部的策划宣传和售后的维修保养作为支持。各个部门联系紧密，要通过不断沟通和理解达到团队工作的最大效益。作为个人来讲，除了完成本职的工作任务外，为了不断地提升自己，就需要自己找机会进行学习和提升。

每月底要做好总结的工作，尤其是要做好对抱怨客户的处理工作。在接待回访的工作中对于抱怨的客户要先将其描述的情况记录下来。接下来就是要开具抱怨单，抱怨单内容需认真填写，尤其是抱怨原因。之后将填好的表格交给售后站长，并且和服务顾问做好沟通。月底时要做好数据的统计，做好总结报告，将报告准时交给售后站长和客户总监。本周工作内容除了日常操作以外，还帮助市场部同事输入客流信息和进行信息整理。客流量是一个很重要的客户资源信息来源和客户分析资料来源。主要输入的内容是客户姓名、来店时间、选购车型、得知信息的渠道、接待销售顾问的姓名、是否试乘试驾等。这些客流的资料不但可以帮助我们统计出每天接待的客户人数、批次，销售顾问接待的客户、批次，还可以反映出客户对我们的哪些车辆比较感兴趣。这些对我们进行统计分析、信息审核、市场分析有很大的帮助。

（浙江工商职业技术学院，营销 0822　刘扬）

技能故事

1. 如何做好第一次拜访工作

技能说明

推销接近最重要的是第一次拜访，如何给客户留下深刻的第一印象是需要推销人员认真思考并做好相关准备的。因此，推销人员做好第一次客户拜访相当重要，如何做好第一次的客户拜访也是推销人员必须学好的功课。

在任务二中讲了抓住客户心的基本原理和方法，本任务我们具体探讨在拜访客户时，如何抓住客户的心。

抓住客户心（下）

一、赢在规划

1. 客户分析

（1）信息收集：竞争性销售需要对客户需求有深入的了解。如果是第一次拜访，则需要通过查阅公司网站、电话等途径收集客户信息；如果以前和客户有过一些接触，那么，需确认以前接触中留存的客户信息是否还能利用。

在竞争性销售中，需要重点了解如下信息：采购动机，即客户为什么要进行这次采购；客户对产品、服务和供应商的要求；竞争状况，即客户和哪些竞争对手接触过，或者客户可能会和哪些竞争对手接触。

（2）客户需求分析：通过对客户信息的了解，对客户的需求进行分析，确定客户对产品、服务和供应商的要求是什么，并找出客户可能的关键需求。

（3）预测评价体系：根据了解的情况和客户经验，判断客户可能会形成什么样的评价体系，其中哪些标准可能有利，哪些标准可能不利。

2. 优势规划

要确定针对客户的标准可以建立哪些优势，也就是进行优势规划，一是选择能为客户创造独特价值的差异点；二是设法把这些差异点融入客户的采购标准。

(1) 选择对客户有价值的差异：根据对自己的差异分析，以及前面对客户需求的分析，来确定哪些差异能为客户创造独特价值。在选择差异时，既要考虑组织需求，也要考虑拜访对象的个人需求。下面，来看一个案例。

思奇软件是一家销售管理软件开发商，以定制软件而著称，并且有丰富的定制经验，能够根据客户现有的管理流程和管理制度定制相应的软件。思奇的竞争对手有两类：一类是全球著名的标准软件销售商，它们的软件知名度和成熟度都比较高，对于高档软件的购买者，公司还能派管理专家提供培训和支持；另一类是小型定制软件开发商，这类供应商因为缺乏成熟产品和知名度，因此，靠为客户提供定制服务为生。这类小型软件公司虽然产品和服务不如思奇，但价格便宜，而且销售政策灵活。

作为思奇软件的销售员，即将去拜访大型国有企业华创的信息中心主任，他应该如何进行优势规划呢？

第一是定制。大型国企的特点是长官意志强，并且不容易变化。思奇是提供定制软件的供应商，可以帮助领导实现其想法，并且不需要企业做什么变革。

第二是丰富的定制经验和很强的定制能力。思奇从事定制服务时间超过10年，而且软件开发工程师都是资深工程师，无论是从整个企业还是工程师个人来讲，都有丰富的定制经验。这种经验使其在设计软件时，会全面考虑可能的变化，使软件在今后可以随时根据需要升级改造。而华创正在面临国有企业改制，其软件需求很可能在今后发生很大变化。因此，和思奇合作，可以保障投资安全。

第三是庞大的技术队伍。思奇软件有200多位软件工程师，可以为客户提供周到、全方位的服务，这可以大大减少IT部门的工作难度和工作量。因此，信息中心主任会喜欢思奇的服务。

(2) 确定理想的评价体系：确定如果想让客户偏爱推销的产品，应该为客户树立什么样的标准。只有知道理想标准，才能知道如何系统地引导客户。

3. 制定拜访目标

(1) 评价体系调查目标：包括了解拜访对象的评价体系和客户组织的评价体系。在这里，要确定详细的目标，并制定目标列表。

(2) 评价体系影响目标：影响和改变客户的评价体系，要列出明确的优势差异销售目标和劣势差异规避目标。例如：让客户选择定制，而不是购买标准软件。让客户认同软件升级能力对其的重要性，并把供应商的服务时间和服务经验作为重要的选择标准。改变客户选择国际品牌公司的想法，让他们知道定制软件本地化服务的重要性。

(3) 承诺目标：洽谈结束后，获取什么承诺。

4. 制定拜访策略

制定了拜访目标后，就要根据拜访目标确定相应的策略。

(1) 优势差异销售策略：针对拜访目标中列出的优势差异销售目标，确定具体的销售方法。

(2) 劣势差异规避策略：针对拜访目标中列出的劣势差异规避目标，确定具体的销售方法。

(3) 竞争策略：预测谁将是主要的竞争对手，并确定对方的主要劣势在哪里，然后制定具体策略，引导客户关注这一劣势。

二、优势沟通技巧

1. 探询评价体系

(1) 探询客户需求：探询评价体系的主要任务是了解客户对产品、服务和供应商的基本要求。

(2) 理清需求：通过沟通获得了很多信息，接下来要进行分析和建议，和客户一起理清需求，并和客户达成共识。只有在需求上达成了共识，才能顺利地进行下一步的沟通。

(3) 确定重点：得到客户确认的需求后，就要根据这些需求去确定客户的评价体系。评价体系除了标准外，还包括每项标准的权重。

确定客户各项需求的重要程度，要从两个维度去分析：一个是从客户组织来看，哪些更重要；另一个是从拜访对象来看，哪些更重要。

(4) 确定切入点：如果面前是一位陌生的客户，他很难有耐心听推销员长篇大论地谈销售优势，这时需要有一个切入点，抓住他的吸引力，使他快速产生偏爱。这个切入点就是通过上述分析找到的拜访对象最关注的一两个需求。

2. 优势销售技巧

(1) 选择恰当的优势差异：根据前面探查出来的切入点，选择优势差异。

(2) 迎合客户的优势销售：如果客户需求中已经包含了对优势差异的需求，这时要鼓励客户并强化他对这一需求的认知。

(3) 引入优势：如果客户原来的需求中不包含推销的优势差异，或者对这个差异的需求不够强烈，那么，就需要通过下述步骤引入优势。

1) 危害分析：用启发式和他山之石两种方式，让客户认识到没有该特点可能面临的问题。

2) 利益牵引：展示拥有该特点可以使客户得到的利益，吸引客户关注该差异。

(4) 树立标准：从专家的角度分析和总结客户应该如何选择产品和服务，把客户对差异点的需求变成选择标准，甚至是重要标准。

3. 展示解决方案

(1) 总结与回顾：目的是总结与客户交流的要点，使客户产生清晰的认知，以便客户能更快地发现解决方案的价值。在总结时，要先总结客户的需求，然后总结和强化与客户一起确定的标准。

(2) 展示解决方案：做过上述总结后，展示自己的方案，并根据客户的需求点，重点展示产品和服务的优势，阐述能给客户带来的独特利益。

4. 建立竞争壁垒

(1) 天衣无缝：向客户展示自己产品和服务的其他优点，特别是竞争对手可能会强调的优势和特点。虽然自己在这些方面可能不如竞争对手，但提前展示可以淡化竞争对手销售展示的冲击力。

(2) 淡化不利标准：如果发现在客户的评价体系中，有一些是自己的弱势差异，就要通过分析让客户认为这些标准不重要，尽可能降低其权重。

(3) 为竞争者布陷阱：把和竞争对手弱点有关的特点纳入评价体系，使客户在审查竞争对手时，非常容易发现其弱点。

5. 获取承诺

最后，要做的是按照自己的规划，向客户索取承诺，使销售过程延续下去。

资料来源：王云. 抓住客户心（下）. 销售与市场（成长版）. 2011 (7).

专家提醒

第一次拜访客户，重点在于做好前期的调查准备工作，先了解客户的需求，然后选择合适的机会接触客户，对大客户需要长期跟踪；而对于零散的小型客户，第一印象很重要，需要特别花时间总结提升拜访技巧。

2. 如何做好产品推销的语言设计

技能说明

成功推销离不开语言话术的精心设计，同样的产品经过不一样的介绍，也许获得的成交机会就完全不一样。做好产品推销的语言设计，是每个销售人员必须完成的功课，而且是必须做好的功课。推销接近的开场白固然重要，但良好的产品介绍语言更重要，这才是打动客户的关键。

良好的产品介绍需要专业的语言

良好的产品介绍需要专业的语言，比如推销新式电子玩具时，推销员可以这样说："您好！我店新到一批新式电子玩具，类型和样式很多，从低档到高档都有。低档的为三四十元，高档的有 1 000 元以上。因为是新式玩具，初销时的价格较低，它不仅可作为儿童玩具，而且可以当作家庭装饰品，这样一来您就不用愁玩具没处放了。您瞧，这里有从最简单到最高级复杂的一系列玩具，制作质量很可靠，外形采用最新式的一体构造法，不易损伤。如果您要购买，可以让您的小孩从简单的玩具玩起，然后再玩较复杂的玩具，这对开发儿童的智力、提高他们的积极性很有益处。还有一点需要说明的是，这种玩具不仅适合儿童，而且更适宜作为父母、开发子女心智的教具，最高级类型玩具的结构较为复杂，可自己动手组装成多种玩具。购买这类玩具可赠送一套组装零件，相信您一定会开发出更多的功能。"

在这里，推出一个 FABE 的概念，其中，F 代表商品的特征，A 代表商品的优点，B 代表客户的利益，E 代表证据。

简单地说，要求推销员在推销商品之前，能够按照 FABE 做好详尽的说明准备工作，即先把商品分解成若干个部分：机能、外形、质料、耐久性、使用方便程度、品质、用途、价格等。然后就每一个部分写下它的特征，以及由此而产生的优点，以及这些优点能给客户带来什么利益。最后还必须提出证据证明该商品的确能给客户带来利益。这样推销员与客户面谈时就能有条不紊地进行。

例如，有位推销员来到一家零售店，向其负责人建议，在其玻璃制品柜中增加一项新产品——厨房常用的酱料瓶。推销员用 FABE 法这样开始他的介绍：

“经理，您好！这是我们日用玻璃厂新开发成功的厨房用的酱料瓶，也是本厂今年的主要新产品。请允许我打扰您几分钟，向您做个详细的说明。”（拿起样品）“我们打开它的盖子，有舌状的倒出口，出口上刻有7厘米的槽沟，可以防止瓶内的液体外漏；而注入口可以倒入各种液体，包括油、酱油、醋等。”

“这个酱料瓶的最大优点是，倒完后瓶口不会沾有残余的液体，可以保持周围的清洁，非常卫生。据我们所知，目前在市场上尚未有同类产品，相信销售前景相当可观，也可给您带来很大利益。本厂曾选择100个客户进行实验，经过一年的试用，反映甚佳。”

“我们再来看看它的外形。正如您所见，它有着光洁的圆锥形外表，圆顶状的盖子，摸起来舒服，看起来别致。有红、黄、绿三种颜色，任君选择。”

“由于它具有时髦而现代感十足的外形，所以不仅可放在厨房，也可放在餐桌、食品柜中，使家庭陈设倍添光彩。如放在贵店展销，不会占据太大的空间，看起来又很悦目，可以提高商店的形象，定能吸引顾客的眼光，从而争相购买……”

如上这般所述，商品的机能、外形等都能无一遗漏地详细陈述。推销员说得头头是道、有条有理，顾客也听得明明白白。

使用这种方法，有以下几个优点：

（1）方便推销员做商品说明，由于准备得充分且全面，推销员介绍起来就会信心十足。

（2）由于此种方法是站在客户的立场上设计的，所以解说起来容易为顾客所理解。

（3）此种方法以事实为依据，逻辑性较强：特征→优点→利益→证据，所以比起其他的方法更具说服力。

（4）由于分析得很具体，就可以仔细观察客户对各点的反应，把握客户的真正兴趣和真正的需要所在。

另外，在介绍产品的时候，还有一种方法可以让顾客对商品了解得清清楚楚、明明白白，那就是：让产品自己说话。

让产品接近客户，让产品做无声的介绍，让产品推销自己。

例如，某打字机公司的营销员去拜访一家公司的总裁，目的是向该公司的办公室推销一套新型打字机。总裁去了外地，营销员便主动与总裁的秘书讨论起她现在使用的打字机的情况，秘书说出了她对自己工作中使用的打字机的看法，如喜欢它什么和不喜欢它什么。营销员抓住她提到的一个缺点并邀请她试用了自己推销的新型打字机，进而向秘书详细介绍了一番新型打字机的优点。

几个星期之后，营销员赴约再次造访，秘书热情地安排他与总裁见了面，结果他成功地将打字机推销了出去。

资料来源：http://www.emkt.com.cn/article/477/47760.html.

3. 第一次拜访经销商应该注意些什么

技能说明

推销人员第一次上门拜访经销商至关重要，良好的开端就是成功的一半。虽然如何拜访经销商这门课程已经被无数的培训师讲了很多遍，可是在现实中，还是有很多推销人员

在首次拜访经销商时，在内容及形式方面没有把握好，沟通内容无法引起经销商的兴趣，甚至失去合作机会。

第一次拜访经销商，该注意些什么

我作为一名经销商，见过太多推销人员在上门拜访时，犯了许多看起来很低级的错误，在此提出几点建议，以供各位参考。

1. 准备谈话大纲

在拜访经销商之前，一定要提前准备谈话大纲，尤其是首次拜访经销商时。最起码要做到有步骤、有层次，不要想到哪里说到哪里，或者是被经销商主导着谈话内容。有些推销人员拜访经销商时，因为事先没有准备谈话大纲，在谈话时经常出现冷场，使得经销商兴趣索然。

2. 预约

在拜访经销商前，要提前进行预约，这是个再简单不过的商业礼仪了，但是仍然有很多推销人员在没有事先预约的情况下，直接冲到经销商公司里找老板。

事先预约一下，既没有成本，也显示礼貌，为什么不遵守呢？与经销商预约，也要有技巧，就是通过公司总部来预约，而不是推销人员自己来预约。在经销商看来，这两种预约形式是有区别的，若是公司总部直接打电话预约，那说明这次拜访是企业行为，形式上比较正式和郑重，同时也在一定程度上说明公司对这块市场的重视，顺便还能提升公司的正规化形象。若是推销人员自己打电话预约，则有可能说明这次拜访只是推销人员的个人行为，其沟通内容的可靠性有待考证。

在与经销商进行预约时，一定要确定准备上门的时间，要了解对方每天什么时间段有空闲，不要赶在对方生意最忙的时候去拜访。一般来说，下午三点到四点半这段时间比较适宜。

3. 带几个人去

首次拜访经销商时，对于推销人员的数量要有所考虑，单人去不合适，很容易让经销商认为这家公司实力小，区域市场就只有一个业务人员。若是去的人超过 3 个也不合适，过多的人会让经销商有压力感。一般来说，上门的人数要么控制在两人，要么与对方的出席人数相当。另外，推销人员还应有所分工，有人负责主谈，有人负责副谈，切忌大家都抢着和经销商老板说话，避免混乱。

4. 见面不要乱开玩笑

有些推销人员喜欢见面自来熟，与经销商老板初次见面就开玩笑，试图以此来活跃气氛，消除大家的陌生感，其实这样做并不合适。因为，作为第一次上门的推销人员，根本无法知道经销商老板是什么脾气和性格，或者无法了解经销商老板当时的心情是怎样的，刚见面就开玩笑是很不恰当的。万一这经销商老板正遇上着急上火的事，推销人员却开玩笑，这不是火上浇油嘛。所以，在初次拜访经销商时，语气语态要平和，切忌乱开玩笑，并且要迅速判断老板当时的心情，为接下来采取什么样的沟通形式做准备。

5. 顺利进门

现在稍具规模的经销商公司都有前台和接待，前台人员有项工作就是替老板挡驾，对一些有推销嫌疑的人一概推掉，许多推销人员就被这些前台接待挡在了门外。之所以被挡在门外，往往就是因为推销人员把拜访经销商说成来找老板谈谈，结果被前台接待认定是上门推销员，直接以老板不在等理由给打发了。

其实，解决这个问题也简单，推销人员进门后直接告诉前台，与贵公司的某老板已经约好，过来谈点事情，千万别吞吞吐吐地说不清楚，更不能说想找该老板谈谈。

6. 别带样品及企业资料

许多营销专家告诉推销人员，在首次拜访经销商时，一定要带上企业和产品的介绍资料，还要有样品和价格表、合同之类的东西。在我看来，这些营销专家一定没做过经销商，要是做过经销商的话，绝对不会教推销人员第一次拜访经销商时就把这些东西带上。

原因很简单，如果推销人员第一次上门拜访时就把相关的资料和样品带上，那说明什么问题呢？说明这个推销人员在来之前是有所准备的，很想与经销商把生意做成，是怀抱着希望来的。那么作为经销商，自然就会拿捏推销人员，认为是推销人员上门来求着做生意，在相关的条件上自然就会定得高些。反过来看，若是推销人员双手空空，什么都不带，只是来上门认识一下，那则说明这厂家的推销人员是在进行市场的考察，并不急于合作。一般来说，不急于与经销商确定合作关系，而是花费一定时间精力进行前期市场考察的厂家，往往都是一些实力较强、规模较大、市场思路较为稳健成熟的厂家。

所以，建议厂家的推销人员在第一次拜访经销商时，不要带样品及企业产品资料，最多带张名片就行了。

7. 进门之后

进入老板办公室之后，需要注意以下几点：

(1) 别乱叫老板娘。老板身边的女人不见得就是老板娘，除非老板主动说明这就是老板娘。

(2) 客随主便。听由老板安排座席，在整个谈话过程中不要自行更换位置。

(3) 名片礼仪。接过经销商老板的名片后，一定要当场仔细阅读，寻找上面的相关信息，这些信息往往就是展开对话的切入点。尤其需要注意的是，在接受对方的名片后，一定要把名片妥善放置好，放入衬衫口袋、钱包，或是笔记本中，切忌把对方的名片一直放在手里把玩，或是直接扔在桌上。

(4) 确认对方今天的空闲时间。坐下来后首先询问经销商老板接下来的时间安排，估计会有多少时间让大家在一起聊聊，30 分钟还是两个小时，或者整个下午都没事。这时，推销人员可根据经销商老板空闲的时间长度，调整自己的谈话内容。这里有一点需要注意，就是在第一次拜访经销商时，无论经销商老板声称有多少时间留给推销人员，从效果的角度来说，第一次拜访最多停留 30 分钟。

8. 语言沟通中的注意要点

在正式展开与经销商老板的沟通后，在言语上还需要注意以下几点：

(1) 主动告知这次前来沟通的意图。是想来认识一下，还是想通过老板了解些市场情况。经销商老板很忌讳推销人员说来说去，但就是不说这次来拜访的真正意图是什么，经销商老板可没有时间和精力猜测厂家人员的拜访意图。

(2) 不要抢话。在与经销商老板沟通时，一定要等对方把话说完，在某些话题上，还要与经销商老板进行再确认，然后再来进行相关的答复和解释。我见过许多厂家的推销人员，还没等经销商老板把话说完，就迫不及待地抢过话头进行解释，这容易让经销商误解，认为推销人员太心急了，缺乏最基本的稳重和礼貌。

(3) 不要急于把话题转移到自己的产品上来。推销人员上门拜访，归根结底是要推销自己厂家的产品，但是，过早过快地推销自己的产品，很容易让经销商厌烦或是有抵触情绪，毕竟，经销商根本不缺产品。推销人员应从产品行业状况、经销行业状况、本地市场发展特性等容易让经销商感兴趣的话题切入，再逐渐向自家产品方向转移。

(4) 在谈及自己的企业目标时，话不要说得太满。现在很多生产企业都有自己的宏大目标，要么是做行业第一，要么是做某个商品品类的第一，甚至是保护某个民族产业之类。这些企业的伟大目标往往被推销人员拿来说给经销商听，其实，经销商对这些没多少兴趣。

(5) 不要当着经销商老板的面交头接耳，即便交头接耳说的内容与经销商压根没关系，但是这样的行为很容易惹得经销商老板不舒服，并且还会有些猜疑之心，总觉得推销人员在私下里商量什么见不得人的事情，甚至有挖坑下套的嫌疑。

(6) 不要攻击经销商的现有产品。有些推销人员为了突出自己的产品优势和企业优势，喜欢攻击其他厂家及其产品，哪怕眼前的经销商正承接了某个厂家的产品经销也照说不误，甚至还会从产品品质、企业地位、利润率等角度算账给经销商老板看，总而言之就是想说明自己的产品和企业要比别人优秀很多。其实，在经销商老板看来，攻击经销商现有的产品就是攻击老板本人，因为这些产品都是老板亲自引进的。

资料来源：http://www.emkt.com.cn/article/342/34245.html.

专家提醒

在最后临走的时候，作为推销人员，还需要主动询问一下经销商老板还有什么需要了解的，若没有更多的内容需要了解，那么今天的沟通暂且到此为止，下次有机会再约时间会面。

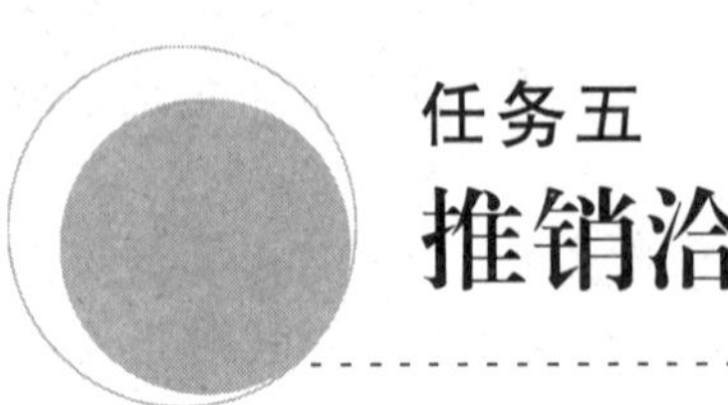

任务五 推销洽谈

开篇故事

坚信有未来，朝阳产业待图强

——记某职业技术学院2012届毕业生黄拓

在他网站的页面上，豪客比奇、阿古斯特、塞斯纳、达索猎鹰、德国飞酷等一系列品牌飞机赫然在列；在他年轻的旅程中，公务机展、私人飞机展、大型航展、通用航空论坛等活动现场无一缺席。仅仅一年多的时间，以他为首的5个大男孩不仅在低空空域的博弈中分得一杯羹，更在私人飞机第三方市场中风生水起。有人要以300万元买他的网站，被他拒绝。“要做通用航空领域的阿里巴巴！”黄拓年轻而透亮的眼神中写满坚定。

如果说自幼喜欢航天航空和骨子里的创业激情让黄拓敢于做吃私人飞机这只“螃蟹”的第一人，那么学校则教给了他吃这只“螃蟹”的方法。大学期间，黄拓从不缺勤的课程当属“浙商文化概论”。创业如何起步、如何与客户保持正确的距离、如何处理与政府部门的关系、创业过程中应该遵循哪些法律法规……每堂课结束，黄拓都会翻看记得满满的笔记，细细体味。“80后要创业，电子商务是最适合的行业。”昨天能出一个马云，或许明天就能出一个黄拓。同在杭州，喜欢网络的黄拓信心满满，他要将“365私人飞机网”做成通用航空业的阿里巴巴。“我们现在有学校做后盾，学校不但为我们提供了免费的场地，还给我们安排许多创业课程和讲座，邱雷鸣老师还经常指导帮助我们，所以我们没有理由不好好做！”

于是，在每一次登门拜访客户之前，黄拓团队的成员都会准备一份详细的策划方案，包括出具针对性的品牌飞机报价、培训项目介绍、飞机驾照的考取方法以及对身体素质的要求等。“我们要为客户量身定做专属于他个人的服务方案。”通过一次次拜访与了解，让黄拓坚信了这个市场的容量的确很大，只是很多人的心理诉求尚未被唤醒。“我们要做的就是先把潜在的私人飞机文化培养起来，客户不会玩，我们就教他们飞机怎么玩、驾照怎么考。我们要做这个行业的贴身服务。”

“以您娃哈哈集团老总的身份，您经常会接到一些临时的商务活动，这时如果您还需要通过一般的渠道去购票、安检、候机、登机，时间成本太高了！对您来说，时间就是金钱。况且，坐商务舱，甚至头等舱，都不足以显示您的身份。如果您有一架私人公务机，您还可以派飞机去接您的客户，这不但显示了您对他的尊重，更抬高了您的身价……”滔滔不绝地，黄拓开始模拟与娃哈哈集团老总宗庆后之间的对话。

其实像这样的说辞，黄拓的脑海中还储备了很多。从一开始的踌躇忐忑，到如今能够坦然地站在客户面前流利地介绍自己的产品与服务，只有黄拓自己知道中间经历了多少次演练，尝试过多少次失败，而这其中又饱含了学校老师和团队成员的多少心血。

资料来源：何伏林，吴新芳．“两创”教育看高职——浙江省七所院校创新创业教育的探索与实践．北京：现代教育出版社，2012.

推销思考：你觉得黄拓的事业能成功吗？学习完本任务，你可以为其设计推销方案吗？

5.1　确定洽谈的内容

推销洽谈是买卖双方达成交易，以维护各自利益，满足各自的需要，就共同关注的问题进行沟通与磋商的活动，推销洽谈是一个复杂的、具有丰富内容和循序渐进的活动过程。正式的推销洽谈必须按照一定的步骤和程序进行，需做好每一阶段的工作。

一、商品

商品本身及其规格、性能、款式、质量等是顾客最关心的内容。对于个体顾客和生产者顾客来说，购买商品的目的就是要得到一定的使用价值，满足其生活消费和生产消费的需要；对于中间商来说，购买商品的目的是用于转卖，满足其实现盈利的需要。不管是中间商还是最终顾客，他们每个人所关心的产品的侧重点和要求都各有不同。就拿产品的质量来说，不同顾客对质量的要求是不同的，质量高的商品自然能引起顾客的购买欲望，但有时候质量低的商品也会引起一部分顾客购买。对于顾客而言，推销人员介绍和洽谈应以商品的适用性为重点；对中间商来说，推销人员应着重介绍商品的市场前景。

二、价格

价格是推销洽谈中最敏感的问题，因为它涉及买卖双方的利益。推销人员应该认识到，价格并非越低越好，价格低的商品不一定畅销，价格高的商品也不一定没有销路。因为任何顾客对商品价格都有自己的理解，顾客对价格有时斤斤计较，有时又不十分敏感，主要取决于顾客需求的迫切程度、需求层次、支付能力和消费心理等。在价格洽谈中，推销人员要在不违反公司制定政策的基础上，灵活运用价格这一敏感的洽谈焦点，针对顾客的不同要求，巧妙定价。比如，对价格比较敏感的顾客，推销人员可以根据情况适当降价，或者提供性能、款式、价格略低于洽谈商品的商品供顾客选择；而对于价格不是很敏感的顾客，推销人员可以适当提高价格，同时完善产品相关的维修保养、售后服务等，让顾客有超值的感觉。

三、服务

服务是营销中不可或缺的一个环节，推销人员要将自己公司所承诺的服务范围准确、真实地传递给顾客，告知消费者彼此之间的权责范围，以免引起麻烦。服务的内容一般包括以下几点：

（1）兑现向顾客承诺的送货时间；

（2）兑现向顾客承诺的送货方式、送货地点、运输方式等；

（3）兑现向顾客承诺的提供零配件、工具、维修以及技术咨询和培训服务等；

（4）兑现保修期限内的免费安装、维修、退换、养护、保养等方面的服务等。

四、结算条件

在洽谈方案中，必须先明确结算问题，包括结算的方式和时间。双方应本着互利互惠、互相谅解、讲求信誉的原则进行磋商。洽谈中要确定的主要内容是：采用现款还是采用本票、汇票、支票方式支付；是一次付清、延期一次付清，还是分期付清以及每次付款的时间和数额；在付款时间方面，是提前预付，还是货到即付或其他方式。

五、保证条款

保证条款是指在交易过程中，买卖双方对买进、售出的商品要承担某种义务、责任，以保证双方的利益的担保手段。这种协议实质上也是为了进一步明确双方在交易中的权利和义务，它是一种担保措施，也是解决纠纷的办法。通常情况下，为了避免纠纷，双方都要严格、谨慎地签订一份协议来保证交易的顺利进行。通常情况下，一些比较大宗的交易，为了降低风险，谨慎的双方往往会就双方履行和违约等有关权利、义务、纠纷诉讼、处理办法等都事先进行协商，以免引起麻烦。

微故事 5-1

雯雯是一名刚大学毕业的年轻销售员，和大多数年轻的销售人员一样，充满了闯劲儿。她非常勤奋地拜访客户，起早贪黑，非常辛苦，可是成效却非常低，针对一个客户跑了好几遍都解决不了什么问题。一个单子签下来，别人跑个七八遍，她却要跑好几十遍。雯雯为此非常苦恼。这天，一个客户约雯雯和她的领导去谈谈。她兴冲冲地就答应了，还跑来跟我说："这个单子看来马上就要签了，因为客户都要见领导了。"

我问雯雯："你打算去跟客户说什么呢？"雯雯说："我去看看客户要说什么再说呗。""那要是客户问你的问题你解答不了怎么办呢？"我接着问。"这个……"雯雯也显得比较窘迫："那我就下次再拜访他，再解决呗。""这就是你的拜访效率比别人低的原因。"我说。

资料来源：汤晶淇．话说客户拜访那点事儿（2）．销售与市场（成长版），2012（11）.

5.2 明白洽谈的程序

购销双方一般在正式推销洽谈前已通过不同渠道有所接触，双方均有交易的动机和意愿，在经过一定的准备之后，双方在所约定的时间、地点进行正式洽谈。一般来说，正式的洽谈活动从开始到结束，可划分为导入、概说、明示、交锋和协议五个阶段。

一、导入阶段

作为洽谈活动开始的导入阶段，主要是让参与洽谈的人通过介绍相互认识和了解在洽谈中必须利用的有关洽谈者的背景情况，如姓名、单位、职称、职务等。无论是正式洽谈还是非正式洽谈，都应通过他人或自我介绍的形式让双方相互认识。在导入阶段，建立一种轻松、友好、愉快的洽谈气氛是非常重要的。使双方对所谈问题达成共识则需要一定的时间，不可能在洽谈刚开始，双方就直接进入实质性洽谈阶段。因此，洽谈开始的话题最好是轻松的、非业务性的。双方可从以下内容入手：

（1）谈谈各自的经历、曾经到过的地方或结交过的人物等。业务外的话题包括社会新闻、文艺演出、体育比赛、家庭趣谈等。

（2）私人问候。表现出真正关心他人的情况，不带任何胁迫的语调。如可以说："这个周末我钓鱼去了，我很喜欢钓鱼，您周末是怎样度过的？"这些话题有利于让气氛很快融洽起来。

（3）彼此有过交往的，可以先叙谈一下以往的共同经历和各自的所见、所闻、所感，制造一种轻松愉快的气氛。

这样的开局可以使双方找到共同语言，为彼此沟通做好准备。实际上，闲聊中双方已经开始传递信息了，它同样具有很强的感染力。这时洽谈人员的形象能给人的第一印象。形象首先包括一个人的姿势，它可以反映出这个人是信心十足还是优柔寡断，是精力充沛还是疲惫不堪，是轻松愉快还是剑拔弩张。形象还包括洽谈人员的装束仪表，但给人带来最强烈印象的是双方目光的接触。从目光的接触中，可以了解到对方是开诚布公还是躲躲闪闪，是以诚相待还是怀疑猜测。此外，给人留下印象的还有手势，很多情绪可以通过手势反映出来，比如握手可以反映出对方是强硬的、温和的或理智的。

在导入阶段，应对第一次见面的新伙伴进行初步了解，同时谈些趣闻杂事，制造一个轻松愉快的气氛，以便顺利地进入正式话题，但闲谈时间不宜过长。

微技巧 5-1

常微笑

美国著名推销员乔·吉拉德说："有两种力量非常伟大：一是倾听；二是微笑。倾听，你倾听得越长久，对方就越愿意接近你。我观察到有些推销员喋喋不休。上帝为何给我们两个耳朵一张嘴？我想，就是让我们多听少说！"

乔·吉拉德说，有人拿着 100 美金的东西，却连 10 美金都卖不回来，为什么？看看他的表情。要推销出去自己，面部表情很重要：它可以拒人千里，也可以使陌生人立即成为朋友。笑可以增加推销员的面值。乔·吉拉德这样解释他那富有感染力并为他带来财富的笑容：皱眉需要 9 块肌肉，而微笑，不仅要用嘴、用眼睛，还要用手臂、用整个身体。"当你笑时，整个世界都在笑。一脸苦相没有人愿意理睬你。"他说，"从今天起，直到生命最后一刻，用心笑吧。"

"世界上有 60 亿人口，如果我们都利用这两大武器：倾听和微笑，人与人之间的距离就会更加接近。"

资料来源：http://tydysd.blog.sohu.com/155651874.html.

二、概说阶段

概说的目的主要是让对方了解自己推销的目的及一些建议。概说时要注意隐藏起不想让对方知道的其他信息，不要把自己的所知和想法全告诉给对方，造成底牌过早亮出而没有退路。因此，洽谈正式开始时应注意以下几个问题：

（1）发言的内容要简洁，能把握重点并恰当运用表情，使对方明白推销员的意思，消除戒备心理。在发言的过程中也要注意对方的神态变化，适当调节音量使每个人都能听清楚。说话时还要自信，不要犹豫畏缩。

（2）开场白之后应留下一些时间让对方表达意见。注意对方对自己的推销说明有何反应，找出对方的目的和动机以及与自己原来的认识或设想有何差别，有些重点问题还应记录下来以表示自己重视对方的意见。要让对方在交易条件方面首先提出意见，这是一个较好的办法，它能使你知道对方的一些想法和愿望。例如日本推销员总是要对方先对自己的产品估价，而他们却出人预料地以低于对方的价格签订协议。

（3）自己的言辞或态度尽量不要引起对方焦虑或愤怒，以免使对方产生敌意、防范，甚至反击，从而改变他原来合作或支持的态度。

（4）概说的时间不宜过长。这个阶段实际是双方试探的阶段，在尚未明了对方意图的时候，如果一意孤行，往往容易丧失与对方合作的机会。相反，若得到对方的首肯，哪怕是轻轻地点头、微微地一笑或是其他表示同意的态度，就等于向成功之门迈近了一步。

另外，在概说阶段，报价是一个实质性的问题。这里所说的报价不仅是指产品的要价，而是泛指洽谈双方各自提出自己的要求。在推销洽谈中，报价是否得当对实现双方既定的谈判利益具有举足轻重的意义。例如，当买方准备以某种较高的价格买进对方的产品时，如果卖方的报价比较低，那么买方就会欣然接受，或者乘机以卖方所报的低价为起点争取进一步压价。又如，假使买方先报了价，并以某种较高的价格准备买进卖方的某种产品时，卖方得知报价比自己拟定的卖价还要高后，也会欣然接受，或者乘机以买方所报的高价为起点争取进一步抬价。总之，在洽谈的概说阶段，所有的谈判者在报价问题上都应该采取审慎的态度，既要讲究策略，又要注意自己的谈判形象，讲究信誉。

微故事 5-2

袁总的公司近期要招标采购一套安全加密系统，标书发出去之后有5家公司带着厚厚的应标文件来参加投标，每一个厂商都说自己是最大的、最全的、最好的、最有资历的。结果，袁总最终谁家的都没有买，这个采购项目就暂时搁置了。我问袁总为什么采购没有成功，袁总说："我觉得每个厂商讲得都挺好，但是好像都不是我想要的。我觉得我并不需要一个功能最全的产品，我只想要个最适用的，而且，每个人都让我觉得他们根本就不关心我到底想要什么。我想，怎么能把我的钱交给这些根本就不关心我的人呢？"

资料来源：汤晶淇．话说客户拜访那点事儿（2）．销售与市场（成长版），2012（11）．

三、明示阶段

一般来说，推销过程中洽谈双方必然会有一些意见分歧，明智之举是及早提出这些问题并设法加以解决。本阶段就是洽谈双方把自己的不同意见摆到桌面上来讨论的阶段。通常谈判中会出现四种主要问题，即自己所求、对方所求、彼此互求以及从表面看不到的内蕴之求。对这些问题，大家应当心平气和地进行讨论，尤其是推销人员为达到自己的推销目的，常常要从准顾客的角度考虑问题，满足对方的需求，这是推销谈判与其他谈判的主要区别，也是推销成功的关键所在。

在明示阶段，洽谈双方之间会出现众多的信息传递方式。信息传递方式得当，会加强谈判力量，倘若传递方式不当，就会在无形之中削弱谈判实力。推销专家指出，用不同的媒介来传递同样的信息，带给对方的传播效果是不同的。所以，谈判人员要选择最有效的传播媒介与沟通渠道。在推销洽谈中经常使用的传播媒介有这样几类：一是印刷物，如参考资料、统计报表、调查报告等；二是视听媒介，如录音、录像、照片等；三是实物模型，如产品、样本、机器设备等；四是谈判人员的交谈。总之，各种媒介都可以传递信息，都具有说服对方的作用。一个实物比一张图片更真实，事实数据比空洞分析更令人信服。

在明示阶段，双方会进行实质性问题的磋商，彼此明确表示各自的要求，提出问题，回答问题，说明自己的意图，努力达到自己的目的。一个谈判者从明确自己的目标开始，就决定了他在谈判中明示的态度，但是期望过高的明示会使洽谈一开始就陷入僵局，甚至可能导致谈判破裂，因此最好以良好的判断力来确定自己的目标。

明示阶段也可应用“炒蛋战略”，即将许多谈判事项搅和在一起，一开始就讨论送货日期、服务、品质、数量、价格、包装等一系列问题，把谈判前景变得很复杂，这是为了试探对方对于本次谈判是否已有充分准备，能否提出一个谈判主题。为了使洽谈能顺利进行，要在明示阶段不断地传递各种信息给对方，同时应该运用具有最佳传播效果的交流方式。在洽谈过程中还要利用许多可以说服对方的工具，如参考资料、技术规格、统计图表、文件、顾客来信等。总之，对于自己所求、对方所求、彼此互求和内蕴之求，要做到心中有数。

四、交锋阶段

推销洽谈的目的是要达成双方认为公平合理的交易。所谓公平合理，即双方都认为自己能获得更多的利益和最少的损失，因此彼此处于对立状态是不可避免的。对立可以说是谈判的先决条件，没有对立就没有所谓的谈判。对此，谈判人员必须做好充分的心理准备，随时回答对方的质询并对对方的意见做出恰如其分的反应。对立状态在交锋阶段才明显形成，但通过交锋并不是要分出胜负强弱。推销过程中的对立，只是利用施与受的原则找出双方妥协的途径。

在交锋阶段，双方都列举事实希望说服对方，使对方了解并接受自己的意见。假如对方举出一个例子，要求己方接受他的观点，己方可能会马上举出另一个例子来反驳他。在反驳对方的意见时，要注意避免使用对抗性的语言。比如“你要么接受，要么放弃，没有任何讨价还价的余地”，或者“你说出这种话来，表明你丝毫没有谈判的诚意”等。这样做只会增强双方的对立情绪，拉大双方心理上的距离。

交锋是洽谈过程的一个关键步骤，也是整个洽谈过程中最困难、最紧张的阶段之一，需要双方付出较大的努力，有的可能通过一轮磋商双方就达成了共识，也有可能需要多轮磋商才能达成协议。每一轮交锋磋商过程都是一次完整的回馈反应。当双方各自设下自己的目标并表示出自己的愿望后，就是一连串的回馈反应过程：提出要求—考虑表态—交锋磋商—坚持或让步。通过多次反复交锋，双方的观点渐趋一致，分歧与差异慢慢缩小。一次洽谈能否成功，关键就看交锋的结果，因此要表现出勇气、自信和毅力，要利用谈判的策略与技巧努力说服对手，实现互惠互利的谈判宗旨。在交锋阶段，双方存在不同的意见并不可怕，重要的是必须找出彼此分歧和差异的根源，从而判断能否克服分歧差异以及本次谈判的艰难程度。谈判人员对双方的分歧和差异要认真分析研究，明确谈判桌上的表面差异和实质差异、一般差异与原则差异。只要迅速找出问题的根源，就能使自己保持清醒的头脑，在谈判桌上时时处于主动的地位。

交锋之后便进入寻求妥协途径的阶段。妥协是谈判不可缺少的手段和策略，但谁先向对方妥协，在多大程度或范围内进行妥协，要考虑多种因素，并非谁先妥协谁就会败下阵来。如果对谈判准备得充分，对妥协的范围心中有数，就会使妥协变得游刃有余，退一步的同时实际上也是在进攻，虽然对某些问题妥协了，但也会因此得到其他补偿。所谓“失之东隅，收之桑榆”，道理就在其中。

五、协议阶段

经过磋商交锋和妥协退让，买卖双方认为已解决了交易问题，基本达到各自的目标，便可拍板成交，签署购销合同。磋商结束后，双方要根据已经讨论过的各项内容起草一个协定备忘录。备忘录并不作为合同或已达成的协定，它只是双方当事人暂时商定的一般原则，是以后达成正式协议的基础。起草备忘录应注重它的内容而不是措辞。在一份完备的备忘录中，最重要的是要明确双方的要求和愿望，没有必要过分强调细节。协定备忘录虽然不是合同书，也不是正式协定书，但一经形成，就代表双方的承诺。整个谈判过程基本结束，下一步工作就是签订合同和协议。

签约是谈判人员以双方达成的原则性协议为基础，对洽谈内容加以总结整理，并用准确规范的文字进行表述，最后由洽谈双方代表正式签字生效的工作。洽谈双方费尽心机，历经谈判准备、正式会谈等曲折复杂的过程，目的就是制定一个对双方都具有约束力、能保证彼此利益的协议。这个谈判协议要求表述准确、内容全面，不允许产生歧义和遗漏疏忽，否则就可能给图谋分外之利的一方造成可乘之机，同时也会给另一方带来意想不到的损失。由此可见，原则性的协议与经过准确表述的正式协议之间是不尽相同的，协议书一旦签字生效，双方必须认真履行。如果发生了违背协议的行为，双方可通过后续谈判来予以审视、纠正和制止。因此谈判者必须熟记协议条文，在协议执行的有效期内向对方进行必要的提醒和交涉，以保证谈判协议的切实履行。

微技巧 5-2

帮客户

只要帮助客户把产品卖出去了，自己的产品也随之卖出去了。推销员的任务不是解决自己的问题，而是解决客户的问题——因为客户需要你，企业才需要你。例如，一名酒店老板正为生意不好而发愁，一名酒厂推销员恰好登门推销，该老板决定狠狠“宰一刀”，多收点进店费。哪知推销员根本不谈推销酒的事，话题一直围绕着酒店的生意。老板听后大受启发，立即摆酒席请教推销员。最后，产品进酒店的事不仅解决了，还因为酒店生意红火扩大了产品销量。有的推销员问怎样把产品卖给客户，我告诉他：“只要你帮助客户把产品卖出去并赚了钱，你的产品就卖出去了。”有人问怎样才能解决赊销问题时，我同样告诉他：“只要你帮助你的客户解决了赊销问题，客户就会拿现金进你的货。”

资料来源：http://wenku.baidu.com/view/38ad73966bec0975f465e2f6.html.

5.3　掌握洽谈的策略

策略是指人们谋事的计策和方略。推销洽谈策略是指推销人员在推销洽谈中为了达到某个预定的目标所采取的计策和方略。推销洽谈的策略很多，归纳起来有以下几种。

一、先发制人策略

在推销洽谈中，常常会遇到一些顾客提出棘手的问题与意见，推销人员虽然可以一一解答，但会显得被动；有时问题越提越多，更难以解释清楚。要扭转这种被动的局面，推销人员可以适时地运用先发制人策略。先发制人策略，即估计到顾客有可能提出的反对意见，抢在他前面有针对性地提出问题并做出阐述，发起攻势，有效地解除顾客的疑虑，排除成交的潜在障碍。

微故事 5-3

有一个推销新型号复印机的推销员，知道他的推销对象某公司的采购科科长急于采购一批复印机，但采购科科长思想比较保守，喜欢选购老型号的复印机，对新型号复印机有怀疑。于是推销员找到这位科长说："我知道您对采购很有经验，不愿在型号的选择上冒风险，但我想像您这样的老行家绝对不会一概排斥新型号的产品，因为现代科技的发展太快了，复印机的更新换代也是很快的，一旦一种新型号产品的质量与功能被大家认可后，价格就会提高，老旧型号也将被淘汰。这样来看，求稳本身不也是一种风险吗？现在我接触的许多客户都已改变了过去那种片面求稳的思想，不知您是否同意这种观点？我曾为您设想过，这批新型号复印机会给您带来好运的……"

资料来源：http://www.doc88.com/p-707872294859.html.

当然，先发制人并不是任何情况下都适用并都能获得成功的，有效运用该策略的关键在于：一是对对方的言行要有准确充分地判断和估计；二是自己要掌握充分的理由；三是要善于选择和灵活运用发起攻势的最佳方式；四是要及时把握机会，抢得"先言"的优势。

二、曲线求利策略

在洽谈中，有时为了就某个问题用自己的观点劝说别人，正面说了不少道理却不能奏效，就要选择对方不易察觉的突破口，避开正面阻挡进攻的障碍，从似乎与原话题不相干的角度向洽谈目标迂回前进，让对方在交谈中不知不觉顺着己方的思路走，从而承认本方的观点或意见。

从表面上看，曲线求利策略走的是弯路，但由于它体现了避实就虚、乘虚而入、由虚而实的战略战术，所以在正面强攻不下或不宜正面进攻的情况下，它不失为一种灵活有效的说服方法。实施此法应注意洽谈的目标一定要明确，对迂回的路线要心中有数，步步为营，要尽量选择有隐蔽性的话题，力求适应对方"心理相容"的需求，然后再实施由虚而实的渐进过程，达到最终说服对方的目的。

微故事 5-4

美国费城电子公司有个名叫 W 的推销员，他曾到乡村去推销用电，走到一家人家，主人是个上了年纪的老妇人，她打开门一看是电子公司推销员就把门关上了。W 一看事情不妙，说："很抱歉，打扰您了，我也知道您对用电不感兴趣。所以，我这次来不是推销用电的，而是买鸡蛋的。"老妇人消除了疑虑，把门打开一道缝，探出头来，半信半疑地望着 W。W 继续说道："我看见您喂的道明尼克种鸡很漂亮，想买一打新鲜的鸡蛋回城。"听到他这么说，老妇人把门开得更大了一些，说："你为什么不用你家里的鸡蛋?"W 充满诚意地说："我家的鸡下的蛋是白色的，做蛋糕不合适，我的太太就要我买些棕色的蛋。"听到这里，老妇人走出门口，态度很温和地跟 W 聊起鸡蛋的事情。这时，W 指着院子里的牛棚，说："牛赶不上您养的鸡赚钱。"老妇人的心被说动，因为她丈夫这么多年总不承认这个事实，于是她将 W 视为知己，带他到鸡舍参观。W 告诉老妇人，如果能用电灯照射，鸡产的蛋会更多。老妇人好像忘记了先前的事情，反而问 W 用电是否合算。当然，她得到了满意回答。两个星期后，W 在公司收到老妇人寄来的用电申请书。

资料来源：http://www.doc88.com/p-707872294859.html.

三、扬长避短策略

在推销洽谈中，买卖双方应当讲究信用、真诚相待。作为卖方，应当如实地反映产品的各项性能、用途和特点，不应靠欺诈的手段去蒙骗对方。但是这并不意味着对产品的所有缺点与不足都要一五一十地和盘托出，在洽谈过程中，为吸引顾客注意、促成交易，适时采取扬长避短策略是必要的。

所谓扬长，就是在介绍产品时多讲产品的优点，要通过洽谈使对方看清楚产品的优点与其所能带给准顾客的好处；而避短则是在洽谈中对某些并不关键的不足之处巧妙地加以掩饰，特别是对某些过分挑剔并借此压价的客户，此招可以起到有效稳定产品价格的作用。

许多推销人员都对如何扬长颇有心得，而对如何避短则体会不深。下面重点介绍避短的常用对策。

(1) 和对手谈判前，首先要对自己的产品和其他竞争产品的优缺点了如指掌，并对买方可能挑剔的问题详细制定应对策略。

(2) 让企业内部人员全面检查和挑剔产品的毛病，找出其产生的根源，然后正确地区分哪些是确实存在的，哪些并非关键性的缺陷，哪些是如果不掩盖就会严重影响产品售价与销量的。

(3) 对确实存在的缺陷，如果容易对付，一般可利用一些有说服力的资料或事实进行解释；如果不容易应付，需要运用安全答话或避重就轻等策略。

(4) 在产品的明显缺陷已被暴露，而上述安全答话等策略也不能奏效时，卖方应顺其自然地同意客户的意见，同时强调产品在其他方面的优点，如价格低廉和实用价值等，客户也许会放弃对缺陷的挑剔，因企业的真诚负责的态度而同意成交。

四、调和折中策略

这是一种由双方分担差距，相互向对方靠拢，从而解决谈判分歧的做法。折中有一次折中和两次折中，也可通过内容不同但意义相当的条件参与折中。例如当买卖双方价格相差 10 万元时，为结束洽谈，双方同意折中解决，即各让 5 万元。有时，还可通过价格与货物相抵来折中，如一方同意降价 2 万元，另一方同意减少 2 万元的货物，以解决 4 万元的差距。在合同条文的谈判中，双方将分歧点计数，称之为“计分”，如共计 10 分，则各让 5 分以解决分歧，结束洽谈。

应用此策略应注意：(1) 选择时机：必须是双方均已做了明显的让步之后，在最后的条件决定之时；(2) 不宜率先提出折中，以免离成交点太远；(3) 在提出折中或响应折中时，不宜宣称这是最后的折中，以保留再折中的权力；(4) 折中时应注意手上留有让步的余量。

5.4　掌握洽谈的技巧

一、洽谈中的倾听技巧

所谓的倾听技巧就是在推销洽谈的过程中，推销人员不要一味地口若悬河、滔滔不绝，不给顾客表达自己思想的机会，要善于倾听的一种策略。在推销谈判中，倾听能发掘事实真相，探索顾客的真实想法，并且能够赢得顾客的好感，容易判断顾客的意图，减少或避免推销中的失误。所以，听往往比说还重要。推销人员在倾听顾客谈话时要做到以下几点：

(1) 听时要专注。一般来说，思维的速度比说话的速度要快 4 倍。因此，人们往往容易在听的时候思考对方的问题，找到顾客的需求，从而寻找洽谈的方法策略。

(2) 听时要鉴别。要善于听出顾客言语中所蕴含的观念和用意，若顾客故意含糊其词，则可以要求对方解释清楚。

(3) 要容忍听一些可能触犯自己的话语，让对方讲完，不要中途打断或驳斥。

(4) 倾听要积极回应。针对对方阐述的观点，在听的同时，推销人员要做出积极的回应，此时不需要长篇大论、喧宾夺主。可以用少量是非判断词语或语气词，比如：“啊”“是”“对”等。

二、洽谈中的语言技巧

推销洽谈是推销人员与顾客双方在洽谈中不断磋商、互相妥协、解决分歧以求最终达成双方均可接受并彼此获益的协议的过程。为此，推销人员应当熟练掌握一定的语言技巧，以保证推销洽谈的顺利进行。这种语言技巧具体可以分为阐述技巧、提问技巧、回答技巧、僵局技巧等。

(一) 阐述技巧

在洽谈中，阐述是说明自己一方的观点。但有时为了争取主动，切不可过早地表明己方的立场、观点、目标。因此往往先请对方先做阐述，通过倾听了解对方的意图后己方再根据对方的立场有针对性地阐明观点。此时需要注意在阐述时可以有针对性地叙述说明对方关心的问题，力求做到言语准确、翔实，不可用“好像”“大概”“差不多”等含混词语。有时涉及一些机密问题，即便对方问到也要做到滴水不漏。比如：“你们公司产品的成本价是多少”“据说贵公司产品是从××地区进货的”等。

微故事 5－5

汽车推销员小王到一个工厂推销汽车，了解到该厂业务部已经提出了换购两辆新车的申请。小王找到该厂厂长，厂长说："过去，这事我就可以决定。但是，近来企业经济状况不太好，预算管理比较严格，必须开会讨论决定，取得常务董事的认可。"于是小王去找了具有决定权的常务董事，经过洽谈，他认为这笔生意做成功了。可是几天后，那位厂长打电话告诉小王他们已经决定购买别的牌号的汽车了。

资料来源：http://125.220.161.100/scyx/kcwz/showlist.asp? id=152&cid=71.

（二）提问技巧

推销人员在洽谈中，为了摸清对方意图，表达己方的意愿，往往需要向顾客提出问题。在提问时，要做到以下几点：

（1）提出的问题最好是范围界限比较清楚的，使顾客的回答能有具体内容。

（2）提问那些能够促进洽谈成功的关键性问题。

（3）提问时切忌提出令人难堪或不快，甚至有敌意的问题，以免伤害顾客的感情，使洽谈陷入僵局。

（4）提问态度要谦和友好，用词要恰当、婉转，注意提问的时机，不要随便打断顾客的讲话，要耐心听完对方的讲话再提问。

（三）回答技巧

在推销洽谈中，对于顾客的提问，推销人员首先要坚持诚实的原则，给予客观真实的回答，以赢得顾客的好感和信任。但是有时顾客为了自己的利益，提出一些难题或是涉及企业秘密的问题，这时推销人员就应该使用一些技巧来回答。回答顾客提问时有以下技巧：

（1）回答时要有条有理、言简意赅、通俗易懂。

（2）对于一些不便回答的问题，应使用模糊语言，向对方透露一些不太确切的信息或者回避问题中的关键问题，转移话题，偷换主题。也可采取反攻法，要求对方先回答自己的问题，或者找借口，找些客观理由表示无法或暂时无法回答对方的问题。

（3）倘若对方明确反对己方的观点，甚至言辞过于激动、情绪激昂。为避免直接的冲突，推销人员要用幽默的语言，委婉含蓄地表达，避免出现僵局迫使洽谈破裂。

（四）僵局技巧

在推销洽谈中，经常会出现推销人员与顾客为了各自的利益相互不肯让步，从而造成各抒己见、互不相让的僵持局面，使洽谈无法进行下去，甚至导致洽谈不欢而散，无法取得交易的成功。形成僵局的原因很多，在洽谈中，僵局随时都有可能发生。只要掌握一些处理僵局的技巧，问题就会迎刃而解。

1. 尽量避免僵局出现

推销人员是卖家，在现代市场买方环境中，卖家更应积极主动设法避免僵局出现，有时需要暂时放下既定目标，在原则允许的范围内，小范围地妥协退让，这也是一种高姿态的表现，这样做可以避免僵局的出现。此外，一旦推销人员发现现场气氛不对或者对方略有不满时，应该尽量寻找轻松和谐的话语，对于实在不能让步的条件可以先肯定顾客的部分意见，在大量引用事实证据的基础上谦虚、客气地列出问题的客观性来反驳对方，使其知难而退。

2. 设法绕过僵局

在洽谈中，若僵局已形成，一时无法解决，可采用下列方法绕过僵局：暂时放下此问题，避而不谈，待时机成熟之后再商定；在发生分歧，出现僵局时，推心置腹地交换意见，化解冲突；邀请有影响力的第三者作为公立方进行调解。

3. 打破僵局

在僵局形成之后，绕过僵局只是权宜之策，最终要想办法打破僵局。打破僵局的方法有：

(1) 扩展洽谈领域。单一的交易条件不能达成协议，可把洽谈的领域扩展，如价格上出现僵局时，可在交货期、付款方式方面适当让步。

(2) 更换洽谈人员。在洽谈陷入僵局时，人们为了顾全自己的面子和尊严，谁也不愿先让步，这时可以换一个推销人员参与洽谈，聪明的推销团队会暂时停止洽谈，更换其他推销人员再次进行洽谈。

(3) 让步。在不过分损害己方利益的前提下，可以考虑以高姿态首先做一些小的让步。

微技巧 5-3

找话题

表 5-1 中的话题可供参考。

表 5-1　谈话时可带入的话题

自尊心	新闻	利益	乐趣
谈及对方的得意之处 称赞对方 倾听对方成功的经验 事先了解对方	热门新闻 业界新闻 新闻报道 行业情报	赚钱 节省经费 事物合理化 股票、房地产投资	运动 兴趣 时髦事物 食物 比赛

(1) 一定要让客户的自尊心得到满足。如可以说："张总，您桌上奖杯真多啊！您的企业非常不错，您真的是非常非常让我敬佩呀！"或者"张总，像您在这个企业干那么久，有那么大的规模、那么多的人，您一定是非常成功，您可以说是这个行业的佼佼者！"

(2) 新闻基本上可以分为热门新闻、业界新闻、新闻报道等几种。比如客户对足球非常感兴趣，可以说："您知道吗？最近一个新闻讲到××球队……"

(3) 关于利益的话题，可以说："张先生，如果我有一套产品，既能让您节省时间，又能节约您的成本，您想了解吗？"也就是对客户有利。也可以跟客户谈房地产、股票等投资理财的话题，这都是对客户有好处的话题。

(4) 关于乐趣的话题，比如发现客户有一套高尔夫球的球具，可以与他谈运动，如果客户对画非常感兴趣，墙上挂着一幅非常漂亮的画，可以与他谈画。还可以通过询问的方式去了解这个客户的兴趣所在。

资料来源：http://tie.youdao.com/st_1280735420439094568?keyfrom=board.

推销职场

金雅倩的顶岗实习故事

我被分到一家位于市中心的必胜客餐厅进行三个月的顶岗实习，从当初的抵触，到后来慢慢地习惯，再到现在我已经和必胜客有感情了！虽然三个月的时间很短，但在此期间我有哭过，有笑过，也经历了许多稀奇古怪的事，见识了许多形形色色的人，积累了或多或少的经验。

回想起刚进必胜客的时候真的是不习惯那边的生活，吃饭不在饭点，休息时间也很少，每次回到寝室都累得不想说话了。开始的几个星期，我都是在不停的抱怨中度过的，向同学抱怨，向父母抱怨，向所有能抱怨的人抱怨……在哪里工作都提不起精神！可能是由于刚去的原因，什么都不懂，还总是出错，所以经常被经理批评，有时点错单，有时传错菜，有时打破杯子……让我不得不怀疑自己的智商。不过也是很快就适应了！在必胜客近半个月的时间我就干得得心应手了！可以自己管一片区，可以承担收银的重任了，出错总是难免的，但慢慢地出错也少了，得到经理的夸奖也越来越多了！

实习期间，我学会了带位、传菜、服务和收银等，作为必胜客的外场服务员，我把能学的都学了，真有点佩服自己啊！在必胜客的工作主要是引导客人来购买我们的新品及套餐，刚开始还有点不好意思，有点不知所措，但后来发现自己脸皮越来越厚了，什么都能扯，有时候把客人都给逗笑了，自己也很开心。那里的叔叔阿姨都是很好的人，很照顾我们。刚去的时候还不是很懂必胜客的工作，他们也都很耐心地教导我，还经常给我带来吃的，我们也经常在一起开玩笑，有时不开心了也向他们倾诉一下，工作还是很愉快的。

在我实习期间内，必胜客就更新了三次菜单，每次新品推出的时候都会让我们去试吃，满足了我们作为吃货的小小要求，然后就需要我们去向客人介绍新套餐了。组长每天都会给我安排任务，比如要求我一天要卖多少份套餐，运气好的时候卖的就多一些，有时候店里生意差就卖不出几份。卖套餐并不是件容易的事情，经常会被别人拒绝，甚至遭到别人的白眼，不过习惯就好了，我们也都是尽全力做好自己的事情，做服务行业的就是需要有这种忍耐的毅力。

一到节日，工作就会变得非常忙碌，让我印象最深刻的是圣诞节那一天，我从 11:00 开始工作，就一直有客人在排队，餐厅里人满为患，我们都有点手忙脚乱，一直到晚上 10 点钟竟然还满座，还有许人在门口等着入座。这可以说是我见过最大的场面了！虽然也有心理准备，可也没有想到会这么忙，那天我们一直加班到了半夜 12 点才下班，第二天醒来又得去上班，而且正好是周六，圣诞的余温并没有消退，所以还是很忙。那两天感觉自己都要累到虚脱了！现在回想起来还有点后怕呢。从那以后就觉得自己也算是见过大世面的人了，那之后的繁忙让我觉得都是小 case 了，能够自如应对了！接下来的元旦并没有圣诞节那么忙，最晚到 9 点人也就慢慢地少了。

这几个星期必胜客又推出了新的套餐，是新年主题的，看着套餐上的“团圆”两字，不免有些想家。算一算也已经有两个月没有回家了！一直期待着过年能够回家，但就在上星期我们的店长要求我们过年不能回家，这让我难以接受，当时整个人都凌乱了，一直没心思干活，情绪很低落。不过后来班主任说 2 月 5 号实训就可以结束了，才给了我一点安慰。

三个月，说长不长，说短不短，让我提早体验了一把步入社会的滋味，让我明白了一切都要靠自己，只有自己努力了才会有收获，才能得到回报。必胜客的工作虽然比较累，但也是充满乐趣的，换个角度想想，不要认为自己是去受累的，而是当作一种享受、一种体验，能让自己过得更开心。三个月的时间感觉自己长大了，积累了很多的经验，也认识到了自己所存在的不足。在口才方面我还需要好好锻炼，不能丢了自己专业的脸。在人际交往方面还有待加强，在陌生人面前要努力克服胆怯的心理，要勇敢地去主动交谈。在碰到挫折的时候还需要更加坚强，不能动不动就流眼泪，而是要想办法去解决问题。在学习方面特别是英语口语就更待加强了。还有便是要让自己更加自信，要相信自己，为自己加油鼓气，让自己的长处更好的得到发挥。

（浙江工商职业技术学院，营销 1424　金雅倩）

叶城炜的实习故事

转眼间，在中升丰田 4S 店的实习已经有段时间了。俗话说："纸上得来终觉浅，绝知此事要躬行。"在实习过程中，我深深地感觉到了工作环境和学校环境的巨大差异。在学校的生活无非就是"三饱一倒"，无忧无虑；走向社会面临的事情会很多。初来乍到，工作第一天我就很茫然，不知所措。为了使我们尽快熟悉工作，公司给我们制订了培训计划和流程，以便我们更快地适应新的工作环境。在培训课堂上学到了不少对工作有用的方法。对于刚刚步入工作的我来说，首先要对自己的职业进行规划，为自己做一个定位——我是谁？我要到哪里去？我的职责是什么？要树立一个目标，当然目标人人从小就会树立，但是我的目标不是那种处于游离状态、短期的。我为什么要工作？工作的意义又是什么？是修身，还是能养活自己、为家里减少负担？这段的实习使我不仅得到了锻炼，并且具有了一些工作经验。同时，也有了一些思考，我要迅速转变角色，要从学生转变为员工；从以自我为中心转变为以他人为中心；要把学转变成用。最后要完成自己的目标。正所谓目标是写在石头上的，计划是写在沙滩上的，无论计划怎么变，目标不能变。通过培训我体会到如下几点：

(1) 在工作中要多反思自己的问题，不要议论别人；

(2) 要能吃苦，不要太自私；

(3) 做人要厚道、平淡、低调，多与"有志之士"交流；

(4) 上司没有"错"，少抱怨，多做事；

(5) 人在做，天在看，做好自己，与同事和谐相处，建立好自己的人脉；

(6) 把每件事做好，人生就会精彩；

(7) 工作中的理由和借口会给自己的信用打折；

(8) 努力学习，工作不代表放弃学习，工作了更应该学习。

工作不能纸上谈兵，既然在 4S 店工作，那就必须要知道 4S——销售、零件供应、售后服务、信息反馈等业务。记住一句话：车到山前必有路，有路必有丰田车。丰田推行 5S 理念：整理、整顿、清扫、清洁、素养。

整理——将工作场所的所有东西区分为必要的与不必要的，不必要的东西要尽快处理掉，要有正确的价值意识；

整顿——对整理之后留在现场的必要物品分类放置，排列整齐，明确数量，有效标识；

清扫——将工作场所清扫干净，保持工作场所的干净整洁；

清洁——整理、整顿、清扫之后要认真维护，使现场保持最佳状态；

素养——提高人员的素养，养成严格遵守规章制度的习惯和作风。这是"5S"活动的核心。

这些是岗前必须知道的工作理念。

公司安排我去洗车房和车间实习，在这两个地方我学到了不少实际工作常识，在洗车房实习后，我不仅能明确地说出洗车的步骤，还认识了不少车型，比如威驰、花冠等。在车间实习时，我在师傅的指导下我了解了丰田汽车各车型间的不同；学会了简单的保养操作方法；会使用简单的维修工具完成简单的维修任务。

这次实习，让我知道了要学的东西有很多，要做的事情更多。我对自己有了更深刻的认识，也改变了以前的一些观念和看法，对自己有了新的规划。我也会努力为公司奉献自己的微薄之力，做好每一件事，为公司的繁荣而自豪。特别感谢公司能给我这样一个绝好的机会，让我能在此处任职，在此感谢在实习期间对我照顾有加的上司和同事。

（浙江工商职业技术学院，营销 1112　叶城炜）

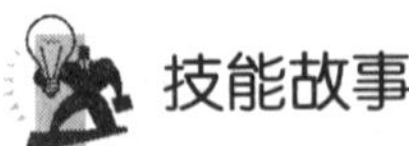

技能故事

1. 如何报价和议价

技能说明

报价是推销过程中非常重要的一个环节，是业务成交的“必经之路”，如果报价的时机、地点或者方式错误，就可能前功尽弃。对新业务员来说，掌握报价的技巧至关重要。

报价和议价的技巧

在一线销售活动中，报价、议价起着关键性的作用，有时仅仅因为报价的时机、地点或方式不对就前功尽弃。我供职于一家办公自动化销售公司，也曾由于报价、议价的原因而丧失机会，我在与同仁的交流中总结了一些心得，借此与大家分享。

1. 报价时机

掌握适当的报价时机可以促进业务迅速成交；反之，不分时机地报价不仅会延误交易，有时甚至会前功尽弃，破坏整个业务。

那么当客户询问价格时，业务员难道不讲话吗？不，当然要讲，但要分清具体情况。对于客户随意的单纯询价，应模糊回答，比如讲：“我们机器的品牌、型号有许多，价格从 1 万多元到十几万元的都有。”若是客户已经确定了品牌和型号，这时的询价就是需求询价了，业务员的回答应明确：“这种型号复印机的价格目前在 3.6 万元左右。”如果对方是决策人，就可以讲具体价格，如告知对方价格是 3.64 万元，因为决策者没有时间绕弯子，如果合适他就会立即拍板成交。此外，对于同行的探价电话，一般会报高，有时为了配合公司营销计划也会报低。

总之，报价时应了解客户的需求档次和定位，确认对方确有诚意，并积极制造有利的报价气氛，最好报价前已经探听过对方的预算。“适时”对报价很重要，在竞争激烈时不宜报价，那是拍卖行里的竞价规则。

2. 报价地点

在人多时不便报价。有一次我正在给一位客户报价，旁边有一位工作人员听到后说道："我有个朋友讲他那台复印机3 000元就买到了!"那位客户不了解复印机的行情，听到这番话后有些犹豫。我看到这种情况就说："你先打听清楚那台机器的品牌、型号。"结果了解到那是一台二手的带复印功能的打印机。

虽然后来我与那位客户的业务成交了，但从中还是总结了问题：一是我的前期铺垫工作做得不好；二是没有注意报价的场合，才会发生这个小插曲。

3. 询价人

每个机构都有它的决策程序，有时与业务员接触的只是承办人，而能拍板的却是经理，甚至是总经理；有时虽然与业务员接触的是副总经理，但具体负责的却是部门经理或者是承办人。这都会影响报价的方式和价位。

4. 报价方式

(1) 报价时的神态、语气要自然亲切，不要显得底气不足，让客户误以为业务员的报价掺杂了水分。

(2) 报价金额不要是整数。

(3) 要预留议价的空间。这并不代表"狮子大开口"，因为交易的双方都有议价的权利。

(4) 报价后不要轻易降价。假如业务员首次报价1万元，客户说有点贵了，而后业务员将价格降到8 000元，那么客户会怎么想?

5. 议价原则

(1) 判断价格危机，灵活弹性处理。如果客户口头上要求降价，却讲不出理由，那么这位客户只是想探探底价而已；如果客户以竞争对手的底价比较，甚至拿出意向书给业务员看，在客户如此坦诚的情况下，业务员应适度降价。

(2) 要求客户出价，找出差距，采取相应措施。客户出价后一般都会解释原因，这时业务员要注意分析：如果是客户预算不够，那就是业务员推荐的机型不合适；如果是竞争对手只提供裸机造成价位低的话，业务员就要向客户解释清楚，己方提供的服务是他更应当关心的。

(3) 报价、议价的次数不要超过3次。价格频繁地下降与直线下跌，都会让客户越议越勇，恨不得挤干供应商所有的利润。

(4) 注意落价比率。落价比率应该是越来越小，这会使客户意识到目前的报价已经接近底价了。

(5) 降价要有要求，促进交易快捷、圆满地成交。不要只是因为客户要求降价而降价，这样并不会增加客户对业务员的好感。降价的同时，可以提出立刻签约或预付货款等有利于交易完成的要求，这种情况较易被客户认同接受。

(6) 对于即将成交的单子，更要维持售价。不能因为客户得到某些小道信息，业务员急于成交便迅速降价，这不仅不利于成交，反而会让客户更加怀疑该报价到底掺有多大水分。

资料来源：王德保. 报价和议价的技巧. 销售与市场（成长版），2010（11）：52-53，有改动。

专家提醒

每一单销售业务都有自己的特点，具体问题应具体分析，灵活处理。如果每个业务员都能根据实际情况采取相应的措施，相信业务量一定会有所提升。

2. 销售中的谈判技巧

技能说明

谈判是为了消除在实现共同利益的过程中双方所产生的分歧，是实现共赢的手段，要在了解彼此的利益后，继续寻找满足利益的途径。谈判是销售中最重要的技能，是销售人员发挥影响力的重要手段。如果只将谈判应用在销售的最后环节，用来讨价还价，很可能错过很多机会。掌握一些谈判的技巧对于新业务员而言也是非常必要的。随着业务的深入，他们还会接触一些大客户，那就需要更强的谈判技巧了。

很多人都将谈判与讨价还价，或者是辩论混为一谈。抱有这种想法的人在谈判的过程中往往咄咄逼人，而这样做的效果往往并不好。我们已经讨论了如何认识谈判，同时还共同探讨了如何为一场谈判做准备。今天我们就一起来聊一聊如何通过谈判使双方都获利，从而实现共赢。

销售方法入门论：销售中的谈判

探索利益

任何一种谈判都应该用以下3个标准来衡量：如果有达成共识的可能性，就应该达成明智的协议；谈判应当有效率；增进或者至少不损害双方的关系。（明智的协议是指协议尽可能保障双方的合法利益，公平解决双方的利益冲突，协议持久性强并考虑了社会效益）。

然而，在现实的谈判中，人们往往在立场上纠缠不清，双方站在各自的立场上为自己争辩，除非有一方妥协，否则很难达成协议。比如以下情况：

客户：你们的服务费太贵了。

销售：我们的服务很好，很多客户都对我们的服务感到非常满意，100万元的服务费一点都不贵。

客户：这样吧，为了我们长期合作，75万元怎么样？

销售：这个不行，我最多给你95折。

客户：那对我们来说太贵了，如果你给我8折我们就成交。

销售：我们有维护成本摆在这儿呢，最低9折了。

客户：如果给我85折就成交，怎么样？

销售：……

这就是一个典型的站在自己的立场上跟客户谈判的案例。在案例中，双方必须不断地妥协才能达成交易，如果这个销售人员的底价高于客户的预期，谈判很可能走向破裂。即便交易达成，双方可能都会觉得自己是这次谈判的失败者，从而影响双方的关系。基于以上分析，我们可以得出基于立场的谈判带来的弊端：不能达成明智的协议；缺乏效率；影响双方的关系。

如何确定利益

1. 区分立场和利益

立场是谈判者为了达到自己的目标而选择的方式，一般是具体而明确的。这也就是为什么很多人都喜欢针对立场谈判的原因，因为它是那么的显而易见。利益是立场背后的动机和原因。所以，我们首先要懂得区分立场和利益。

立场，就是那些表现出来的刚性的、单一的条款。如：这个方案我最多愿意出100万元；我要求王工全程参与这个项目的实施；我希望能见一下你们的董事长；如果你们不能按时完成项目，我要求获得与合同价款等额的赔偿。

利益，就是立场背后的需求和考量。如：听说华联在这个项目上只花了110万元，我一定要比他们便宜，不然就会被嘲笑的；王工这个人真是不错，办事靠谱，其他人就不见得能让我这么放心了；我必须尽快找到这个项目的决策者；这是我第一次主持项目，千万不能出现纰漏。

2. 问“为什么”

确定利益最简单的也是最基本的方法就是问“为什么”。但是在开口询问的时候一定要让对方感受到你这样做是为了更好地理解他，而不是让对方再为自己的立场辩护。比如：

客户：“我觉得你们的报价太高了。”

销售人员最好问一下：“您为什么觉得我们的报价太高了呢?”

这样问的好处是首先体现了你在试图体会和理解客户的感受，其次也是最重要的——这样你可以了解客户的真实想法。客户觉得贵，可能是因为他了解到你的其他客户价格比这个便宜；也可能是超过了他的预算；也可能是比以前的供应商贵；还有可能他只是觉得这个数字太大了，没有任何依据。了解到客户觉得贵的原因，我们才能有的放矢地进行下一步的交流。

3. 问“为什么不”，考虑对方的选择

另一个行之有效的方法是，在对方没有做出你希望他们做出的某一决定时，问问自己对方为什么没有那样做？这会影响他们哪些利益？如果想改变对方的主意，首先要了解他们现在的想法。

4. 要认识到双方都有多重利益

几乎在所有的谈判中每一方都有多重利益。比如在签订合同的过程中我们希望获得一份对自己有利的合约，又希望能够尽快达成交易，还希望与客户保持良好的关系。另外，由于在谈判中往往还牵涉到其他人，所以还有一些他人利益。在商务谈判中，每一位参与谈判的人都要对某些人负责，可能是他的老板、客户、同事等，这些人的利益也是这位谈判者所关心的。所以要理解这位谈判者的利益，理解他需要考虑的方方面面的利益。

5. 最重要的利益是人的基本需求

在寻找公开立场背后潜在的基本利益时，特别要注意人类的基本需求。如果你能照顾到这些需求，你就能增加双方达成协议的机会，或增加达成协议后双方遵守协议的可能性。人类的基本需求包括：安全感、经济利益、归属感、获得他人的认同、能主宰自己的生活等。这些利益虽然非常基本，却常常被我们忽略，尤其是在谈判的时候。谈判者希望自己能够占主宰地位，容易在谈判中表现得强硬和寸步不让，有时候只是个“面子问题”。如果能给对方找一个“台阶”下，对方本来很坚定的立场就很可能会动摇。

6. 确定自己的利益

在了解对方利益之前，要明确自己的利益。我们在设立谈判目标的时候会给自己的立场一定的限制，但谈判是个动态的过程，情况可能会发生变化。为了防止谈判陷入僵局，应在谈判前认真填写“谈判利益准备表”，明确自己每条立场背后的利益，针对自己的利益去谈判，而不是咬住立场不放。

如何挖掘利益

1. 认真聆听并理解对方的意思

聆听是理解的基础，人们常说谈判中做出的最不费力的让步就是让对方知道你确实在倾听他们说话。要集中注意力听对方讲话，要求对方清楚地阐述，并且在自己模棱两可或者没有把握的时候请对方复述或者解释。

在聆听的时候不仅仅要关注对方表达的具体内容，更重要的是体会对方的感受。积极地聆听，不要打断对方，并适时地给予回应，如：“如果我没有理解错的话，您的意思是不是……”这样对方就会知道他们没有浪费时间，他们会因为被倾听而获得满足感。

在与对方交谈的时候，要从他们的观点出发，态度积极、措辞明确，清楚地表达对方观点中的长处，如：“你的理由很充分，不知我是否听明白了。我理解的是……”理解不等同于赞同，你完全可以理解对方，但是可以不赞同。只有你表现出理解对方的利益，对方才会进一步向你解释自己的观点，同时才有可能相信在你做出提议的时候是为他们考虑过的。这样能够让对方投桃报李，尝试理解你的利益。

2. 说出你的想法，争取对方的理解

如果我们是基于双赢的目标进行谈判，就不要把对方当作对手，而是当作你的同事或者伙伴，清晰地阐述你的想法，争取得到他们的理解。如果你的底价是100万元（公司给你的签订合约的底价），你不妨坦白和真诚地向对方说：“公司给我的底价真的100万元，你看我们还有没有别的办法?”这样做的好处就是你说出了你的难处，争取对方的理解，让对方知道你确实不能再降价的原因，同时你邀请他一起来解决问题，让他和你站在同一个“战壕”里。最重要的是你表现出了诚意，这是谈判者能够直接感受到的。

3. 只谈自己，不谈对方

有时候，双方花大量的时间和精力来争论孰是孰非或者解释、谴责对方的动机和意图，这样做往往适得其反。销售中，谈论问题对自己的影响而不是分析对方做了什么更能取信于人。比如，“我现在面临着非常大的应收款压力”比“你们总是拖延付款”要好得多。因为后者是在指责对方，对方感受到这种攻击就会防御或者反击，会千方百计地给自己找借口，而不是着眼于解决问题。

4. 对事不对人

几乎所有的谈判都面临着两种利益，即物质利益和关系利益。在谈判的时候，人们往往把对事的陈述当成对自己的指责。如：“你们的系统最近老是出毛病。”对方很可能理解成你认为他是个不诚信的人，这样难免会在谈判的时候彼此产生敌意。这就要求我们在听到对方的陈述的时候不要以为自己受到了攻击，同时在我们陈述问题的时候尽量用词妥当，不要引起对方的不快。比如：“我们的设备最近出了三次故障，你看看有什么办法能解决呢?”这就比前面的陈述方式缓和许多。

5. 先说问题，再说答案

如果你希望对方倾听并理解你的利益，那么就先说出自己的考虑，得到对方的理解后再说出结论和提议，这样更容易被人接受。比如你可以跟客户说：“请你帮我组织一次全面的需求调研，要求财务、IT 和收银方面的员工都要参加，因为……”不如说：“您看，这个项目非常重大，涉及很多部门，为了让各方满意，我觉得应该多听听其他部门的意见，您觉得呢？如果您觉得可以，那能不能帮我安排……”

开发方案

当我们了解了彼此的利益之后，我们需要寻找满足利益的途径，我们称之为方案开发。在谈判中，双方都希望能够为自己争取更多的利益，如果仅仅是这样，就很难达成双赢的协议。为此，我们为了得到更多的“蛋糕”，就需要将蛋糕做大。创造尽可能多的解决方案，从中筛选出最合适的。

1. 将创造与决策过程分开

由于评判阻碍了想象力的发挥，所以应把创造行为与评判行为分开，把思考可能方案的过程与从中进行选择的过程分开，先创造再决定。

2. 头脑风暴

为了能够得到更多的来自不同角度的答案，可以组织一次集体讨论。在集体讨论的时候要注意掌握“将创造与决策过程分开”的原则。让参与者畅所欲言，人们不用担心自己的想法“非常愚蠢”，也不用担心为自己的提议承担责任，因为这只是一次创造的过程，并非决策。

(1) 在集体讨论之前，应做如下准备：

明确你的目的：确定你希望的会议结果。

寻找几个参与者：一般 5～8 人为宜。

改变环境：选择一个与正式会议或者谈判不同的地点和时间。

营造非正式的气氛：用尽量轻松的方式展开讨论。

选择一个主持人：保证讨论不跑题，每个人都有发言的机会。

(2) 在集体讨论中，让大家并排或者围成半圈坐在一起，身体上的靠近能加强心理上的共识，共同面对问题；明确基本原则，包括不批评，每个人只在自己的观念限制下说出想法；集思广益，各抒己见；一旦讨论的目标明确后，试着列出一长串的想法，从每个角度接近问题；一目了然地记下所有的想法。

(3) 在集体讨论之后，把最有可能的想法标出来；改进有希望的方案；确定一个时间来评估这些想法，并做出决定。

3. 寻找和明确共同利益

共同利益是对双方都有利的利益，创建一个满足共同利益的方案对你和对方都有利。比如：你希望通过顺利地完成这个项目，拿到提成；对方希望顺利地完成这个项目，在公司内部获得尊重。“希望项目能够成功”就是你们双方的共同利益。共同利益潜藏在每项谈判中，它们往往不是即时可见的。你需要问问自己：我们是否存在共同利益？是否有机会进行合作并共同获益？如果谈判破裂，我们要承担什么损失？我们双方是否存在可以遵循的共同原则，比如公平的价格？

共同利益必须在应用得当的情况下才会发挥作用。明确提出共同利益并作为双方的目标，将有利于谈判的推进。也就是说，要把共同利益具体化并面向未来。比如：将7月份前完成系统的上线和试运行工作作为你和客户的共同目标，那么你们就需要尽快地共同完成合同的其他条款的洽谈，这样急于完成合同就不仅仅是你自己的目标了。

强调共同利益可以使谈判过程变得愉快、顺利。在谈判中，不断地强调共同利益的重要性，可以弱化冲突利益的位置。比如："想想看，我们为了这个项目付出了这么多，我们都希望能有个不错的结局，难道要因为这10万元让之前的努力前功尽弃吗?"

4. 融合不同利益

协议总是建立在分歧之上的，如果一开始就没有分歧，那就不需要谈判了。谈判中我们都觉得最为敏感的问题是价格问题，似乎这是个零和谈判的问题。如果我们深入分析就会发现，我们希望拿个好价格的原因是希望完成业绩，对方希望价格便宜的原因是因为他希望价格合理。在这种情况下，我们可以融合不同利益，创造性地提出一些方案。我们可以给对方一个好价格，但是可以要求他在商机和市场上给予我们一些支持；同时我们也会给对方充分的证明和保障，让他觉得物有所值。经过细致分析，我们会发现，其实谈判中的冲突利益很少，大多数都是利益不同而已。

5. 询问对方的倾向，给对方决策提供方便

谈判成功与否取决于对方是否做出令你满意的决定。我们应该尽自己所能让对方轻松地做出满意的决定，我们要做的就是不要让对方觉得事情难办。在提出方案的时候，我们可以针对同一利益提出多个方案，然后让对方选择自己的倾向。注意，我们要询问的是客户的倾向而不是决定。然后我们根据他的倾向，对方案进行进一步调整，直到双方都感到满意为止。

资料来源：汤晶淇. 销售方法入门论：销售中的谈判. 销售与市场（商学院），2013（9）：46-49，有改动。

专家提醒

谈判是销售过程中最重要的环节之一，很多人觉得销售中的谈判仅仅是为了取得一个划算的订单，或者跟客户讨价还价。其实谈判是一个贯穿销售始终的过程。谈判的目的一般包括以下几点：为了对方做出一些让步；为了瓜分有限的资源；为了有一些谈判各方不能独立实现的产出；为了解决各方的问题和争端。通过这些目标我们可以看到，在谈判中最重要的议题是管理冲突并且解决问题，所以以往人们认为通过获得优势以打败对方这样的说法是不成立的。尤其是在现在的销售环境中，谈判不仅仅是为了拿到一个划算的订单，更重要的是希望获得满意的生意、长久的关系。

3. 如何更加有效地介绍产品

技能说明

介绍产品前必须了解产品，掌握产品知识。调查发现，至少有90%的导购员不是很了解产品知识，至少有80%的导购员没有经过产品知识培训就上岗卖货、特别是在一款新品上市前，业务员如果没有进行有关新产品知识的培训，在销售时缺乏精准的专业知识和专业术语，会讲出缺乏切合实际的反问性、重复性、让顾客感到震惊的话题。

如何更有效地介绍产品

想“钓”起顾客的兴趣，介绍话语中一定要有“饵”，即如何更有效地介绍产品以激起顾客的购买欲望。那么，应该如何介绍产品呢？常规的市场营销教科书都会讲到 FABE 法则。F：features，特点，指产品的事实、数据、信息；A：advantage，优点，指产品或服务所具备的所有优点；B：benefit，利益点，指客户如果使用它会有什么好处；E：evidence，证据，指行业和国家相关部门的认可证书、知名媒体的评价、销售记录、以前客户的评价和以前客户的使用记录等。

FABE 是每个销售人员必须掌握的基本功之一。遗憾的是，很多讲师讲到 FABE 法则时，一般只讲理论，最多再结合某些产品举几个例子，而关键问题却没有涉及。如在销售实战中，销售人员重点介绍 F 还是 A，B 还是 E？如何组合才能快速打动消费者？下面是几个产品介绍的实战高招。

强调产品的与众不同

F：特点，指的是产品好。A：优点，指的是比较好——比竞争对手的产品好。B：利益点，指的是产品对客户好，对客户有利益。在产品同质化的今天，如果能做到人无我有，与众不同，就可以少讲 F 多讲 A。这种讲法的前提是知己知彼，对竞争对手的产品了如指掌，善于抓住竞争对手致命的弱点。真正的高手是把竞争对手的优点顺理成章地贬为缺点，把自己的缺点放大成优点。

联系客户的需求介绍产品利益，利益是优点的一部分，即那些客户感兴趣的优点。下面用一个形象的故事来说明如何把产品和客户的需求联系起来：

一个吃得很饱的猫在饭后散步，突然被一袋东西绊了一下，它打开一看，里面全是美元。它当然不会对这些散发着印油味的东西感兴趣，于是它把钱袋踢到一边。

这时，旁边一个声音说：“嗨，你怎么这么傻呀，这是钱呀！”

“钱？差点没把我绊倒！”猫若无其事地继续溜达。

那个声音说：“哎呀，这‘傻帽’，这么多钱能买多少鱼呀！”

听完此言，猫像吃了大力丸，一把抓住钱袋。

介绍产品与了解需求有机结合

先了解需求，再介绍产品。了解需求和介绍产品一般情况下是交织进行的：如果想有针对性地介绍产品的某个卖点，了解需求的过程应该在前面；如果介绍的信息顾客不感兴趣，要马上了解顾客感兴趣的地方。

案例：有一次，我去武汉给某卡车生产公司三十几个商务代表上课，课堂提问他们如何帮助经销商卖农用卡车。他们大多讲的是卡车的特点和优点，很少提及如何让买卡车的农民赚到钱，即产品的利益点。

农民中的汽车发烧友不多，对于农用卡车这样的生产工具类产品，没有人是买来玩的，都是买来赚钱的，销售人员只有抓住了这些利益点，才能更好地销售卡车。比如：卡车买来能否找到长期合作的货运公司；卡车发生故障后期维修是否方便；旧车如何处理才能赚钱（除了旧车报废可以享受政府几千元补贴之外）；手头缺钱能否得到低息的银行按揭等。总之，销售人员要多讲买车之后能否赚到钱这个利益点。

在培训过程中，导购员常抱怨自家的产品与竞争对手产品相似，价格高而不好卖，其实，主要原因可能是导购员根本没有挖掘出客户的利益点。市场上有特点、优点相似的产品，但没有完全一样的客户需求，导购员能否按照客户的需求去诉求产品的利益点，是区分导购水平高低的一个主要标准。

运用话术 事半功倍

当然，一家企业如果有产品研究部或终端销售部，最好在产品上市前制订一套销售终端策略，形成一套销售话术，比如一款产品整体怎么讲、部件怎么讲，先讲什么、后讲什么，侧重什么、忽略什么，卖点强调什么、与竞品对比什么……

下面是我为某电动车制作了一个产品销售话术。有了这套话术，顾客进店后导购员如何恰如其分地介绍产品就一目了然了。

例一：电动车塑料件销售话术

它的烤漆采用的是四喷五烤工艺，也就是汽车漆的工艺。这种烤漆有什么好处呢？它不掉色、不褪色、不起皮。这样的车骑两年像骑了半年，别家的车骑半年像骑了两年。

例二：电动车充电器销售话术

(1) 智能充电：本充电器根据电池自身状况充电。平时充电不过充、不欠充，该充多少充多少，充的不多也不少！

(2) 温控充电：本充电器根据环境温度充电，冬天夏天不一样，室内室外不一样。

(3) 多段充电：就好比往大米袋子里倒大米，一次倒满，容易撑破袋子，倒一下，晃一晃，然后再倒，是不是装的大米最多？充电呢，道理也一样。充充停停，充得实、充得满、充得多，用得久！

(4) 保护充电：过充保护、充满即停；超温保护、超温即停。这样可以有效地保护电池，延长电池寿命，同时也保障家庭安全。

多产品介绍的顺序与流程

以上讲的是单一产品的介绍。如果是多系列、多品种的产品，先介绍哪种后介绍哪种？是从低价产品往高价产品介绍，还是从高价产品往低价产品介绍，或者先中间再两端？产品在地面如何陈列更容易介绍、更容易成交呢？大多数导购员会先介绍提成高的产品。比如电动车，先介绍 2 580 元的，可接下来顾客会说："你这款新产品好是好，但价格太高了！"导购员通常有两种回答，一种说："一分价钱一分货，价格高有高的道理。"另一种说："这里有价格低的，1 800 元，你要不要？"顾客说："不要！"于是介绍失败，对话结束。

对此，导购员该如何改进自己的销售流程呢？应看人下菜，按需推荐。

(1) 主动询问——导购员可以问顾客，电动车是谁骑，是男还是女。如果是男士骑的话，可以介绍款型比较大、皮实、科技含量高的电动车；与此相反，可以给女士推荐小巧、鲜艳、时尚、安全的电动车。

(2) 仔细观察——看看顾客在哪辆车子的前面停留的时间长些，可能这位顾客对这种车子感兴趣。先介绍这种他看得比较久的车子，然后慢慢了解，看他需要哪款车型。顾客看哪辆车就给他推荐哪辆车，顾客摸哪辆车就给他讲哪辆车。

(3) 以貌取人——如果不能确定顾客看中了哪一辆车，就要看他的穿着、发型，推荐合适的车型给顾客。

资料来源：张小虎. 胡说八道没人买 介绍产品用话术. 销售与市场（成长版），2011 (5)：42-45，有改动。

专家提醒

不同的业务员在向顾客推荐同样的产品时，会运用不同的策略和技巧，如何寻找到适合自己的技巧和方法，需要长时间的研究和琢磨，并修炼得炉火纯青。正在从事一线销售的导购员，你是按照什么程序介绍产品的呢？你有自己的销售套路吗？

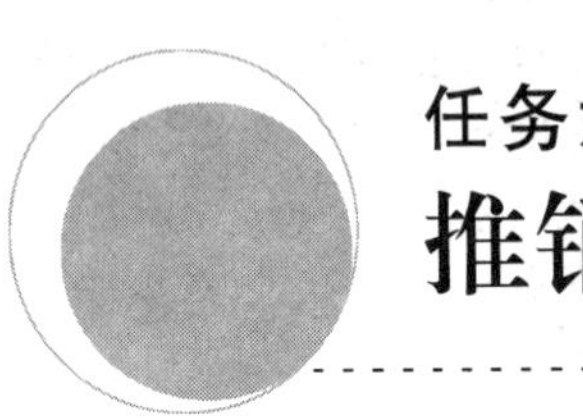

任务六 推销成交

开篇故事

没有伞的孩子才会努力奔跑

当父亲叹着气，颤抖着手将四处求借来的4 533元递来的那一刻，他清楚地明白交完4 100元的学费、杂费，这一学期属于他自由支配的费用就只剩433元了！他也清楚，年迈的父亲已经尽了全力，再也无法给予他更多。“爹，你放心吧，儿子还有一双手，一双腿呢。”强忍着辛酸，他笑着安慰完父亲，转身走向那条弯弯的山路。转身的刹那，有泪流出。穿着那双半新的胶鞋，走完120里山路，再花上68元钱坐车，终点就是他梦寐以求的大学。到了学校，扣除车费，交上学费，他的手里仅剩下可怜的365元钱。5个月，300多元，应该如何分配才能熬过这一学期？思来想去，他一狠心，跑到手机店花了150元买了一部旧手机，除了能打能接听外，仅有短信功能。

第二天，学校的各个宣传栏里便贴出了一张张手写的小广告：“你需要代理服务吗？如果你不想去买饭、打开水、交话费的话就请拨打电话告诉我，我会在最短的时间内为你服务。校内代理每次1元，校外1公里内代理每次2元。”小广告一发出，他的手机几乎成了最繁忙的“热线”。一位大四美术系的师哥第一个打来电话：“我这人懒，早晨不愿起床买饭。这事就拜托你了！”“行！每天早上七点我准时把早饭送到你的寝室。”他兴奋地记下第一单生意。

当天下午，一位同学打来电话，让他去校外的一家外卖快餐店，买一份15元标准的快餐。他挂断电话，一阵风似的去了。来回没用10分钟。这也太快了！那位同学当即掏出20元，递给他。他找回3元。因为事先说好的，出校门，代理费2元。做生意嘛，无论大小都要讲信用。后来就冲这效率和信用，各个寝室只要有采购的事，总会想到他。一天下午，倾盆大雨哗哗地下，他的手机却响了，是位女生发来的短信。女生说，她需要一把雨伞，越快越好。接到信息，他一头冲进了雨里。等被浇成“落汤鸡”的他把雨伞送到女生手上时，女生感动不已，竟然给了他一个温暖的拥抱！那是他第一次接受女孩子的拥抱！他连声说着谢谢，泪水止不住地涌出。

转过年，他不再单兵作战，而是召集了几个家境不好的朋友，为全校甚至外校的顾客做代理。代理范围也不断扩大，慢慢地从零零碎碎的生活用品扩展到电脑配件、电子产品。学期结束，他不仅购置了电脑，在网络上拥有了庞大的顾客群，还被一家大商场选中，做起了校园总代理。奔跑，奔跑，不停地奔跑，他一路跑向了成功。

资料来源：http://tieba.baidu.com/p/2613810959.

推销思考：本文中的主人公是如何成功推销业务的？如果你在读大学时遇到和他类似的困难，你会如何解决？

6.1　熟悉推销成交的内涵与原则

成交就是推销员帮助顾客做出使买卖双方都能接受的交易条件的活动过程。推销员可以直接请求顾客购买来推动和帮助顾客做出购买决定。实际上，任何一个成功的推销员都清楚，在推销成交活动中，压根就是不存在神奇无比的推销技巧，也没有感染力十分强烈的语言技巧。成交是洽谈所取得的最终成果，是洽谈的延续。如果在洽谈中解决了所有的顾客异议，达成交易是顺其自然的事，成交只不过是整个推销过程中的一个环节而已。

一、推销成交的内涵

所谓推销成交，是指顾客接受推销人员的购买建议及推销演示，立即购买推销产品的行动过程。推销成交是面谈的继续，也是整个推销工作的最终目标。在成交时，推销人员不仅要继续接近和说服顾客，而且要采取有效措施帮助顾客做出最后的选择，促成交易并完成一定的成交手续。可以从以下几个方面理解推销成交。

（1）推销成交是推销人员积极发挥主观能动性，实现最终目标的过程。推销人员是促成推销成交的主体，而顾客是推销成交的客体。顾客虽然是推销成交的客体，但不是被动地接受推销，特别是在买方条件下，他们已经成为市场的主宰，引导着推销人员的推销活动。因此，要想实现推销成交，主体必须善于发挥主观能动性，采取恰当的推销手段和方法进行劝说和演示，积极建议顾客购买。

（2）推销成交还是说服顾客以促使其采取购买行动的过程。

（3）推销成交又是推销人员和顾客之间进行反复信息沟通的过程。推销成交离不开信息沟通。一方面推销人员要接收顾客发出的信息，了解他们的购买心理；另一方面还要向顾客传递信息，通过多种渠道和方法，如广告、建议、劝说、演示等，让顾客了解自己的企业和所推销的产品。这一过程不可能一次完成，推销人员和顾客要经过多次反复的信息交流和沟通，才能实现推销成交的目的。

二、推销成交的原则

推销人员在进行推销成交时应遵循以下基本原则。

（一）互利互惠的原则

互利互惠原则中的“利”是指利益，“惠”是指给予或得到好处，概括起来是指交易双方彼此要为对方提供利益和好处。因此，在推销成交活动中，买卖双方是按“自愿让渡”的原则进行的，推销人员不能强迫顾客购买，而推销一旦成交，彼此要为对方提供利益和好处。

推销成交最忌讳的就是交易只对一方有利，而另一方没有利益或得不偿失，甚至受到伤害（时间损失、体力损失、精力损失、财力损失等）。例如，在卖方的暴力威逼或花言巧语的欺骗下，顾客买下了伪劣产品，这种推销成交就不是互利互惠和平等的行为。又如，欺行霸市、强买强卖、缺斤短两、以次充好、以假乱真等，都不符合互利互惠原则。

互利互惠是买卖双方达成交易的基础，因为商品交易是买卖双方自主自愿的行为，如果一方感到交易对其不利就难以成交。这也是交易行为与慈善行为、馈赠行为的本质区别。

贯彻互利互惠的原则应该做到以下几点。

1. 对企业没有利益的买卖不能做，对顾客没有利益的买卖更不能做

只对顾客有利的成交是推销人员难以接受的，推销人员如果不能从交易中获利，就难以维持生计、发展事业、实现其自身的价值。反之，只对企业有利而对顾客不利的交易也是不应该做的，因为，这不仅有悖于推销人员的职业道德，还会使推销人员失去大量的顾客，造成经济上的巨大损失。所以，对企业没有利益的买卖不能做，对顾客没有利益的买卖更不能做。

2. 要明确交易给双方带来的利益

一笔买卖成交能给双方带来的利益似乎是很明显的，但很多时候人们对一些本来存在的利益视而不见。同一种商品给顾客带来的利益可以是物质上的也可以是精神上的；可能对甲无用但对乙用处极大；也可能甲看重其物质利益而乙看重其精神享受。当然，不同的商品给顾客带来的利益不同；不同的顾客对商品的选择也各不相同。这就要求推销人员首先要熟悉商品的自然属性和社会属性，其次要熟悉顾客的共同心理需求和特殊心理需求。

获得金钱是推销人员明显的利益追求。但如果有一笔交易（例如免费赠送、试用等），从中获得的不是利润和金钱，而是可以增加一大批客户，开发一块市场，为今后创造更多的赢利条件，应如何处理？明智的推销人员都会做出肯定的选择，他们选择牺牲眼前的小利，而获得长远利益。因为推销人员在推销商品、传递信息、开拓市场和建立信誉等方面的任何一项进展，都意味着将来可能获得利益。如果简单地用利润或金钱来衡量交易成功与否，不符合互利互惠的原则。

3. 充分展示商品或服务能给顾客带来的利益，是说服顾客成交的主要途径

在交易中，顾客最注重的是自身的利益，所以推销人员充分向顾客展示商品或服务给他们带来的利益，是说服顾客购买的主要途径。这种利益展示做得越充分、越具体，顾客被说服的可能性就越大。

4. 找出成交双方利益分配的最佳点

公平合理的交易是双方都能获得好处，但获得好处的多少不一定是相等的，因此互利互惠并不等于双方均利均惠。成功的推销人员总是在保证顾客满意的前提下，争取自己的最大利益。如何分配双方的利益，寻找到双方利益分配的最佳点，这是推销人员要为推销成交做的最后一项重要工作。解决以上问题，要靠推销人员对商品、市场及顾客心理的把握，靠他们娴熟的推销技巧。如果一个推销人员自己获得了很大的利益，但损害了顾客的利益；或者本来对方得到三分利益就能满足，推销人员却给了他四分、五分，这都不算成功的成交。

（二）转变顾客使用价值观念的原则

1. 转变顾客的使用价值观念

使用价值是指商品的有用性，观念是指人的思想意识或认识。转变顾客使用价值观念，就是转变顾客对商品有用性的认识，向他们介绍正确的消费理念。

前面讲到，推销人员推销的商品必须能给顾客带来利益和好处，顾客才可能购买。但能给顾客带来利益和好处的商品，他就一定购买吗？不一定。这是因为消费者是否购买某一商品，除了考虑经济因素以外，还有对商品使用价值即商品有用性的认识问题。推销专家海因茨·M. 戈德曼曾告诫说："你不要单纯推销具体的商品，更重要的是推销商品的使用价值观念。"

微故事 6－1

"味道好极了"是某速溶咖啡的一句著名的广告词，在中国家喻户晓，妇孺皆知。速溶咖啡以物美价廉、省时省力而受到现代人的欢迎。但是速溶咖啡在刚上市时却遭到市场的冷遇，公司为查明产品被冷落的真正原因，调查了一些家庭主妇。原来这些家庭主妇不买速溶咖啡不是因为它口味不好，而是因为如果买了省时、省力、一冲即可的速溶咖啡后，怕自己的先生怪自己懒惰，是个不合格的家庭主妇。可见，是顾客对商品有用性的认识即顾客的观念出了问题，才导致了他们拒绝购买的行为。因此，转变顾客的观念，千方百计使顾客形成对商品使用价值的正确认识，才能说服他们购买商品。

资料来源：http://wenku.baidu.com/view/fb3ed4c02cc58bd63186bd58.html.

2. 推销商品的使用价值

在推销商品的使用价值时，应该做到以下几点：广泛深入地发掘商品的使用价值。任何一种商品的效用都是多方面的。例如，窗帘既能遮挡人的视线，又能装饰美化房间，还能象征主人的身份、地位等。作为推销人员，要尽量发掘商品的功能，把它展示在顾客的面前。推销人员发掘商品的功能和效用越多，则说服顾客的机会就越多，帮助顾客形成正确的使用价值观念的可能性就越大。

认真深入地了解顾客。推销人员要认真深入地了解顾客的需要，了解顾客的商品知识和消费心理，特别是他们的习惯心理等，然后进行有的放矢地说服工作。

找准商品的使用价值与顾客需要的最佳结合点。一种商品有多种属性和功能，不同的消费者选择其不同的功能或属性。例如，同样一件服装，有人看重它的款式、有人看重它的颜色、有人看重它的质地、有人看重它的价格。如果推销人员能把顾客最喜欢的商品属性展示在他们面前，就能帮助他们形成对购买有利的使用价值观念。因此，推销人员要学会找准商品的使用价值与不同顾客需要的最佳结合点，这对推销成交至关重要。

（三）与顾客建立良好人际关系的原则

买卖双方既是一种经济利益的交换关系，又是一种人际交往关系。推销人员要想把商品推销给顾客，从中盈利，必须首先与他们建立良好的人际关系。

所谓与顾客建立良好人际关系的原则是指推销人员在推销商品时，必须与顾客建立起和谐的人际关系，这种关系不仅是经济的、利益的，还是无私的和富于感情的；不能是假装的、虚伪的，而是真诚的、坦率的；不是短期的、权宜的，而是长期的、发展的，是互利互惠的、双方都感到满意的关系。世界成功的推销家，无一不是建立在良好人际关系基础上的。

（四）尊重顾客的原则

尊重顾客是指尊重顾客的人格，重视他们的利益，满足他们的需要，使顾客认为他在推销人员的心目中有分量、有地位。那么应该怎样尊重顾客呢？

首先，要尊重顾客的人格。人格是一个人在其先天生理素质的基础上，在一定社会历史条件下，通过社会交往而逐渐形成的稳定的心理特点的总和。由于人的先天生理素质、所处的社会地位、所从事的社会实践活动等的不同，因此人的个性及人格特点也各不相同。每位顾客都有自己的人格特征和个性特点。推销人员在推销商品时一定要注意这一点，并根据顾客个性推销商品，如果忽视了他们的个性特点，他就会感到推销人员没有尊重他的人格。

其次，要尊重顾客的身份地位。一位推销人员如果在一个公司的传达室问一位经理："您是这里的门卫吗？"这位经理一定感到很不愉快，他认为你低估了他的身份地位。所以推销人员首先要搞清楚推销对象的身份地位后再进行推销活动。

再次，要尊重顾客的权利。顾客有了解、认识、挑选、做出购买决策的权利，也有不做出购买决策的权利。如果顾客在反复询问、挑选商品时，推销人员表现出不耐烦甚至拒绝，他会认为你侵犯了他的权利。

关于如何把握尊重顾客的原则，推销人员可以从以下几个方面做起：

（1）进行换位思考。所谓换位思考，就是从顾客的立场、角度来认识和思考问题，只有这样才能真正做到理解顾客和尊重顾客。

（2）不要左右顾客。推销人员在推销的过程中可以向顾客介绍商品、提出建议等，但买与不买由顾客自己决定，这是对顾客权利的尊重。

（3）善于赞美顾客。赞美顾客是推销人员表达对顾客尊重的最有效方式。适时做必要的赞美和恰到好处的夸奖，可以使顾客感到自身价值的升值，使他们被尊重的心理得到极大的满足。

微故事 6-2

女作家威尔逊有一个精通雕刻的男仆，他最崇拜雕刻家鲍格伦。有一天，鲍格伦到威尔逊家做客，男仆因为兴奋过度，在端酒时竟把整杯酒洒到鲍格伦身上。男仆窘态毕露，他一面赶紧用餐巾替鲍格伦擦拭，一面解释说："真抱歉，我服侍平凡一点的人总是好好的。"鲍格伦笑着对男仆说："我这一辈子，还没受到过这样的崇拜。"男仆真诚的赞美，不但使鲍格伦高兴万分，而且也给自己解了围。

资料来源：http://baike.1688.com/doc/view-d25794326.html.

（4）注意顾客关心的事情。顾客关心的事情往往与其利益和情感紧密地联系在一起。如果推销人员对顾客关心的事情不能及时予以注意，会使顾客感到推销员缺乏同情心，不尊重他的感情。

6.2 做好异议处理工作

顾客（客户）异议是准顾客对推销人员的陈述不明白、不同意或持反对的意见。顾客表示异议而打断推销人员的话，或就某问题拖延成交等都是推销过程中必然遇到的问题。推销人员必须乐于接受异议，因为异议对推销人员来说不仅不是坏事，而且会给推销活动指明方向。

一、处理顾客异议的基本步骤

（一）认真听取顾客的异议

推销人员对顾客的异议首先应从内心深处予以欢迎并在行动中表现出来；其次，应认真听取顾客异议，让顾客把话说完，不要中途插话，也不要漫不经心，要让顾客感受到足够的重视；再次，推销人员要带着浓厚的兴趣去听取顾客异议，在语言和行为表情上给以适时的反应，鼓励顾客把心中的疑问全部讲出来。

（二）回答顾客问题之前，应有短暂的停顿

不要急于回答顾客的问题，要让顾客觉得推销人员的回答是经过思考后才做出的，是负责任的，不是随意敷衍顾客。另外，停顿也会让顾客更加注意听取推销人员的意见。

（三）要对顾客表示理解

推销人员要明白，从顾客的角度提出的异议是合情合理的，推销人员要向顾客表示理解他们考虑问题的立场和方法，当然这并不意味着推销人员完全赞同顾客的观点。在解决异议阶段，推销人员与顾客之间肯定会有矛盾和分歧，为了减少对立，推销人员要赢得顾客情感上的认同。

（四）复述顾客提出的问题

重复顾客的语言和观点是语言交流的一种技巧，至少有 4 个方面的好处：表明推销人员认真听取了顾客的意见；检验推销人员是否正确理解了顾客的观点；可以使顾客对推销人员复述的自己的观点进行思考，而对推销人员而言，又避免了对较棘手的问题马上表示肯定或否定；鼓励顾客以合乎逻辑的方式继续表明观点。

（五）回答顾客提出的问题

一般来说，对顾客提出的问题推销人员都应予以回答。从推销心理学上讲，顾客希望推销人员认真听取自己的异议，尊重自己的意见，并且希望推销人员能及时做出令人满意的答复。因此在大多数情况下，一旦顾客提出异议，推销人员就应该按以上步骤及时处理。但是在某些特殊情况下，推销人员可以回避或推迟处理顾客异议，比如在面谈开始阶段顾客提出的价格异议，推销人员可以暂时不加处理。对于顾客提出的虚假异议或明显的借口，推销人员也可以不予理会。当然，这些不理会或不解决应不会影响面谈和成交。因此，在实际处理顾客异议时推销人员只有选择最有利于处理异议的时机，才能取得处理异议的最佳效果。

二、异议处理技巧

（一）忽视法

所谓“忽视法”，顾名思义，就是当客户提出一些反对意见，并不是真的想要获得解决或讨论时，这些意见和眼前的交易扯不上直接的关系，推销人员只要面带笑容地同意他

就好了。

对于一些“为反对而反对”或“只是想表现自己的看法高人一等”的客户意见，若是认真地处理，不但费时，尚有旁生枝节的可能，因此，只要让客户满足了表达的欲望，就可采用忽视法，迅速地引开话题。

忽视法常使用的方法如：微笑点头，表示“同意”或表示“您真幽默！”“嗯！真是高见！”

（二）补偿法

当客户提出的异议，有事实依据时，推销人员应该承认并欣然接受，强力否认事实是不明智的举动。但记得，要给客户一些补偿，让他得到心理的平衡，也就是让他产生两种感觉：一个是产品的价格与售价一致的感觉，产品的优点对客户是重要的，产品没有的优点对客户而言是较不重要的；另一个就是世界上没有十全十美的产品。客户希望产品的优点越多越好，但真正影响客户购买与否的关键点其实不多，补偿法能有效地弥补产品本身的弱点。补偿法的运用范围非常广泛，效果也很实际。

（三）太极法

太极法取自太极拳中的借力使力。太极法用在销售上的基本做法是当客户提出某些不购买的异议时，销售人员能立刻回复说：“这正是我认为您要购买的理由！”也就是销售人员能立即将客户的反对意见，直接转换成为什么他必须购买的理由。

太极法能处理的异议多半是客户通常并不十分坚持的异议，特别是客户的一些借口，太极法最大的目的是让销售人员能借处理异议而迅速地陈述他能带给客户的利益，以引起客户的注意。

（四）询问法

询问法在处理异议中扮演着两个角色：透过询问，把握住客户真正的异议点；销售人员在没有确认客户反对意见重点及程度前，直接回答客户的反对意见，往往可能会引出更多的异议，让销售人员自困愁城。

销售人员的字典中，有一个非常珍贵、价值无穷的字眼“为什么”，不要轻易地放弃这个利器，也不要过于自信，认为自己已能猜出客户为什么会这样或为什么会那样，让客户自己说出来。当问为什么的时候，客户必然会做出以下反应：

（1）他必须回答自己提出反对意见的理由，说出自己内心的想法。

（2）他必须再次检视他提出的反对意见是否妥当。

（3）销售人员能听到客户真实的反对原因，他也能有较多的时间思考如何处理客户的反对意见。透过询问，直接化解客户的反对意见。

微技巧 6-1

装哀兵

当电话销售人员的推销技巧山穷水尽，依旧无法成交时，由于多次的电话拜访，他们和客户多少建立了一些交情，此时，若面对的客户不仅在年龄上而且在头衔上都超过销售人员时，可采用“哀兵”策略，以让客户说出真正的异议。销售人员一旦确确实实地掌握了客户真正的想法，了解了客户的真正异议，只要能化解这个异议，销售人员的处境将有戏剧性的转变，订单也将唾手可得。通常来说，使用哀兵策略，要遵循以下步骤进行：

(1) 态度诚恳，说出请托的言辞。

(2) 感谢客户，并真切恳请客户坦诚指出自己销售时有哪些错误。

(3) 诱使客户说出不购买的真正原因。

(4) 了解原因后，再度销售。

(五)“是的……如果……”法

正面反驳客户，会让客户恼羞成怒，就算推销员说得都对，也没有恶意，还是会引起客户的反感，因此，销售人员最好不要开门见山地直接提出反对的意见。在表达不同意见时，尽量利用“是的……如果……”的句法，软化不同意见。用“是的”表示同意客户部分的意见，“如果”表达在另外一种状况下是否更好。

(六) 直接反驳法

当客户对企业的服务、诚信有所怀疑时或者客户引用的资料不正确时，必须直接反驳，因为客户若对企业的服务、诚信有所怀疑，推销员拿到订单的机会几乎是零。例如，保险企业的理赔诚信被怀疑，人们会向这家企业投保吗？如果客户引用的资料不正确，推销员能以正确的资料佐证自己的说法，客户会很容易接受，反而对推销员更信任。

使用直接反驳技巧时，在遣词用语方面要特别的留意，态度要诚恳、对事不对人，切勿伤害客户的自尊心，要让客户感受到专业与敬业。技巧固然有助于提高效率，但对异议秉持正确的态度，才能使推销员面对客户异议时能冷静、沉稳。只有这样才能辨别异议的真伪，才能从异议中发觉客户的需求，才能把异议转换成每一个销售机会。因此，销售人员训练自己处理异议时，不但要练习技巧，同时要培养面对客户异议的正确态度。

微技巧 6-2

除异议

一般情况下，推销人员会遭遇的拒绝态度有以下几种：

(1)“我没兴趣。”

应对的技巧如下：

A：“这点我能了解，在您还没看清楚一事物前，不感兴趣是正常的。”——基于同情心。

B：“不过我希望您能给我个机会让我为您讲解，不知道您明天下午或后天下午哪段时间不太忙？”——“二择一法”。

(2)“我不会买。”

应对的技巧如下：

A：“为什么？”——找出不买的原因。

B：“没关系，您听听看再决定。不知您明天上午或下午是否有空？”——“二择一法”。

(3)“我没有钱。”

应对的技巧如下：

A：“您觉得要花费很多钱吗？”

B：“听听对您没什么损失。请问您明天或后天……”——“二择一法”。

(4)“我不需要。”

应对的技巧如下：

A：“您不是不需要，而是不想要吧？”

B：“您可能不需要，但是您的家人需要！”

(5)“我太忙了。”

应对的技巧如下：

“高先生，就是想到您可能太忙，所以我才先打电话和您约个时间，而不冒冒失失地去打扰您。请问您明天上午或下午哪个时间比较方便？”

(6)“这是在浪费您的时间。”

应对的技巧如下：

A：“高先生，我觉得花这点时间是很值得的。不知道您今天下午有空，还是明天下午有空？”

B：“哇！您人真的很好，这是为我们业务人员着想，我一定非认识您不可。请问您明天上午有空，还是明天下午有空？”

切记，千万不要让对方有犹豫和思考拒绝的机会，一处理完准顾客的反对问题，一定要紧接着再一次“敲定见面的时间地点”，这一点才是电话约访的最重要目的。

6.3 识别成交的信号和方法

成功解决顾客异议是成交的前提，一位优秀的推销人员应该具有明确的推销目的，要千方百计地促成交易。要想有效地促成交易，就必须密切注意成交信号。然而，有时顾客发出的成交信号是稍纵即逝的，需要推销人员及时捕捉。当成交机会还没有到来的时候，需要推销人员耐心等待，随时捕捉机会；当成交机会已经出现的时候，则要及时抓住机会，善于利用机会。成交机会一般出现在顾客发出购买信号的时候。有经验的推销人员特别善于捕捉顾客透露出来的每一个有关的信息，并把它作为促成交易的线索，勇敢地向顾客提出销售建议，使自己的推销活动趋向成功。而这些购买信号对促成推销人员与顾客之间的交易发挥了重大的作用，推销人员对成交信号应具有高度的敏感性和捕捉能力。

一、识别成交信号

(一) 成交信号

信号是指用来传递信息的动作、表情、言行等可以观察到的外部行为表现。成交信号则是指顾客在接受推销人员的推销劝说之后，有意无意地表现出来的各种成交意向。善于捕捉成交信息是成功推销人员应该具备的重要能力之一。

(二) 成交信号的识别

顾客发出成交信号的表现形式往往是复杂多样的，一般可以把它们分为表情信号、语言信号和行为信号。推销人员可以通过察言观色，根据顾客的面部表情、语言、动作、行为等的变化来判断和识别顾客的成交意向。

1. *表情信号识别法*

所谓表情信号识别法，是指通过观察顾客的面部表情来判断和识别顾客成交意向的方法。

人的内在心理活动，包括其深层的心理活动总是要通过其外部行为表现出来的，特别是通过其面部表情表现出来。哲学家狄德罗在其著名的《绘画论》中指出："一个人心灵的每一个活动都表现在他的脸上，刻画得很清晰，很明显……"同样，通过推销人员的有效劝说之后，顾客的成交意向也会在面部表情上反映出来，推销人员可以通过捕捉顾客的表情获得成交信号。

（1）目光。人的眼睛最富于表情，从一个人的眼睛中，往往能窥见其内心世界。如果一个人目不转睛地盯着看另一个人，说明他对这个人感兴趣。同样，通过推销人员有效地推销和劝说之后，使顾客的目光集中到某一商品、产品的广告、产品说明书上时，说明他对这个产品已产生兴趣，或者产生想购买的意向。

（2）笑容。通过推销人员彬彬有礼、实事求是地介绍商品后，顾客的脸上露出赞许的微笑时，暗示顾客有购买的意向。

（3）凝视。当顾客听了推销人员的介绍后，目光凝视某一商品并默默地进行盘算时，暗示顾客已有心动意向。

（4）态度转变。顾客一开始对推销人员的介绍表情冷漠、态度冷漠、言辞生硬、拒绝接受，但是经过推销人员对产品耐心介绍之后，顾客面部表情"由阴转晴"，面露微笑，态度也逐渐好转，这说明顾客已开始注意产品并对产品产生了一定的兴趣，暗示着顾客有成交的意向。

2. 语言信号识别法

语言信号识别法就是通过顾客的言谈话语来判断和识别顾客成交意向的方法。

顾客的言谈是判断和识别其成交信号的最直接的表现形式，如赞许的言辞、贬斥的言辞、提出要求、有意压价、询问购买有关问题等。顾客的话语则是判断和识别他们成交信号的间接的表现形式，以此可以了解顾客的成交意向。古人云："凡音之起，由人心生也。"这说明顾客的言谈话语能反映其心理状态。推销人员应能从顾客有意无意流露出的赞叹、喜欢、夸奖、信任、请教、询问等多种多样的言谈话语中，捕捉到他们的成交信号。

（1）顾客的询问。有时顾客的成交信号是通过直接向推销人员的询问表达出来的。顾客通过询问交货时间（贵公司什么时候能交货）、付款条件（贵公司对付款方式有什么限制吗）、交货方式（贵公司是一次交货还是分期交货）、产品质量（对该产品的质量贵公司有什么保证措施）等具体事宜，说明他们有购买意向，这是一种明显的成交信号。

（2）顾客的措辞。有时顾客的购买信号表现得很微妙，他们可以通过某些措辞将购买信号传递给推销人员。例如说"这种产品确实非常漂亮!""不错！我很喜欢这种样式。""这种产品很适合我们的需要。""我早就想拥有这样一件产品了!""这样的车子骑起来很舒服!""别人也曾建议我买这样一件产品。""同事说这种款式非常适合我。"等。顾客将对商品的兴趣、购买的信号隐藏在他们的措辞中，推销人员要训练自己的敏感能力，从言谈话语中找出他们的真实感受，促成与顾客的交易。

（3）顾客提出问题。顾客会提出产品价格问题，如顾客询问新旧产品比价问题；与竞争产品之间的价格差异问题；产品的成本价格问题；希望把价格定得更确切一点等。这往往表明顾客已考虑到要进入购买阶段了。顾客也会对产品质量及产品加工问题提出具体要求，尽管他们有时会把这些问题当作异议提出来，这恰恰说明顾客对该产品已有了深入的了解、一定的考虑和更具体的要求，这表明了他们要求成交的意向。顾客还会提出售后服务问题，当顾客提出如何维修、能否上门服务以及退换条件、实行三包等问题时，说明顾客已经在考虑购买产品以后的问题了，这是一种明显的成交信号。

(4) 顾客对产品提出的异议包括以下几个方面：

1) 有多少人购买该种产品？有多少人退货？

2) 产品材料是否经久耐用？如果达不到推销人员的承诺怎么办？

3) 产品能保证质量吗？如若达不到承诺的质量标准怎样退赔？

以上这些问题都是以疑问、反问和异议的形式提出来的，但这又是顾客真正想购买时所发出的一些信号。

3. *行为信号识别法*

行为信号识别法就是通过观察顾客体态、行为表现来判断和识别顾客的成交意向的方法。

推销人员对顾客不但要听其言，还要观其行。顾客的购买意向还会通过体态、行为反映出来，顾客的不同行为是他们不同心理状态的反映。例如顾客不由自主地点头称是；身体自然前倾；用手触摸商品等，都是发出的购买行为的信号。具体表现如下：

(1) 顾客听了推销人员的说明或介绍后频频点头，是同意的信号。

(2) 顾客表现得很轻松，并能专心倾听推销人员的说明和介绍，是对推销人员及其产品有好感的信号。

(3) 顾客专心研究样品和有关资料，脸上显露出高兴的神情，是一种明显的成交信号。

(4) 顾客接受重复约见。顾客通常是不愿意重复接见一位无望成交的推销人员的，如果顾客乐于接受推销人员的重复约见或主动提出会面时间，就暗示顾客有成交意向。

(5) 在面谈过程中，顾客主动向推销人员介绍该企业负责采购的人员及其他有关人员，如果介绍的是企业高层决策者，表明他们已经做出初步的购买决定，一些具体事宜待有关人员进一步谈判，这是一种明显的成交信号。

(6) 其他成交的行为信号：顾客认真地阅读推销资料；顾客比较各项交易条件；顾客有意杀价；顾客担心修理费用高或维修难；顾客开始拿出支票或信用卡准备签字。

总之，顾客的购买信号掩藏在顾客的面部表情、语言、动作、行为的背后，推销人员要学会细心观察和用心体验，善于及时准确地捕捉到以上成交信号，抓住合适的机会达成交易。

二、成交方法

成交方法是指在最后成交过程中，推销人员抓住适当的时机，启发顾客做出购买决定、促成顾客购买的推销技术和技巧。常见的方法主要有：请求成交法、假定成交法、选择成交法、小点成交法及其他成交法等。

(一) 请求成交法

请求成交法是指在最后成交阶段，根据顾客发出的成交信号，推销人员适时地直接要求顾客购买推销品的一种成交技术。这种方法直接而简单，是推销人员常用的方法。

在推销过程中，由于推销人员采用恰当的推销策略并运用其他有效方法吸引了顾客对商品的注意力，使顾客产生了购买动机，顾客认为所推销的产品确实符合他们的需要，这时推销人员提出成交的要求，达成交易，是水到渠成、顺理成章的事情。因此，这种方法使用起来较为自然，效果也最好。

请求成交法体现了推销人员积极主动的精神。当然，这种积极主动精神是以推销人员坚定的自信心为基础的。下面分析一些实例。

(1)“赵经理，您刚才提出的问题都已经解决了，这次您想购买多少?”一般来说，当洽谈中各种主要问题都已基本解决时，推销人员就应该及时提出成交的要求。

(2)“钱厂长，您既然没有什么不满意的地方了，就请您在这里签个字吧。”在洽谈中，推销人员进行介绍、说明、演示、重点提示，以期引起顾客的购买反应，在顾客没有提出异议也没有明确地提出购买时，推销人员应该主动地向顾客提出成交要求。

(3)“孙主任，谈了大半天，您也很忙，我也该告辞了，您要求什么时间交货?”在顾客的心里已经做出了购买决定，只是久久不愿主动开口时，为节省时间，增强顾客的购买信心，推销人员应该适当施加成交压力，直接要求成交。

(4)“李科长，既然东西好而不贵，您还是早些买下吧!”当推销人员妥善地处理了顾客提出的质量和价格异议后，也就排除了成交的障碍，推销人员应抓住这一有利时机，立刻向顾客提出成交要求。

(5)“周处长，这批东西质量不错吧?您想买哪种款式?”当推销人员捕捉到成交信号之后，就应立刻提出成交的要求。

使用这种请求成交方法时应注意：要把握好请求成交的时机，要在顾客已下定购买决心时，及时请求；推销人员要保持自然成交的态度，要不慌不忙，做到主动但不激动、请求但不央求，也不能过多地向顾客施加压力；在请求成交时，推销人员要注意自己的言辞和态度，语气要和缓，用词要适当，表达要简练明确，态度要从容、恳切，使顾客产生信任感，这样才能收到较好的请求效果。

请求成交法的主要优点是：可以有效地促使顾客立即做出购买反应，达成交易；可以充分利用各种成交的机会，发现顾客有成交意向，便可立即提出成交要求；可以节省时间，提高推销效率，体现了灵活机动、主动进取的现代推销精神。因此，该方法是推销人员经常选用的基本成交技术之一，具有广泛的用途。

请求成交法的缺点是：如果推销人员把握不好成交的时机，盲目要求成交，就可能产生成交高压，破坏成交气氛，造成顾客有意或无意地抵制成交的后果和被动局面。

(二)假定成交法

假定成交法是指推销人员假定顾客已经接受他的推销建议，直接要求顾客购买其推销产品的一种成交技术，这是一种基本的成交技术。

假定成交法建立在“顾客会购买”的肯定假设基础之上，推销人员以此为出发点，逐步展开各种推销方法，一旦获得进展，就可以向顾客提出成交请求。由于这种方法是建立在肯定“顾客会买”的基本假设基础之上的，因而推销人员认为顾客具备了“有心购买”“有钱购买”“有权决定”3个有利的成交条件，这样就更加坚定了推销人员对顾客成交的信心。同时，推销人员的自信心又会增强顾客的购买信心，缓解顾客的心理疑虑，增强他们的购买意向。由于购销双方的相互信任，最终可促成交易成功。下面结合实例进行分析说明。

(1)“张科长，我们讨论的确实是一项互利互惠的方案吧?”“的确如此。”“既然如此，张科长，就这么定了，我们马上准备交货!”推销人员看准了成交时机，假定顾客已经同意购买，用的是假定成交法提出成交的要求。

(2)“王经理，这个月订多少货?”推销人员假定顾客这个月要购买他的产品，如果王经理确认购买数量，就暗示已经成交。一般情况下，对购买频率高的老顾客，可以采取直接假定成交，直接要求顾客采取购买行动。

(3)“李厂长，我用一下您的电话，通知单位立即给您发货。”如果厂长允许推销人员借用电话通知对方发货，就意味着他已经决定购买产品了。

以上都是运用语言假设暗示同意成交的例子。

(4) 顾客：“是的，我们也认为这样的价格比较合理。”这时，推销人员可以马上从提包中掏出笔和合同书，示意顾客在合同上签字。

以上方法，推销人员不是用语言说服，而是用行动假设暗示成交。

(5)“赵科长，这是订货单……”推销人员看准成交信号和机会，拿出订货单，摆开一副签订合同的架势，直接要求顾客采取购买行动。

(6) 顾客：“这样的价格比较公平合理，让人能够接受。”这时，推销人员马上拿出笔和合同书说：“您只要签上字，我们就可以送货了。”

(7)“这些东西给您包好。”售货员看准时机，假定顾客已经决定购买，待对方一点头，交易就完成了。

以上 (5) (6) (7) 采取的是用语言和行动混合假设暗示同意成交的方法。

假定成交法有优点也有缺点。优点是节省时间，提高推销的效率；可以适当减轻顾客的成交压力。因为假定成交不是明示成交，而是暗示成交，可以把推销提示转化为购买提示，把顾客的成交信号（成交意向）直接转化为成交行动，从而促成交易。假定成交方法是最基本的成交技术之一，具有广泛的用途，同时还是其他各种成交技术的基础。例如选择成交法、小点成交法等都是以假定成交法为基础的。

假定成交法的缺点是：可能对顾客产生成交压力，破坏成交气氛；不利于进一步处理有关的顾客异议；这种推销方法是推销人员把顾客的暗示反映当作明示反映；把成交的信号当作成交的行为。因此，如果推销人员把握不准成交的机会，就会引起顾客的反感，反而会阻碍成交。

(三) 选择成交法

选择成交法是指推销人员直接向顾客提供一些可供他们选择的购买决策方案，并且要求顾客立即选择其中一种的成交技术。

选择成交法是对假定成交法的应用和发展，推销人员假定顾客要购买他所推销的产品，设想顾客在购买时的不同选择，为顾客提供一些符合顾客需要的并与他们的需要相适应的选择方案，这样更有利于顾客顺利做出购买决策，尽快成交。在实际推销工作中，这种选择成交法用途广泛，具有很好的成交效果。下面结合实例进行分析说明。

(1) 顾客走进餐厅，服务人员立刻递上菜谱，并说道：“先生，请您先点凉菜吧。是要中盘？还是要大盘?”这是给顾客两种选择，促使顾客在两个方案中决定一种，从而可以有效地防止顾客的第 3 种选择——选择小盘。

(2) 推销人员在用户即将决定进货之际立即问道：“冯经理，这次您进 1 000 件还是 2 000 件?”推销人员根据顾客的能力，为他提供两种尽可能高的数量让他选择。

(3) 柜台上的商品琳琅满目，就在顾客犹豫不决的时候，营业员根据顾客的年龄、气质、职业等，为其提供两款较适合她的时装："这是今年流行的最新款式，您是喜欢这件米色的，还是喜欢这件咖啡色的?"

推销人员在使用选择成交法时，要根据顾客的购买动机、行为反映和实际情况，看准成交的时机，提出适当的选择方案，不是让顾客在买与不买之间选择，而是把顾客的选择限定在成交范围之内，在不同的数量、规格、款式、颜色、包装等方面进行选择。这种方法似乎是由顾客自己做出购买决策，实际上推销人员已用假定的方式帮助顾客做出决策，仅给顾客一定的选择权，但又没有强加于人的感觉。这种方法可以减轻顾客购买时的心理负担，在一种良好的气氛中促使顾客成交；同时，推销人员帮助顾客选择商品，可以较快地完成交易。

推销人员在使用选择成交法时要自然得体，既要主动热情，又不能操之过急，不要让顾客有"受人支配"的感觉。最关键的一点是推销人员要把握好顾客的购买意向，为顾客提供适合他们需要的选择方案。

选择成交法也是推销人员经常使用的一种推销技巧，它具有广泛的用途，成功地将选择提示原理运用于整个推销过程，给顾客选择权仅是一种有效的推销手段（使顾客难以全部拒绝成交选择方案），推销人员可以利用这一手段达到自己特定的目的。

(四) 小点成交法

小点成交法是推销人员利用成交小点间接地促成大的交易的一种成交技术。小点即较小的成交问题或次要的问题。推销人员通过小的成交问题和次要问题的解决，逐步过渡到大的交易。一般来说，从顾客的购买心理看，在进行重大购买和成交决策时心理压力大，因而比较慎重和敏感，缺乏购买信心，不会轻易做出明确的决策。而在处理较小的成交问题时则心理压力小，购买信心强，能较为果断和明确地做出购买决策。小点成交法正是利用了顾客的这一成交心理活动的规律，避免直接提出重大的和顾客比较敏感的成交问题，而是先从小的和顾客不太敏感的成交问题入手，先小点成交，再大点成交；先就成交活动的具体条件和具体内容达成协议，再就成交活动本身与顾客达成协议；先在没有争议或不会引起争议的问题上达成协议，最终促进现实交易的成功。以下用案例进行分析和说明。

(1) "张经理，这批货的价格够便宜吧？如果没有其他问题的话，我们明天就给您送货。"推销人员向水果店推销低于一般市场价格的甜橙，推销人员知道在价格问题上不会引起争议。因此，先从不会引起争议的次要问题入手，争取顾客购买。

(2) "赵厂长，设备安装和修理的问题由我们负责，如果没有其他要求，我们就这样定下来了。"推销人员没有直接提示重大的问题，而是先提出设备安装、修理等售后服务的小问题，先促成小点成交，再假定大点成交。在这种情况下，只要赵厂长接受了小点成交条件，推销人员就可以假定顾客已决定购买他的产品，最终促使交易成功。

(3) "钱科长，您不必担心交货的时间问题，我们保证按期送到，您看怎么样?"推销人员抓住有利成交时机，直接把成交信号转化为小点问题，这样既可以消除顾客的疑虑，又可以有效地促使顾客自动成交。

(4) 在洽谈过程中，顾客提出资金紧张，推销人员便机智地说："这个问题不大，对于你们这样历来讲信誉的企业，我们可以让你们分期付款。怎么样，明天我们就可以发货了吧?""孙厂长，关于付款方式问题，可以根据实际情况来定，支付现金和转账支票都可以，您就决定吧。”以上两个例子都是推销人员看准成交时机，把成交信号转化为小点问题，使顾客的成交注意力集中在小点问题上，又把成交小点和成交选择结合起来，促成小点成交，假定大点成交，最终促成交易。

小点成交法是以假定成交法为基础的，推销人员假定只要小点成交，就能大点成交。小点成交是一种试探性的成交，要求推销人员想方设法直接促成小点成交，间接促成大点成交。推销人员要善于捕捉和利用各种成交信号，并直接把信号转化为成交小点，努力促成小点成交后，再把小点成交转化为大点成交信号，假定大点成交，最终达到成功交易。

小点成交法的优点在于它采取了先易后难、逐步推进的方法，避免直接提出成交的敏感性问题，有利于减轻顾客成交的心理压力，同时由推销人员掌握主动权，既可以主动进攻，又可以为自己留有退路，非常灵活。

小点成交法的缺点是有可能分散顾客的注意力，引起顾客的误会，产生纠纷，使顾客失去购买信心，因此推销人员不要盲目地进行成交尝试，乱用小点成交法。推销人员在运用小点成交法时，要了解顾客的购买意向，选择适当的小点，创造出良好的成交气氛；同时还要把小点与大点结合起来，先小点，后大点，以小点成交促大点成交。

微故事 6-3

小钟是一小饭馆的服务员，某个夏天的中午，一小伙走进饭馆，他点了一份蛋炒饭。小钟想让他多消费点，于是她对小伙说：“这么热的天，只要一个蛋炒饭，容易口渴，要不您再来瓶冰啤酒?”对方想想，同意了。小钟又说：“蛋炒饭不下酒的，要不再点个炒菜吧，你说呢?”对方也同意了。

微技巧 6-3

面对一些犹豫不决的购买者，要他们讲出一句“我决定买了!”，确实不是一件容易的事。聪明的推销员会设计一些推销的“由头”来刺激对方，让他们快快决策，脱口说出：“我要购买!”什么样的“由头”最有效呢? 这里提供几则有效的“饵”，仅供参考。

(1) 即将涨价了：现在不买，明天开始调涨5%的价格。

(2) 今天是最优惠的一天：不买可惜，现买现赚，及早行动，你就是受益者。

(3) 提前交货：假如今天订货的话，两星期内就可以交货，否则要等两个月以上才能轮到你!

(4) 现在决定，马上享受折扣：假如推销员能给予折扣优惠，把折扣当成一个特别优惠条件，也就是现在订货，马上获得好处。

(5) 付订金，赠品就是客户的：对于高价的商品，以支付订金来交换赠品或奖品，有些公司以马上参加摸彩为由，获得奖品签收时，就等于签下订单。

(6) 配件、耗材、维修免费：很多产品必须有配件耗材，都要花钱购买，以附赠品来加速购买，如买皮鞋送鞋油；买影印机送碳粉等。

推销的诱饵可以加速客户的决策行为，推销员可以根据公司及产品的状况来设计，记住，创意可以帮助推销员达成销售的最高目标!

资料来源：http://blog.sina.com.cn/s/blog_492b79ac010006fm.html.

（五）其他成交法

以上介绍了推销人员经常使用的最基本的成交方法，除此之外，还有其他方法。

1. 从众成交法

从众成交法是指推销人员利用顾客的从众心理来促使顾客立刻购买商品的方法。

从众心理是指人们追求和多数人行为相一致的心理，是一种普遍的社会心理现象。顾客的购买活动既是一种个体行为，也是一种社会行为；既要受到顾客个体购买动机的支配，又要受到购买环境的影响和制约。个人的认识水平和社会环境的压力是产生从众心理和行为的基本原因。推销人员可以利用顾客的从众心理，利用周围环境和一部分顾客对另一部分顾客的影响促成交易。例如以下情况：

(1)"张小姐，这是今年最流行的款式，销售得特别好，您还不来一件?"

(2)"您看，这种新产品非常受欢迎，购买它的顾客很多。"

(3)"王经理，我们厂生产的这种产品受到了顾客的普遍好评，十分畅销，大多数商店都进了我们的货，您看这是几天来的订单，有全国十几个省、市、自治区来定货的，还有国外的订单……"

以上推销人员的语言，都是在利用顾客的从众心理，促使顾客尽快做出购买决策。

有时顾客在某零售商店前排队购买商品时，销售人员并不急于接待顾客，而是用中等速度不紧不慢地接待顾客，目的是始终保持一种热销的气氛，诱发顾客的从众心理。

从众成交法的优点是，如果能创造出一种有利的购买环境，就可以省去许多推销环节，简化劝说的内容，利用顾客之间的相互影响，有效地说服顾客。这种成交方法的缺点是不利于推销人员准确地传递推销信息，缺乏劝说成交的针对性。这种方法只适用于对从众心理较强的顾客进行成交诱导，对那些自我认知意识较强的顾客难以奏效。

推销人员使用这种方法时，要注意把握顾客的购买心态，针对顾客的从众动机进行积极诱导，要合理地利用顾客的相互影响，绝不能采取欺骗手段引诱顾客。

2. 相关群体成交法

相关群体成交法是推销人员利用对顾客购买有重要影响的群体促成交易的方法。

这里的群体是指对个人的购买起重要影响作用的组织和团体。在社会生活中，每个人都从属于某个群体，或从属于某一职业群体：工人、农民、教师、医生、文艺界、机关工作人员等；或从属于某一年龄群体：儿童、少年、青年、中年、老年等；或其他群体。群体对个体的影响非常大。推销人员可以对有明显趋于某一群体消费行为模式的顾客施加群体影响，促成顾客购买。例如以下案例：

(1) 某推销人员对一青年顾客说："许多青年人都喜欢这种款式，穿上它会使人洋溢青春的活力。"

(2) 某推销人员看准了顾客是个追星族，便说："今天一天就快把这个光盘卖完了，都被喜欢他的歌迷买走了。"

(3) 推销人员对一位白领女性说："这种化妆品深受上层女士的欢迎，著名影星×××专门使用这种化妆品。"

(4) 推销人员对老年人说："这种保健品深受老年朋友们的欢迎，有许多回头客，他们都说服用后效果非常好。"

相关群体法有效地利用了人们对所在群体的趋同心理，能有效地促进其购买行为，减少了推销人员程序化的劝说，有利于突出商品的特点，满足顾客相应的心理需要。但这种方法不适用于对普通货物的推销。推销人员在运用相关群体成交法时，要注意对顾客所属群体的了解，针对顾客相关的群体突出介绍推销产品的相应特点，并表示出对该群体的好感和赞美。

3. 机会成交法

机会成交法是推销人员通过向顾客提示最后成交机会，促使顾客立即购买商品的一种成交方法。这种方法的实质是推销人员通过提示成交机会，限制成交内容、成交条件和成交时间，利用机会心理效应，增强成交的说服力。请看实例：

(1)“目前这种商品供不应求，这是领导让我们留给老客户的，如果您现在买，还可以卖给您一些。”

(2)“这种商品价格上涨得很快，您应趁还没有提价赶快购买。”

(3)“我们的存货有限，要求订货的厂家又很多，如果现在就订货，还能保证您的需要。”

(4)“如果最近两天还收不到您的订单，我们就不能保证把这批货留给您了。”

以上是推销人员使用机会成交法推销自己的商品。实际上，顾客不可能注意所有的成交机会，而只注重重要的机会。机会成交法恰恰是在强调购买机会的重要性，刺激顾客的购买动机和心理，激发其购买欲望，促成交易的实现。

微故事 6-4

广告公司业务员小刘与客户马经理已经联系过多次，马经理顾虑重重，始终做不了决定。小刘做了一番准备后，又打电话给马经理。

小刘：“马经理您好，我是××公司的小刘。”

马经理：“噢！是小刘啊。你上次说的事，我们还没考虑好。”

小刘：“马经理，您看还有什么问题？”

马经理：“最近两天，又有一家广告公司给我们发来了一份传真，他们的广告牌位置十分好，交通十分便利，我想宣传效果会更好一些。另外，价钱也比较合适，我们正在考虑。”

小刘：“马经理，您的产品的市场范围我们是做过一番调查的，而且从您的产品的性质来讲，我们的广告牌所处的地段对您的产品是最适合不过的了。您所说的另外一家广告公司所提供的广告牌位置并不适合您的产品，而且他们的价格也比我们高出了不少，这些因素都是您必须考虑的。您所看中的我们公司的广告牌，今天又有几家客户来看过，他们也有合作的意向，如果您不能做出决定的话，我们就不再等下去了。”

马经理：“你说的也有一定的道理。”(沉默了一会儿)“这样吧，你改天过来，咱们谈谈具体的合作事项。”

---

4. 提示成交法

提示成交法是推销人员通过对推销产品的优点及购买后的利益进行概括和强调，促使顾客做出购买决定的一种成交方法。

为了引起顾客对产品的注意，激发其对产品的兴趣，推销人员往往在洽谈一开始就不断地向顾客介绍产品的优点和利益，如果能引起顾客对产品的浓厚兴趣，推销人员再采用提示成交法促使顾客做出购买决定。推销人员可以把商品的优点和缺点分别进行分析对比，并运用补偿的方法，在说明产品优点的同时向顾客指出这些优点可以有效地弥补顾客的担心，以此强化顾客的购买心理。请看实例：

(1)“这是我们新研制的产品，用起来省时省力，有其他产品不具备的优点。”

(2)“我们一起实事求是地分析了这种商品的优点和缺点，客观地说，任何商品都不会十全十美，这种商品的优点大于缺点，值得您信赖。”

使用提示成交法，实际上是对推销要点的重复，因为某些推销的要点只说一次，可能不会引起顾客的足够重视和充分理解，所以需要在最后反复提示和强调，加深顾客对商品的印象，以促使顾客购买商品。

在运用提示成交法时，要求推销人员对产品的优点和缺点有充分的了解，并且在事前要做好必要的准备，做到胸有成竹。

5. 特定成交法

特定成交法是推销人员利用商品特点和顾客特性的巧妙结合促成交易的方法。

大哲学家莱布尼茨说，世界上没有两片完全相同的树叶。同样，世界上也没有两个完全相同的人，每个人都有自己的特性。当客观事物与人的特性相吻合时，往往会引起人们的认同感，对它有很高的接纳性。特定成交法正是利用人的这种心理，把特别的商品推销给特别的顾客。请看实例：

(1) 某女士去商店买服装，试穿服装后，推销人员马上说道：“这件时装好像特意为您定做的，您穿上非常合体，从颜色到款式都非常适合您的气质。”

(2)“这批商品是特意留给你们饭店的，只有您这种档次的饭店才配得上这样的商品。”

特定成交法从顾客固有的特性出发，把符合消费者个性的商品推销给消费者，这样既满足了顾客的心理需要，又提高了他们对商品的认同感。推销人员在运用特定成交法时，必须注意准确地把握顾客的特性，把商品推销给他们，才能达到较好的效果。

6. 欲擒故纵法

欲擒故纵法是指推销人员先假装消极销售的样子来诱导顾客积极购买，从而实现交易的方法。在市场上常有这样的现象，有时推销人员越积极地推销越没人理睬；而推销人员采取消极态度后，反而有顾客问津了。这是因为顾客可能认为，推销人员之所以这样叫卖是因为产品销路不好或有什么问题。但是，当推销人员装得若无其事的样子时，顾客反而变得积极主动了。大概是因为推销人员采取的这种姿态会给顾客一个“我的商品不愁卖不出去”的信息。俗话说“欲速则不达”，欲擒故纵成交法使用的是假纵真擒，假消极、真引诱，促使顾客积极购买的策略，这也正是欲擒故纵法的魔力所在。

微故事 6-5

一个卖水果的小贩，看到周围的顾客只是围着看、问价，就是不买。这时他看到卖这种水果的只有他一家，于是他假装看看表后对同伴说：“不卖了，该回去吃饭了。”假意收拾东西准备离去。这时，他听到有顾客说：“先别走，给我称几斤。”紧接着，周围的人也纷纷购买，不一会儿，一车水果都卖光了。这位聪明的小贩使用的就是欲擒故纵成交法。

微技巧 6-4

善成交

推销的功夫做了一大堆，很多推销人员却不敢向客户下订单，这种不敢向客户要求下订单的推销人员，就如同只耕耘不收获的农夫，白费功夫！

缔结成交的英文叫 close，依原意可以是成交结案的意思，也可以是关闭的意思，尤其是对那些投入了许多时间与精力去推销的客户，当进行 close 动作时，可能是拿回一张大订单，也可能是将向这个客户推销的工作做个结束，因为客户在短期内不会购买。所以，缔结成交可以说是推销工作的验收手续，没有缔结成交，生意不会进来，缔结成交的重要性不言而喻。

推销人员应该把缔结成交当成家常便饭，尽量早做、多做，不要迟疑不决，尤其是在推销说明完毕之后，或是回答客户询问之后，应该有缔结成交的动作。业绩好的推销员，就是常常不忘要客户下订单的人。缔结成交的技巧有很多种，这里介绍 6 种以供参考。

（1）假设成交法：认定客户已经准备下订单了，这种默认最有效。

（2）实际行动法：以实际行动来促成交易，如写订购单、签出货单、打电话要仓库出货、询问送货地点。

（3）小事成交法：请客户通过决定某一件小事来确定成交的行为。例如，现金或刷卡、上午送货或下午送货等。

（4）赠品成交法：提供客户某一优惠或赠品，以加速成交。

（5）二选一成交法：提供两个方案，供客户选择其一。

（6）借口成交法：提供一个借口或理由，让客户提早做决定，例如经济已渐苏醒，物价将上扬，早做决定，保障价格不变。

推销职场

2014 年毕业的营销同学——的实习故事

2013 年 12 月我在世联地产的领导下在维科馨苑做客服，当我做了一两天的客服后才发现原来这一切并不简单。虽然进入社会对于我来说还得需要一段时间，但是现在我已深切地体会到了就业的压力。我深感客服工作的压力。“让客户满意，为客户创造价值”是我们的工作目的，这要求我们不仅要全面了解客户现在的需求，还要正确分析客户的需求，更多的是要拥有很多专业知识。我们要对自己职责范围内的事务负责到底，其他的事务需要做到及时有效协调沟通，对于客户潜在的需求要走在客户前面，提前做好准备，真正做到让客户满意。突发事件出现时必须临危不乱，严格按照标准流程及时准确上报，并做好相关准备，协助相关部门有效处理。作为一名客服人员，不仅要按时、保质、保量地完成领导交办的各项工作任务，也要做好每位业主的各种服务工作，所以对自身业务水平要有很高的要求。我十分注重相关政策法规的学习，力争在第一时间吃透最新政策法规的精神要求；努力学习办理按揭抵押及产权登记等手续，希望在最短的时间里熟悉各项手续。对每位业主的个人信息保密工作都责任大于天，所以在日常工作中，我十分注重客户资料的管理，以便建立科学、合理、规范、全面的档案，方便日后的查阅。另外，对客户的成交信息以及联系电话的管理也更为规范。这些工作让我更加深刻地理解到了客服工作的神圣使命感。

首先介绍一下我的实习单位：世联地产成立于1993年，是国内最早从事房地产专业咨询的服务机构。2007年，世联地产整体改制，成立深圳世联地产顾问股份有限公司。世联地产经过20年的发展，已成为全国知名的房地产综合服务提供商，业务范围覆盖房地产代理销售、顾问策划、资产服务、金融服务及经纪业务。

中期顶岗实习的帷幕渐渐落下了。回想起从开始到现在，这一路走来我最大的感受就是自己成熟多了。实习工作不仅丰富了我的人生阅历，还让我品尝到了工作的辛苦和成长的快乐。通过近一个月的实习，我确确实实地学到了很多在学校及书本上学不到的东西。尽管以前我有很多的社会实践经历，但是这次感觉与前几次有很大的不同（以前都是去做促销），而且感觉比以前收获更多。比如在人际交往方面，书本上只是很简单地告诉你要如何做，而社会上人际交往非常复杂，这是在学校感受不到的。社会上有各种人群，每一个人都有自己的思想和自己的个性，要跟他（她）们处理好关系还真的需要许多技巧。而这些技巧通常来自社会阅历与经验。在纷繁的人际关系中，有关心你的人，有对你无所谓的人，有看不惯你的人……就看你如何把握了。在与人交往的过程中，你在不能改变某种事情的情况下，只能学着去适应它。

在实习期间，我养成了不管遇到什么困难都不会被它吓倒且从不轻言放弃的品格。人要想实现自身的价值就一定要努力坚持，保持勤奋努力的工作作风，而且还需要随时都有一个积极向上的心态。这样遇到困难、挫折就容易克服，即使失败了那也是短暂的，你完全可以总结经验教训，再次站起来。实习是每一名大学毕业生必须经历的，它使我们在实践中了解社会，让我们学到了很多在课堂上根本就学不到的知识，也开阔了视野，增长了见识，为我们以后走向社会打下了坚实的基础。实习是我们把学到的理论知识应用到实践中的一次尝试。当然，我在工作中还有缺点和做得不到位的地方，我会继续努力工作、努力学习，今后一定尽力做到最好。工作中需要“超越”的精神，我相信经过努力，工作会越做越好。

我会在后期的顶岗实习中做得更好，做出突出的业绩。同时结合上个月的实习情况调整实习进度和实习计划。我将不断完善自己，进一步提高与业主的沟通协调能力，加强和各项目的联系，提高工作效率，更加严格要求自己，争取取得更大的进步。

（浙江工商职业技术学院，营销1112 周华）

营销1424陈波尔的毕业实习总结

为期3个月的实习已经结束了，从11月16号踏入沃尔玛大门开始，我便开始了一段别样的旅程。那天，公司与我们相约9点办入职，我们却在8点半便抵达了沃尔玛的人事部。面对我们即将实习的地方，我的心中不免有些忐忑与激动。一切手续办好后，我们取了衣服便根据之前的分配被领到了各个部门。那是我第一次与我的主管见面，她正在从容地处理着一些事情，让人感觉难以接近却好像又很亲切。之后她分配给我一些任务，让我去学习收银，就这样我在沃尔玛“落地生根”了。到了一个崭新的地方，你总会感觉陌生又新奇。虽然就是平时逛的超市，可我已经从顾客变成了员工，这是一种奇妙的体验。我对我的实习生活充满了热情，只有饱满的热情和乐观的态度才能让我更好地面对未知的机遇与挑战，不是吗?

我和其他同学一样，实习期间干着一些微不足道的小事。每当别人问我实习都干什么的时候，我都不知道如何回答，或许“打杂”是个很好的形容词吧！我的父母知道我在超市实习的时候也是频频摇头。超市实习？妈妈说她没读过书，这些事情也做得来啊！我的心里自然地产生了一种不甘在这种地方工作的抵触情绪。可是我和我高中时的好朋友聊天时她告诉我，你可不能这么想，白白浪费了3个月的时间啊！她告诉了我一个新的名词——蘑菇定律。大家都知道蘑菇生长在阴暗潮湿的环境下，从未接受过阳光的照耀，可是它在如此恶劣的环境下却生长得那么好，而且还富有很高的营养价值呢！这个蘑菇就是我们现在最好的写照。处在一个大环境下或许有点郁郁不得志，总干一些毫无技术含量的事情，感觉似乎什么都学不到。但事实真的是这样吗？非也！其实很多小事往往能体现出一个人的品质或者是办事能力，很多高层也是通过观察这些应聘者是否有能屈能伸的气度，是否在小事上也一丝不苟，发挥出自己最大的努力，从而提拔他们的。通过了这些考验的人往往心理承受能力和办事能力都很强。那天，我和人事主管聊了几分钟，她是这么跟我说的："很多学生现在体会不到给他们安排这些实习的意义，也会产生大材小用的感觉，但是当他们真正步入社会的时候，更多的学生是会感激和怀念这段实习时光的。这是一段步入社会的过渡期，可以让他们更好地适应社会的种种，无论是公平的还是不公平的，阴暗面或是阳光面，甚至遇到一些棘手问题也能从容应对。有人在这次实习中明白了自己不应该这么碌碌无为、平平庸庸，认识到自身的不足。实习搭起了一座让你通往更好地方的桥梁。"我要做一朵蘑菇，在我的岗位上默默地奉献着自己便足够了，或许会有人赏识，或许根本没人理会，但只要做好自己分内的事，并不断地完善自己，我总会有属于我自己的价值，也会有我自己的快乐！

在沃尔玛实习时，我接触了更多的人，有些人、有些事一直影响着我。和主管相处的点点滴滴；在沃尔玛的欢声笑语；跟一些几乎不讲话的同学谈天说地；同坐在一个饭桌上进餐；和社区的叔叔阿姨过冬至；看他们包饺子比赛时脸上洋溢的那种快乐；等等，这些都让我感觉很温暖。一些员工偷懒反而对我们的工作指手画脚时，也会让我感到厌恶。但现实生活就是这样，总有它的好与不好。在促销部工作是一件苦差事，每天爬上爬下地挂东西，还走来走去地搬东西，让原本就大大咧咧的我更是练成了一个真正的"女汉子"，力气也大了不少！我要感谢在工作中帮助过我的同学，在沃尔玛工作的每个人几乎都帮助过我，或是帮我搬东西，或是帮我整理仓库，又或是帮我做活动，等等，真是太多了，或许是举手之劳，或许是拔刀相助，但我都很感谢你们，在这里再说一声谢谢。

总之，很感谢人事部选择我来促销部的实习，让我的实习生活丰富多彩。我喜欢给别人带来欢乐，喜欢认真地完成每一件事情，喜欢疯疯癫癫地在生活里做一个傻子，不去管世间的纷纷扰扰，你会有你的小幸福。既然做不了一个安静的女子，那么做一个动如脱兔的"女疯子"不也挺好？用微笑面对生活，生活会回馈以微笑。做一只在恶劣环境下顽强生存的蘑菇，感恩身边的人和事，对生活报以微笑，此一生足矣！

（浙江工商职业技术学院，营销1424　陈波尔）

技能故事

1. 如何有效地拜访客户以促成交易

技能说明

成交阶段是整个销售环节的关键，有的年轻业务员初做销售时往往不善于及时地促成交易，临门一脚没有踢好导致有希望成交的业务没有能够成交，错失很多机会。如何有效地完成拜访并成功地促成交易，可以从下面的案例中得到一些启示。一位高级办公桌椅公司的推销员准备向一家名叫“××”的软件公司推销桌椅，推销员打电话给软件公司的采购经理。

办公桌椅的推销话术

第一次拜访：电话预约

秘书：××公司，您好！

推销员：您好，请问你们公司的采购经理在吗？能方便与他通个电话吗？

秘书：您稍等一下，我帮您转接过去。

推销员：朱总，您好，我是高级办公桌椅制造公司的。（身份介绍）

朱总：有什么事吗？

推销员：在上个星期，您收到一份有关我们公司新生产的办公桌椅的信件，不知您有没有看？（导入主题）

朱总：我还没时间看。

推销员：是这样的，朱总。我们公司最近新生产的这种新型桌椅采用了许多高新技术，将大大减少你们公司员工的很多麻烦，对他们工作效率的提高有极大的帮助。（激发兴趣）

朱总：是吗？会有这么神奇的桌椅吗？

推销员：是的，朱总。不过，要想更全面、更清楚地了解它的特点，可能需要一些时间，如果您有空的话，我们可否约一个时间面谈，讨论一下它的特点以及其他吸引您的地方。（说明打电话的目的并请求见面）

朱总：好的，那你和我的助理联系一下时间吧！

推销员：那就不打扰了，再见！

朱总：再见！

第二次拜访

背景介绍：推销员在秘书的安排下和朱总预约了见面时间。这天他依照时间来到××公司，见到了朱总。

推销员：朱总，您好，我是来自高级办公桌椅制造公司的推销员，这是我的名片。（递名片）我今天来拜访您是想让您更深入地了解本公司新型办公桌椅的特点及益处。（目的声明）

朱总：好的，你说吧。

推销员：那么在这之前，我能否先问几个关于贵公司员工方面的问题？（提出请求）

朱总：可以，请问吧。

推销员：请问贵公司是否经常有员工因为背脊受伤而造成人员缺勤的事件发生呢？（以一个封闭式问题开始信息交流，收集潜在顾客的现状信息）

朱总：对，经常发生，他们经常抱怨桌椅不舒服。

推销员：您能具体说一下他们抱怨的话吗？（以一个开放式问题继续交流信息）

朱总：他们常因为桌椅设计不合理而患背痛病，还说手经常打字打得很累。

推销员：那您认为是什么原因造成员工的背脊受伤呢？

朱总：我们有讨论过，认为是现在使用的桌椅设计不合理，舒适程度不够造成的。

推销员：您有没有采取什么措施来解决这个问题呢？

朱总：我们制订了许多计划，但都没怎么实施。

推销员：您能否告诉我你们的计划吗？（以一个开放式问题继续交流信息）

朱总：我们打算换一批更舒服的办公桌椅。

推销员：你们有没有想过什么样的桌椅才是最适合你们的呢？

朱总：这很难，因为市场上有很多种产品，很难选到那种质地好，设计合理的桌椅。

推销员：那么，如果有一种质地优良、设计合理的桌椅，您有可能购买它，对吗？（以一个封闭式的问题检验自己是否了解潜在顾客的讲话）

朱总：是的，对于这件事你有什么好办法？

推销员：我有办法。我们公司针对这些情况生产了一种新型桌椅，椅子是用薄膜制成的，与传统的泡沫纤维不同，它透气性好，不会积存身体热量，且可随身体的活动而倾斜，扶手既可纵向调节，也可横向调节，桌子设计灵活，桌面分开两半，每半边可独立活动，新式设计还包括伸缩自如的键盘、托架和独立的显示器、键盘以及外围设备搁架。（产品特点介绍）这是我们的宣传手册，您可以看一下。（戏剧化方式）

朱总：听起来不错，不知道它的价格怎样？

推销员：一套桌椅 2 800 元。

朱总：你们的价格太高了，比市场上同类产品贵很多！（提出异议）

推销员：是的，您说得没错。因为我们选用的是最优质的材料，运用了最合理的设计，一定会让您觉得物超所值。（承认异议，安抚情绪，进一步理解）

朱总：可是如果出现故障怎么办？你们有什么保证吗？

推销员：这一点您可以放心，我们有质量保证，还有专业的售后维修人员。

朱总：不错，但我不能确定你们的桌椅是否能符合我们的要求？

推销员：这一点，我相信你们用过我们的新型桌椅以后就不会怀疑了，您可以先订购一部分看看。

朱总：好的，那你明天拟定一份合约过来，我们再商讨一下。

推销员：没问题，朱总。那希望我们合作愉快。（握手）

专家提醒

推销洽谈过程中，如何有效地说服客户促成交易是推销人员应该认真考虑的，并且应该是在和客户接触之前就设计好的。在本案例中，推销人员就把客户的需求了解得较清楚，且能够有针对性地解答和处理好客户异议。

2. 促成交易的策略

技能说明

优秀的销售人员能否从顾客言谈举止的蛛丝马迹中判断出顾客是马上购买、拖延购买或者拒绝购买，这体现着一个导购员技能的高低。如何培养促成交易的能力，是推销人员应该有意识去训练的。

促成交易下“套子”

耐销品的销售是一件磨人的事情。顾客从逛店到最终购买往往要折腾三五个来回。其原因一是耐销品单品价格高，顾客怕买贵了；二是耐销品有一定的技术含量，顾客怕买错了。调查发现，购买电动车等耐销品时，第一次来门店就购买的顾客不到20%，也就是说，80%以上的顾客需要反复权衡，才能痛下决心掏腰包。

识别顾客购买的信号类型。当导购员向顾客介绍了产品的一个重要利益点，或者圆满回答了顾客的一个异议后，顾客会发出不同的信号。这些信号有语言信号和表情信号，导购员要像位于十字路口的驾驶员那样，先识别一下不同的信号，再进行有针对性的处理。信号说明，如表6-1所示。在此，如果顾客发出的是拒绝信号，则用红灯表示；如果顾客发出的是购买信号，则用绿灯表示；如果顾客犹豫不定，则用黄灯表示。

表6-1 信号说明

信号灯	语言信号	表情信号
红灯	你们这个牌子没有听说过，还这么贵。	冷漠怀疑，眉头紧锁； 对产品不屑一顾
绿灯	你说得有道理。 你们的售后服务怎样？ 最低多少钱？ 你真是个好售货员！	频频点头； 紧锁的双眉分开上扬； 突然放开交叉抱在胸前的手
黄灯	我要和家人商量商量。 这款产品适合我吗？ 我要考虑考虑。	咬牙沉思或者托腮沉思； 抓头发、舔嘴唇、坐立不安，开始和同伴商量

不同的信号应用不同的处理方式。导购员在介绍产品的过程中，捕捉到顾客的语言或表情信号时，要立即在脑海里进行分类，以便采取下一步的行动。导购员要像驾驶员那样，既不要在顾客拒绝时“闯红灯”，也不要在顾客示好时错失良机。

如果顾客发出的是拒绝信号，导购员就要继续向顾客介绍产品的重要利益，或者继续回答顾客的异议，直到顾客发出购买的信号，再解决客户的疑问。

面对顾客的拒绝，一些企业的培训教材是这样要求导购员的：

(1) 若确认客户无意购买，应感谢其咨询。

(2) 不要纠缠客户。

(3) 以个人的名义欢迎客户再次光顾。

(4) 目送客户离开。

我认为这种中庸做法是要不得的。当今金融风暴肆虐，顾客需求减少，卖场越开越多，客流量越来越少，产品堆积如山，竞争越来越激烈，如果还像从前那样温文尔雅地使用传统的营销手段销售，效果可想而知。在这里给大家推荐几种看起来很“阴险”，但很实用的策略。

处理拒绝策略之一：挽回

对于不想购买产品的顾客，导购员要询问顾客为什么不买。

技巧1："这位女士，请你先别急着走好吗？请问是不是我们这男的几款车你都不喜欢？你真正想找的是什么风格或者是什么用途的电动车？我帮你找一找。"

技巧2："这位小姐，请留步。真是抱歉，刚才一定是我没有介绍到位，所以你没有兴趣继续看下去。我再重新帮你找一下适合你的产品好吗？谢谢你，请问……"（重新了解顾客的需求意图）

技巧3："这位女士，能不能请你留步，我想请你帮个忙。我刚做这一行，麻烦你告诉我你为什么不买？这样也方便我改进工作，非常感谢你。是不是因为……"

对于提高导购技能来说，弄清楚顾客不买的真实原因也许比销售出一件产品更有价值。顾客购买也许只需一个理由，顾客不买会有各种各样的原因。比如：不着急，老产品还能用；对产品不了解，货比三家先弄个水落石出再出手；自己不当家，需要家人都同意；价格贵，等待商家打折并送礼的时候再买；最近手头拮据，有心买货无力付钱。

处理拒绝策略之二：跟踪

面对拒绝购买的顾客，导购员一定要争取留下他们的联系方式，以便后期进行跟踪拜访。

如果不能拿到顾客的电话号码，至少把店面的名片或者产品资料递给他，以便顾客主动打电话进一步咨询。同时，导购员要在这个阶段判断并记录下顾客的性格类型、心仪的花色品种，以便在下次沟通中与顾客一见如故。

资料来源：张小虎．顾客拒绝使"绊子"促成交易下"套子"．销售与市场（成长版），2011（8）：33-37，有改动。

专家提醒

顾客购买会发出购买信号，顾客不买也会发出不买信号。比如，马上购买的顾客会与导购员讨价还价；不想购买的顾客只关心产品的细节，不追问销售底价。能否从顾客言谈举止的蛛丝马迹中判断出顾客是马上购买、拖延购买或者拒绝购买，体现着一位导购员技能的高低。

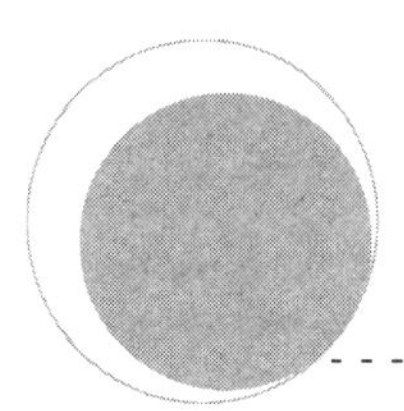

任务七 售后跟踪

开篇故事

从卖U盘到联想代理商

——记某职业技术学院2009届毕业生张权

张权是浙江某职业技术学院2006级学生，他从2009年开始创业，带领着自己的团队攻下一个又一个高地。他将最初两个人经营的数码商行发展成为如今有全职员工8人、兼职人员200多人的公司，业务遍及当地14所高校。他的公司是全球500强企业——联想集团在该省的唯一一家高校代理商。

张权的业务是从卖U盘等小成本数码产品开始的。当时的电子商务还不像现在这么发达，网购还没有成为一种时尚，周边高校数量众多的客户群为张权赚到了自己的第一桶金。2009年，张权注册成立了三聚数码科技有限公司，他担任公司法人兼总经理。该年9月，世界500强企业——联想集团在该省寻求代理商，凭借敏感的市场意识，张权认识到如果拿到代理权，公司的未来将不可同日而语，同时他也清楚这意味着怎样的挑战：有众多实力雄厚的数码公司会争夺代理权。

面对压力，张权决定迎难而上。联想集团对此非常重视，北京总部特派市场总监到本地市场考察。张权说，自己带领团队参加联想考察时比参加论文答辩还紧张，只是他心有着一股冲劲和一个不甘平庸的信念，这让他一直坚持到了最后。

张权的公司在学校创业园，有着得天独厚的地理优势，公司的发展势头又好，在该地区几家竞争团队中也算实力较强的一家，再加上联想集团为了拿下校园市场，有意让学生经营的公司得到代理权。最终，张权如愿拿下代理权。张权开始销售联想计算机，他以低于市场价出售，价格标准参照京东商城。众所周知，京东商城产品的价格低于该产品市场的平均水平，并且在张权的公司买计算机可以省去邮费，这样一来，公司销售的计算机受到越来越多学生的青睐。

公司销售给学生的计算机，在大学期间全部免费维修。此外，张权还建立了一个QQ群，QQ群里有公司的大部分客户，他们认真听取客户的意见和建议，还不时对客户进行回访。张权认为回访的过程不论是对公司还是对客户来说都是必要的，回访会让客户感觉到公司的责任心，客户的回馈信息又能让公司了解到目前存在的一些不足和需要改进的地方。物美价廉的产品和优质的售后服务让张权的公司在当地小有名气，很多学生在他的公司购买了计算机后还介绍周围的同学到他公司购买。口口相传，公司的名气越来越大，张权的生意也越做越大。

资料来源："两创"教育看高职——浙江省七所院校创新创业教育的探索与实践。

推销思考：公司发展到今天，售后服务方面还有哪些可以改进的，提出你的想法。

7.1 明确售后跟踪的意义

成交后跟踪是指推销人员在成交签约后继续与顾客交往，并完成与成交相关的一系列工作，以更好地实现推销目标的行为过程。推销的目标是在满足顾客需求的基础上实现自身的利益。顾客利益与推销人员的利益是相辅相成的两个方面，在成交签约后并没有得到真正的实现。顾客需要有完善的售后服务，推销人员需要回收货款以及发展与顾客的关系，于是成交后跟踪就成为一项十分重要的工作。一般企业称之为售后服务。而从推销的角度而言，售后服务也是为了能再成交，所以本文称之售后跟踪。在以往售后服务中用到的手段，在售后跟踪中依然需要用到，比如与产品销售配套的包装服务、送货服务、安装服务、三包服务（包修、包换、包退）、排除技术故障、提供技术支持、寄发产品改进或升级信息、与客户保持经常性的联系、产品使用联系及建立客户档案、收集整理客户信息资料等。

当企业产品发展到一定程度时，同类产品的制造技术已相差无几，这是市场营销战略从产品转向服务的主要原因。售后服务（售后跟踪）是企业营销中的一部分，没有售后服务（售后跟踪）的企业营销，在顾客的眼里是没有信用的销售；没有售后服务（售后跟踪）的商品，是最没有保障的商品；而不能提供售后服务（售后跟踪）的营销人员，是不可交的朋友。所以，做好、做细产品售后服务（售后跟踪）的企业感动了顾客的心，提升了顾客的满意度，也赢得了市场。由此可见，售后服务（售后跟踪）在企业营销中的重要性。产品的售后服务（售后跟踪）在整个企业营销过程中有着特殊的"使命"，对企业产品和服务走入市场化起着积极的过渡与推动作用，更是企业在营销过程中体现差异化服务、提升市场占有率的又一法宝。

售后跟踪是现代推销理论的一个新概念。其中一些具体的工作内容在传统的推销工作中已有体现。把它概括为成交阶段的一个重要环节，则体现了它对于现代推销活动的重要性，也体现了以客户为中心的营销理念。成交后跟踪的意义主要表现在以下几个方面。

(1) 它体现了以满足顾客需求为中心的现代推销观念。成交后跟踪使顾客在购买商品后还能继续得到推销人员在使用、保养、维修等方面的服务，以及购买后如果在质量、价格等方面出现问题能得到妥善的解决。这两个方面使顾客需求得到了真正意义上的实现，使顾客在交易中获得真实的利益。所以说，成交后跟踪是在现代推销观念指导下的一种行为。

(2) 成交后跟踪使企业的经营目标和推销人员的利益最终得以实现。企业的经营目标是要获取利润，推销人员是要获取报酬，如何获取？只有收回货款后才能得以实现。而在现代推销活动中，回收货款往往是在成交后的跟踪阶段完成的。

（3）成交后跟踪有利于提高企业的竞争力。随着科学技术的进步，同类产品在其品质和性能上的差异越来越小。企业间竞争的重点开始转移到为消费者提供各种形式的售后服务上。售后服务是否完善，已成为消费者选择商品时考虑的一个重要方面。而各种形式的售后服务，也是在成交后的跟踪过程中完成的。

（4）成交后跟踪有利于获取重要的市场信息。通过成交后的跟踪，推销人员可以获取顾客对产品数量、质量、花色品种、价格等方面要求的信息。因此，成交后的跟踪过程，实际上就是获取顾客信息反馈的过程，便于企业开发新的产品。

（5）成交后的跟踪有利于和顾客建立起良好的合作关系。成交后的跟踪工作可以加强推销人员和顾客之间的联系，通过为顾客提供服务了解顾客的习惯、爱好和职业，从而有利于和顾客建立比较紧密的个人情感联络，有利于顾客重复购买或者推荐其朋友购买推销品。

微技巧 7-1

重售后

乔·吉拉德有一句名言：“我相信推销活动真正的开始在成交之后，而不是之前。”推销是一个连续的过程，成交既是本次推销活动的结束，又是下次推销活动的开始。推销员在成交之后继续关心顾客，将会既赢得老顾客，又吸引新顾客，使生意越做越大，客户越来越多。“成交之后仍要继续推销”，这种观念使得乔·吉拉德把成交看作是推销的开始。乔·吉拉德在和自己的顾客成交之后，并不是把他们置于脑后，而是继续关心他们，并恰当地表示出来。乔·吉拉德每月要给他的1万多名顾客寄去一张贺卡。一月份祝贺新年；二月份纪念华盛顿诞辰日，三月份祝贺圣帕特里克日……凡是在乔·吉拉德那里买了汽车的人，都收到了他的贺卡，也就记住了乔·吉拉德。正因为乔·吉拉德没有忘记自己的顾客，顾客才不会忘记乔·吉拉德。

资料来源：http://baike.baidu.com/view/536212.htm.

微故事 7-1

有一次，大志给客户打电话说要给客户亲自送发票，客户同意了大志的请求。大志照例问客户对自己公司的服务是否满意，客户说：“本来对你们公司的服务不怎么满意，但是看你每次都亲自送合同、样品之类的，觉得你很可靠，所以也就接受了。”大志接着问，哪里不满意。客户说，本来希望能够给他们的设备配备详细的中文说明书，结果却没有，还得自己到官方网站上查询，觉得非常不方便。大志听后，立刻回到办公室，从官网上下载了一套说明书，打印装订好，送给了客户。

资料来源：汤晶淇．话说客户拜访那点事儿（1）．销售与市场（成长版），2012（10）。

7.2　掌握售后跟踪的内容

由于顾客需求的多样性，售后跟踪所包含的内容也非常丰富，这里主要介绍与顾客建立和保持良好的关系、正确处理客户抱怨和售后服务 3 个方面的内容。

一、与顾客建立和保持良好的关系

在交易达成后，推销人员仍应保持一份冷静，不要得意忘形，谨防乐极生悲，要用诚挚的语言对顾客的合作表示感谢。如："能跟您达成这笔交易，我感到万分高兴，谢谢您的支持。"但推销人员也应认识到，交易的达成是对购买双方都有利的事情，是一项互惠互利的交易，也不必过分地表示感谢。推销人员帮助顾客解决了他们所遇到的问题，同时也获得了订单，是"双赢"的好事。

(一) 与顾客保持良好关系的作用

在达成交易、告别顾客后，推销人员应抓紧时间去落实买卖合同中的各项条款。应该认识到合同对推销人员的约束作用，推销人员在整个推销过程中自始至终都要坚持以顾客为中心，开辟与顾客之间的沟通渠道并确保渠道的畅通，保持与顾客的接触和联系，了解顾客的满意状况，更重要的是利用渠道来解决顾客的不满，发展并维持与顾客的长期合作关系。与顾客保持良好关系的作用表现在以下两个方面。

1. 便于获取顾客对产品的评价信息

一方面，通过与顾客保持联系，可以获取顾客各方面的反馈信息以作为企业正确决策的依据；另一方面，通过做好成交的善后处理工作，能使顾客感觉到推销人员及其所代表的企业为他们提供服务的诚意，便于提高推销人员及其企业的信誉。

2. 有利于发展和壮大自己的顾客队伍

成交之后，经常访问顾客、了解产品的使用情况、提供售后服务、与之建立并保持良好的关系可以使顾客连续地、更多地购买推销品，并且可以防止竞争者介入甚至抢走顾客。同时，老顾客还会把他的朋友介绍给推销人员，使其成为推销人员的新客户，使顾客队伍不断发展和壮大。作为推销人员应该清楚地认识到，生意在很大程度上取决于人与人之间、公司与公司之间的关系。推销员应当发展、培养和维系这种关系，只有这样才能使生意兴隆。

微故事 7-2

电话销售人员："刘总，您好！上一批机器有没有出现什么问题？"

客户："没什么问题，很好。"

电话销售人员："刘总，到现在我们合作已经有两个月了，我很想知道您对我们企业服务的看法，看有什么需要改进的。您对我的服务感到满意吗？"

客户："满意，很满意。"

电话销售人员："首先谢谢刘总对我的肯定。我希望也能把我满意的服务带给您身边更多的人，所以，刘总，就您所知，您觉得您身边还有哪些朋友需要我们的产品？"

客户："让我想想。您和××联系一下看看，他是我一个多年的朋友，正在经营一家公司，可能会需要。"

电话销售人员："那太谢谢刘总了。他的联系方式是……"

客户："电话是……"

电话销售人员："刘总，我希望您能亲自给他打个电话，这样，当我打电话给他时，他也不会觉得突然。"

客户："没问题，我等会儿就打电话给他。"

电话销售人员："刘总，我会随时把与×总联系的情况告诉您。您以后有什么需要，请随时打电话给我。"

客户："好的。"

(二) 与顾客保持联系的方法

推销人员应积极主动地、经常地深入到顾客之中，加强彼此之间的联系。联系的方法多种多样，主要有以下几种：

(1) 通过信函、电话、走访、面谈、电子邮件等形式。通过这些方式既可以加深感情，又可以询问顾客对企业产品的使用情况，包括使用后的感觉，是否满意，是否符合自己预期的要求，有什么意见和建议等，并及时将收集到的信息反馈给企业的设计和生产部门，以便改进产品和服务。

(2) 通过售后服务、上门维修等方式加强与顾客的联系。

(3) 在本企业的重大喜庆日子或企业举行各种优惠活动时邀请顾客参加，寄送资料或优惠券等。如新产品的开发成功、新厂房落成典礼、新的生产流水线投产、产品获奖、企业成立周年庆典时邀请顾客参加，举办价格优惠或赠送纪念品活动等，都是联系顾客的好机会。

(4) 在国家规定的节日或者传统的节日到来之前，向客户致以节日的问候。问候可以是电话、邮件，也可以是联谊活动或者赠送小礼品。

(5) 在属于顾客个人的节日，如生日、结婚纪念日等有特殊意义的时刻，向他们致以节日的问候，将会给顾客留下十分深刻的印象并迅速拉近与客户的距离，但是要做到这些，需要推销人员做个有心人。

上述这些实用的方法有利于推销人员与顾客相互记住对方，更重要的一点是无论做什么事都要富有人情味。发送一张贺卡、一份剪报或一篇文章的复印件并不需要周密思考，也不需要花很多的时间和精力，关键是给顾客留下深刻的印象，其秘密就是亲自动笔写的几句话。

微故事 7-3

乔（乔·吉拉德）说："不论你推销的是什么东西，最有效的办法就是让顾客相信——真心相信——你喜欢他，关心他。"

如果顾客对推销人员抱有好感，推销人员成交的希望就增加了。要使顾客相信推销人员喜欢他、关心他，那推销人员就必须了解顾客，搜集顾客的各种有关资料。

乔中肯地指出："如果你想要把东西卖给某人，你就应该尽自己的力量去搜集他与你生意有关的情报……不论你推销的是什么东西。如果你每天肯花一点时间来了解自己的顾客，做好准备，铺平道路，那么，你就不愁没有自己的顾客。"

刚开始工作时，乔把搜集到的顾客资料写在纸上，塞进抽屉里。后来，有几次因为缺乏整理而忘记追踪某一位准顾客，他开始意识到自己动手建立顾客档案的重要性。他去文具店买了日记本和一个小小的卡片档案夹，把原来写在纸片上的资料全部做成记录，建立起了他的顾客档案。

乔认为，推销人员应该像一台机器，具有录音机和计算机的功能，在和顾客交往的过程中，将顾客所说的有用情况都记录下来，从中把握一些有用的材料。

乔说："在建立自己的卡片档案时，你要记下有关顾客和潜在顾客的所有资料，他们的孩子、嗜好、学历、职务、成就、旅行过的地方、年龄、文化背景及其他任何与他们有关的事情，这些都是有用的推销情报。"

所有这些资料都可以帮助推销员接近顾客，使推销员能够有效地与顾客讨论问题，谈论他们自己感兴趣的话题。有了这些材料，推销员就会知道他们喜欢什么，不喜欢什么。你可以让他们高谈阔论，兴高采烈，手舞足蹈……只要你有办法使顾客心情舒畅，他们不会让你大失所望。

资料来源：http://baike.baidu.com/view/536212.htm.

(三) 了解顾客的满意程度

顾客满意程度是指顾客对购买活动及其所购买的物品的感受，即推销过程及推销品满足顾客期望的程度。如果实际感受与购买预期相吻合，顾客就会满意；如果实际感受与购买预期有较大的反差，顾客就不会满意。如果顾客满意，就会倾向于继续购买推销员所推销的其他物品并保持很高的品牌忠诚度。

顾客满意程度对于推销人员本人或者其所代表的公司来说都是非常重要的，为了及时收集顾客对购买过程的感受，许多公司设立了专门的售后服务部门来对顾客使用情况进行跟踪和管理。作为推销人员本身，也应该高度重视与顾客的售后联系，随时准备解决好顾客在使用产品过程中所遇到的问题，争取顾客进行重复购买或者介绍朋友进行购买。

二、正确处理客户抱怨

(一) 有关客户抱怨的数据

会抱怨的客户占全部客户的5%～10%，有意见而不会抱怨的客户80%左右不会再来，如果抱怨处理好了，那么抱怨客户中有98%左右的客户在抱怨之后还会再来。

每位非常满意的客户，会把为什么满意告诉至少12个人，而这些人中会有10个人左右，在产生同样需求时，会光顾满意客户赞扬的公司；一个非常不满意的客户，会把他的不满告诉其他20个人以上，这些人在产生同样需求的时候，几乎不会光顾被批评的服务恶劣的公司。

服务低劣的公司平均每年的业绩只有1%的增长率，而市场占有率会下降2%；服务质量好的公司平均每年的业绩增长率为12%，市场增长率则为6%。

开发一个新客户所投入的成本是保住一个老客户所投入的成本的5倍，而流失一位老客户所带来的损失，需要争取10个新客户才能弥补上。

95%以上的客户表示，如果遇到问题能即刻解决，他们不会发脾气；绝大多数客户表示，公司这样做会得到他们的谅解。

(二) 对于客户抱怨的理解

抱怨就是客户的不满，抱怨是生气的表现，抱怨是欲望没有得到满足的表现；有期望才有抱怨，抱怨是一剂促使商家改善的良药；妥善处理客户的抱怨可以促进销售——使坏事变成好事。

（三）客户产生抱怨的原因

企业没有认真、全面地提高产品质量，比如制造商的因素；零售商的因素、消费者使用因素；也可能是没有做到令人满意的服务，比如服务方式不佳、接待慢、搞错了顺序、缺乏语言技巧，不管客户需求和偏好一味对产品加以说明，商品的相关知识不足无法满足客户的询问。

服务态度不好，只顾自己聊天不理会客户的招呼；紧跟客户一味鼓动其购买，客户不买时就板起脸，瞧不起客户，表现出对客户的不满，对挑选商品的客户不耐烦。销售人员自身的不良行为，如对自身的工作流露出厌倦、不满情绪、对其他客户的评价议论、自身的举止粗俗或工作纪律差、销售员之间起内讧等。

（四）应对客户抱怨的心理准备

避免感情用事，不能要求每一位客户在抱怨时仍彬彬有礼。客户在说话或态度上难免会出现过激行为，在这种情况下销售员人必须克制自己的情绪，应尽可能冷静、缓慢地交谈，这样可以缓冲客户的激动情绪，也为自己争取思考的时间。销售人员要有自己代表公司的心理准备（这里强调一个自觉性），这是一个对客户服务的人必须具备的思想素质。若不具备这种素质，怀有抱怨的客户将会立即要求公司负责人出面，甚至与销售人员发生争执，造成不良影响。

要有随时化解压力的心理准备，推销人员可以站在第三者的立场来观察自己忍受客户愤怒的姿态，也可向身边的人诉说整个事件以及所遭受的痛苦，以这种方法来安定自己的情绪。要有把客户抱怨当成磨炼的心理，拥有一份平静的、平常的心对处理抱怨是十分有利的，如果人生事事皆顺心如意，那么人就不可能有所长进。要有把客户抱怨当成贵重情报的心理，抱怨是一种不满，是一种期待，是一种愤怒，但也是一种信息，客户通过抱怨能把他的需求动向反映给公司。抱怨发生后有时也应将得失置之度外，一流的企业、公司、专卖店为了恢复客户对他们的信赖，常将得失置之度外来处理客户的抱怨。

不要害怕客户的抱怨，推销产品不可能不出现问题，再好的公司，其售后服务也会有客户抱怨。客户的抱怨是因为他的想法和公司的想法有些差距。如果换一个角度来看，这也提供了协助客户的良机，提供了使服务增加价值的良机。不要有“客户的攻击是在针对我”的心理。

（五）处理客户抱怨的原则

以诚相待。处理客户抱怨的目的是获得客户的理解和再度信任，如果客户感觉业务员在处理抱怨时是没有诚意的敷衍，他们下次不仅不会再来，还可能在外大肆宣传业务员的服务不周，从而成为生意的致命障碍。

迅速处理。时间拖得越久越会激发抱怨客户的愤怒，同时也会使他们的想法变得顽固而不易解决。如果说商家犯错可以原谅的话，那么及时处理是这一错误可以原谅的基础。

对客户的抱怨表示欢迎。在销售中客户总是有理的，但不是说客户总是正确的。认为客户总是有理的，可以使客户感到销售人员与自己站在一边，从而消除客户内心情感上的对立和隔阂，促使客户在洽谈中采取合作的态度，共同探讨，解决面临的问题。客户抱怨一旦产生，心理上自然会强烈认为自己是对的，与之交涉时一定要避免争吵，站在客户的立场上想问题，角色转换后，想法和看法就会有很大的转变。

（六）如何处理客户抱怨

客户的抱怨是很复杂的，有的是借口，有的是合理的异议，有的仅仅是为了发泄。业务员需要认真地区分客户的抱怨，妥善地处理。认真听取客户的抱怨，当客户产生抱怨时，销售人员千万不要一味地向客户解释或辩白，这样只会浪费时间和令客户更加反感。一般来说，任何人在情绪发泄之后，常常会变得理性了。在听客户的抱怨时应不断地表示你是在认真听的，不要流露出不耐烦的情绪，也不能打断客户的倾诉，要冷静，不要为自己辩白，不要急于下结论。当自己无法解决客户的抱怨时，可以请上一级的主管出面。注意给对方良好的观感，不可傲慢、摆架子，注意手的摆放，挺起腰杆，言行尽量一致。

在技巧上要坚持“三换”原则：

第一，换当事人。当客户对服务人员的服务不满时，再让这个服务人员出面去解决客户的问题，客户会有先入为主的心态，不但不利于问题的解决，有时还会加剧客户的不满。因此找一个有经验、有能力、人缘好、职位高一点的主管，会让客户有受尊重的感觉，有利于问题的圆满解决。

第二，换场地。从经营者的角度考虑，变换场地更有利于问题的解决。比如，客户在某一柜台买了一个拖把，回家后发现不能用，坐了一个小时的车又回到该柜台。这时他的怒气是可以理解的，他一定会在柜台发泄不满，这样会影响公司的形象，还会给其他客户带来不好的印象。服务人员应把客户请到办公室或接待室，这样会有利于问题的解决。

第三，换时间。服务人员做到前面的“两换”仍无法解决问题，客户依然抱怨不停，说明客户的积怨很深，这时就要另行约定时间和找一个比原来更高一级的主管来处理问题。态度要更为诚恳，一定要说到做到。

运用张弛有力的声调与客户交谈。声调的不同会带给客户不同的感受，如信赖感、成熟感、不安全感、厌恶感等；以平常心看待，声音洪亮、清晰，声音抑扬顿挫。以恰当的措辞应对客户的不满，处理抱怨可以是道歉，也可以是说明，还可以是说服。善于讨客户欢心，讨客户欢心是一门学问，它包括夸奖、幽默以及一些具有煽动性的话语。任何一个人都喜欢被人赞美，客户也是，但不能显得太刻意，要考虑是不是能将场面变得很愉快；靠阿谀奉承虽然会满足客户的优越感，但是在对话里自然地表现出幽默与智慧才是对话的高招。处理客户的抱怨如果能够态度好一点、微笑甜一点、耐心多一点、动作快一点、补偿多一点，生意就会好一点、客户就会多一点、利润就会多一点，推销的品牌美誉度就会高一点。

微故事 7-4

客户：“是××公司吧？我姓李，我有些问题需要你们处理一下！”

接线员 A：“您好，李先生，我可以帮您做些什么？”

客户：“我使用你们的笔记本电脑已经快一年了，最近我发现显示器的边框裂开了。因为我知道你们的电脑保修期是 3 年，所以想看看你们如何解决……”

接线员 A：“您是指显示器的边框裂开了？”

客户：“是的。”

接线员 A：“您碰过它吗？”

客户："我的电脑根本没摔过，也没有碰过，是它自动裂开的。"

接线员 A："那不可能，我们的电脑都是经过检测的。"

客户："但它确实是自动裂开的，你们怎么能这样对我？"

接线员 A："那很对不起，显示器是不在我们 3 年保修范围之内的，这一点在协议书上写得很清楚了。"

客户："那这种情况你们就不管了？"

接线员 A："很抱歉，我不能帮您。请问还有什么问题吗？"

客户："我要投诉你们！"

资料来源：http://wenku.baidu.com/view/8a0d7d04a6c30c2259019e13.html.

微技巧 7－2

同频道

在公司中，时常会有客户来电表示不满，或有所要求。当销售人员接到这种由于自己公司的错误给对方带来麻烦的电话时，即使错误和自己无直接关系，也需诚心诚意地向对方道歉。如果做不到这一点，而是一味进行辩解，只会使问题更加严重。

很显然，上面的微故事是一个非常失败的对待客户投诉电话的例子。与情绪不好的客户打交道，是电话沟通中的一大挑战，处理这类电话很重要的一点就是与客户的情感打交道。在电话中，当遇到情绪不佳的客户时，首先要做的是关注客户的情感。

资料来源：http://zhuhongtaolib.blog.sohu.com/114693664.html.

微技巧 7－3

尊每人

在每位顾客的背后，都大约站着 250 个人，这是与他关系比较亲近的人：同事、邻居、亲戚、朋友。如果一个推销员在年初的一个星期里见到 50 个人，其中只要有两个顾客对他的态度感到不愉快，到了年底，由于连锁影响就可能有 500 个人不愿意和这个推销员打交道。他们知道一件事：不要跟这位推销员做生意。这就是乔·吉拉德的 250 定律。由此，乔得出结论：在任何情况下，都不要得罪哪怕是一个顾客。

资料来源：http://baike.baidu.com/view/40987.htm.

三、售后服务

售后服务是指在商品到达消费者手里后，企业及其推销人员为保证顾客正常使用而继续提供的各项服务工作。售后服务的目的是给顾客提供方便，保证客户的满意度，促进企业的推销工作。随着人们收入水平的提高，顾客不仅要求买到中意的商品，而且要求买到商品后能够方便地使用。

（一）开展售后服务的原因

服务是产品价格的一部分。购买者所支付的产品价格，本身就包含了服务的费用，他们有权享用，也应当得到完善的服务享受。当然，服务的范围、程度要视推销品的技术复杂程度、销售额大小、长期合作的可能性而定。售后服务是顾客对产品正常使用的必备条件。确保产品能够正常使用是推销员分内的事，不管所售产品是什么，只要购买者有售后服务的要求，需要运输与安装、调试、示范及培训，需要了解有关的特殊知识和操作技巧，推销人员就有义务做好售后工作。

售后服务是与顾客建立信任关系的基础。不管顾客是一次性购买还是多次惠顾，良好的售后服务都能够不同程度地提高顾客的满意度，增强顾客对推销人员及其所代表的公司的信任。售后服务是稳定企业及其推销人员业务的有力保障。要扩大销售额，有两条基本途径：一是找到新顾客；二是出售更多的产品给老顾客。良好的售后服务对这两种增加销售额的途径都有很大帮助。

微技巧 7-4

适回访

销售人员在客户回访时要注意以下几点：

(1) 在回访时首先要向老客户表示感谢；

(2) 询问老客户使用产品之后的效果；

(3) 询问老客户现在没有再次使用本产品的原因；

(4) 如在某次的交易中有不愉快的地方，一定要道歉；

(5) 请老客户提一些建议。

微技巧 7-5

始售后

失败的推销人员常常是从寻找新顾客以取代老顾客的角度来考虑问题的；成功的推销员则是从保持现有顾客并且扩充新顾客，使顾客越来越多，销售业绩越来越好的角度来考虑问题的。对新顾客的销售只是锦上添花，没有老顾客做稳固的基础，对新顾客的销售也只能是对所失去的老顾客的替补，总的销售量不会增加。

国外一个有名的推销员的做法是：成交后的一个星期之内，他给顾客打电话，询问顾客对产品的使用情况，如果感到满意，他就赞美顾客做出了正确的购买决定，并回忆与顾客洽谈过程中一些有趣的话题，增进感情；同时，再寄送给顾客一件小礼品作为纪念。“链式引荐法”是推销业务中运用得非常普遍的一种方法，就是让老顾客推荐新顾客。只有老顾客对推销的产品和服务满意时，才会推荐新顾客。

与顾客保持良好的关系可以战胜任何竞争对手。推销人员应该记住这样一句话：永远不要忘记顾客，也永远不要被顾客忘记。

资料来源：http://www.chinazwx.com/viewJournal.asp? flowNo=2379&keyword=.

(二) 售后服务的内容

售后服务包含的内容非常丰富。随着竞争的加剧，新的售后服务形式更是层出不穷，提供给顾客更多的利益和需求的满足。从目前来看，售后服务主要包括下列内容。

1. 送货服务

对购买大件商品，或一次性购买数量较多，自行携带不便以及有特殊困难的顾客，企业均有必要提供送货上门服务。最初这种服务主要是提供给生产者用户和中间商的，如今已被广泛地应用在对零售客户的服务中。例如，在激烈的市场竞争中，一些家具经销商十分重视及时送货上门。这种服务大大方便了顾客，会促使更多的顾客购买。

2. 安装服务

有些商品在使用前需要在使用地点进行安装。由企业的专门安装人员上门进行免费安装，既可以当场测试，又可以保证商品质量。同时，上门安装还是售后服务的一种主要形式。例如，著名的海尔公司销售空调器后，会为顾客提供免费安装服务，安装人员为了不给顾客带来麻烦，他们自带鞋套，自带饮水，并在空调器安装完毕后帮助顾客将室内收拾整齐，同时向顾客仔细讲解使用、保养方法，耐心解答顾客的疑问，深受顾客欢迎。

3. 包装服务

商品包装是在商品售出后，根据顾客的要求，提供普通包装、礼品包装、组合包装、整件包装等的服务。这种服务既为顾客提供了方便，又是一种重要的广告宣传方法。如在包装物上印上企业名称、地址及产品介绍，能起到很好的信息传播作用。

4. “三包”服务

“三包”服务是指对售出商品的包修、包换、包退的服务。企业应根据不同商品的特点和不同的条件，制订具体的“三包”方法，真正为顾客提供方便。

实际上，包换也好，包退也好，目的只有一个，那就是降低消费者的购物风险，使其顺利地做出购买决策，实现真正意义上的互惠互利交易。当顾客认识到企业为顾客服务的诚意时，包退、包换反过来会大大刺激销售。“三包”服务不仅提高了企业的信誉，还赢得了更多的顾客。推销人员必须像对待自己遇到问题那样对待顾客的问题。因为从长远看，只有顾客获得利益，才能再次与顾客进行交易，以此来扩大自己的成交额。同时，推销人员处理顾客遇到的问题的速度，也体现了推销员对顾客的重视程度。

微技巧 7-6

交朋友

为顾客提供售后服务时，推销人员不仅要向顾客描述产品利益，更重要的是在产品售出之后，使顾客真正地享受产品利益。推销人员促成每一笔生意的时候，就是售后服务的开始。第一次成交，在于产品的魅力；第二次成交，在于服务的魅力。向顾客提供服务，除了产品售后服务外，还可以是顾客需要的其他各种服务。推销人员为顾客做一些有益的事情，就是最好的服务。比如以下方面：

(1) 可以不断地向顾客提供一些介绍技术最新发展方向的资料。

(2) 可以向顾客介绍公司计划进行的新的促销手段。

(3) 可以告诉顾客从哪条渠道能买到新产品。

(4) 可以邀请顾客参加一些体育活动。

(三) 回收货款

销售的目的就是在顾客获得所需的产品的同时，企业也能够快速回笼货款。收不回货款的推销是失败的推销，会使经营者蒙受损失。所以在售出货物后及时收回货款，就成为推销人员的一项重要工作任务。

在现代推销活动中，赊销、预付或者为中间商铺货作为一种商业信用，在销售中扮演着非常重要的角色，是企业占领市场、扩大销售额的重要手段。如何才能及时、全额地收回货款是降低企业经营风险的关键因素。要做好货款的回收工作，需要从以下几个方面加以注意。

1. 在商品销售前进行顾客的资信调查

顾客的资信主要包括顾客的支付能力和信用记录两个方面。在推销前，从多方面了解顾客的资信状况，是推销人员选择顾客的重要内容，同时也是能够及时、全额地回收货款的安全保障。否则，即使销售了产品，但是由于顾客资信不良而造成烂账，反倒不如没有成交。

2. 在收款过程中保持合适的收款态度

如果因为采取不恰当的态度而影响收回货款，那是得不偿失的。因此，推销人员应针对不同的客户、不同的情况，采取相应的收款态度。一般情况下，收款态度过于软弱，就无法收回货款；收款态度过于强硬，容易引起冲突，不利于企业形象，而且会影响双方今后的合作。所以，推销人员在收款时，要态度认真，有理有节。这样，既有利于货款的回收，又有利于维持双方已经建立起来的良好关系。

3. 正确掌握和运用收款技巧

推销人员掌握一定的收款技巧，有利于货款的回收。有关技巧如下：

（1）成交签约时要有明确的付款日期，不要给对方留有余地。

（2）按约定的时间上门收款。推销人员自己拖延上门收款的时间，会给对方再次拖欠以借口。

（3）如果不能及时收款，推销人员应以公司有规定为由暂停有关的产品安装程序，从而引起顾客的重视并早日付款。

（4）注意收款的时机，了解顾客的资金状况，在顾客账面上有款时上门收款。

（5）争取顾客的理解和同情，让顾客知道马上收回这笔货款对推销人员的重要性。

（6）收款时要携带事先开好的发票，以免错失收款机会，因为客户通常都凭发票付款。

（7）如果确实无法按约收款，则必须将下次收款的日期和金额在客户面前清楚地做书面记录，让顾客明确认识到这件事情的严肃性和重要性。

这里介绍的只是一些常用的收款技术。在实际工作中，还需要推销人员针对不同的顾客，灵活机动，临场发挥。无论采用何种技术，目的是明确的，即及时、全额地收回货款。

微技巧 7－7

分类别

某企业为了做好售后服务将客户分为 A、B、C 三类，针对每类客户，制订相应的措施。

1. 针对 A 类客户

为每一个 A 类客户建立一份用户档案，详细收集用户的经济技术信息，包括用户产品产量、产值、利润、品种变动、新产品发展方向、对该厂产品的评价意见和要求等。

对他们的需求优先满足，保证供应，送货上门，做到按月交货不脱期，什么时候要就什么时候送。指定专门的推销人员对口联系，定期走访，及时了解用户新产品的研制方向，根据用户要求进行新产品的研制和开发。

公司领导每半年带领有关人员登门拜访，亲自听取用户的意见和要求。聘请用户单位的质量和供应部门，作为己方公司的特邀信息反馈员，建立起对公司产品的质量和服务信息反馈网络，使公司能及时发现问题，解决问题。

定期召开各种类型的座谈会、洽谈会。总之，要使A类用户对公司的产品从理性到感性都有充分的认识，对公司的产品无论是质量、数量、供货期还是服务工作都有绝对的信任感和安全感。

2. 针对B类客户

分别建立B类用户卡片，主要收集B类用户对公司产品的要求变化以及新产品发展方向的信息。严格执行供货合同，做到按质按量及时供货。销售人员每年要走访用户一次，每半年发一次征询意见、了解需求的信函。

3. 针对C类客户

严格执行供货合同，尽量满足C类客户的要求。当企业确实无法满足他们的要求时，耐心向用户说明情况，帮助他们联系其他供货渠道，尽力使这类用户满意。

资料来源：http://wenku.baidu.com/view/0740ecccda38376baf1fae25.html.

推销职场

2011年毕业的营销同学

我是12月7日进入宁波家大业大商业地产有限公司的，进入这家公司可以说是一种缘分吧，虽然在选择公司的过程中我陷入了迷茫。我是通过某人才网知道这家公司，后来投了简历。在创业大厦举办的招聘会上我参加了面试，面试我的是费总。费总讲了许多有关房地产方面的知识和工作方面的事，聊天过程很愉快，初试顺利通过了，费总给了我地址和电话，并告知我复试时间。在第二天的上午我和另一位同学一起去参加了复试，很荣幸复试也顺利通过，公司通知我7日报到。

与此同时，我也收到了其他公司的面试通知，并出乎预料地被录取了，此时我陷入了迷茫。经过一夜的深思熟虑，我觉得从事房地产行业虽然起步的确很困难，但是能学到很多知识，也是一份极具挑战性的工作，我想磨炼和挑战自己。所以，我毅然决然地选择了地产公司。

经过一星期的实习，我发现这份工作其实是很单调的，同样也是很磨炼意志的。我所做的工作就是不断地给不同的客户打电话，寻找意向客户，而且每天都有工作量。因为是新人，我第一周的工作量是打100个电话，之后每天的工作量是打300个电话。在工作过程中我会遇到不同类型的客户，每天的工作就是重复介绍那几句，有时客户都不给你介绍的机会，直接挂断电话，有时甚至还会被客户骂。那时我的心情特别的郁闷，感觉是我人生当中遭受的最大挫折，同时它也成了我的工作向前推进的障碍。但是我想这是每个电话营销员都会遇到的事情，我有信心克服困难。我明白，只有自己时刻保持拥有一份好心情，熟悉自己所做的项目，才能在向客户介绍与回答问题时不会慌张。在介绍项目的同时要让客户明白你在说什么，还要抓住客户的兴趣点，我在这方面经验明显不足。针对这个问题，公司经理特意安排人和时间对我进行了一对一的有关沟通方面的培训。

我相信通过自己的努力以及将近一个月的实践，在未来的工作和为人处世方面都将会呈现更好的自己。

（浙江工商职业技术学院，营销0822　陈珂）

技能故事

1. 提升客户服务水平，让老客户帮助宣传

技能说明

如何使自己的业务越做越大，是每个业务员思考的主要问题。通过一段时间的努力工作，每个销售员都有了属于自己的客户，销售局面已不再像刚开始那样一片空白了。如何能让普遍客户变成忠诚客户，甚至能让客户帮自己介绍业务，这一技能是成长为优秀销售员必须具备的。

让老客户与“局外人”为推销人员宣传

每一位推销人员都知道，在销售过程中最大的障碍是什么。是信任！在中国的传统文化中，信任是为人处世的最基本法则，而信任的来源很大程度上是因为人们的心理存在敬畏。孔子说：“君子有三畏——畏天命，畏大人，畏圣人之言。”而在商业社会中，人们最相信的商业信息主要有两个来源：一是权威专家；二是朋友或关系密切的人。前者因为敬畏而产生信任，后者因为密切而产生信任。这两个来源都是在销售工作中，尤其是在销售沟通中必须合理运用的关键因素。

有很多推销员认为，任何人只要肯介绍客户，他就是好的推荐人。表面看来这确实没有错，可是唯有该客户本身就是优秀的推荐人，才会更具有说服力。强有力的推荐人，对推销人员来说，具有很高的价值，可是通常只有以下两种理由，客户才愿意为推销员做郑重的推荐：

第一种，推荐人跟推销人员之间有非同一般的友谊，如个人的亲朋好友，或者是曾经有恩于他，基于报恩，以至于推荐人愿意鼎力相助。

第二种，推荐人有助人为乐的作风。推荐人也许是以前的客户、亲戚、朋友或者是一些有过社交交往的人——当然仅限于这些人。如果他对推销人员有任何的不信任，他就不会把推销员的名字传播开去，为推销员做出色的产品宣传。

很多推销员会觉得要人帮忙介绍客户是一件非常难开口的事，其实这种想法是错误的，只要要求别人帮忙的理由适当，口吻自然，寻求客户的帮忙并非难事。

推销员不仅可以利用客户为自己宣传，还可以利用局外人为自己宣传。一般情况下，法庭的陪审团很难对律师的辩词给予十分的肯定，所以最终的判决与律师的努力成不了正比。面对这种情况，辩护律师通常请目击证人到法庭上提供最有力的证词，以增强辩护词的可信度，从而达到预期效果。我们不妨将这种方法引入销售当中，“证人”可以让推销员节省很多精力。利用“局外人”销售，会非常快捷而有效地获得客户的信赖。

如果有第三方的现身说法当然是最好的，但推销员在实际工作中遇到的多为开拓陌生客户，这就要求推销员要在与顾客的沟通中想办法。

林某是一家从事汽车配件销售公司的销售顾问，他得知某汽车生产商要采购大量配件，负责人是江某，于是，林某马上约了江某面谈。可是，刚见面，江某就告诉林某，由于公司临时有会，所以只有一个小时的时间。林某马上回答他："没关系，贵公司的业务繁忙，您能抽出时间见面，我已经很荣幸了。"

江某告诉他："你知道，我正在负责采购的是一批关键零件，质量相当重要。"林某回答说："嗯，我知道贵公司一向以高质量著称。我们公司也是一个讲求质量的企业，以前也和其他一些知名的汽车生产商打过交道，所以对500强企业的采购模式有一定的了解。"

江某说："看来你是行家了。那你们给知名汽车生产商提供的都是什么配件?"林某回答说："各种各样的配件都有。您知道，知名企业对质量的要求几乎达到了吹毛求疵的地步。就像与A名企的合作，当时有5家备选的供应商，他们花了3周时间分别考察这些供应商，最后他们与我们公司签订了两年的合约。"

江某对此也有了兴趣，他问道："为什么他最后选择了你们呢?""我们在供应商中是唯一一家采用进口材料的，这就确保了我们的使用时限长。我们的加工工艺和生产流程都是国际上最先进的。同时，他们也很满意我们的售后承诺。所以，最后我们成了赢家。"

经过近一个小时的详谈，江某和林某已经就价格问题达成了一致，他们约定第二天进行具体的签约事宜。

资料来源：http://www.emkt.com.cn/article/471/47118.html.

专家提醒

在上面的推销实例中，林某无疑是一个很出色的销售顾问，他熟练地使用了成功客户引证的销售技巧。在整个推销过程中，他虽然受到知名企业的强势压力和见面时间的限制，但仍然能主导整个推销的谈话内容。他巧妙地将与其他知名企业的合作案例摆在客户面前，并阐述了他们企业的优势所在，使客户打消了合作的顾虑，赢得了客户的信任。

2. 客情维护应该怎样做

技能说明

有人说真正的销售始于售后，这意味着如果想使自己的业务长久，则必须做好老客户的维护工作。成交之后的日常时间如何与客户沟通，如何维护与客户的关系，是需要认真对待的事情。

客情维护应该怎样做

谈到客情维护，部分人可能认为就是要和代理商搞好关系，见面时喝个酩酊大醉后称兄道弟，固然上述内容也可勉强视为客情维护的一个部分，可是这未免流于表面和片面。遥想当年A公司刚开始开拓中国市场时，其业务人员精湛的客情维护常常使得小店（当时快销的主要流通渠道）的阿姨对其嘘寒问暖，可见客情维护的威力。那么客情维护的准确定义是什么呢？根据多年的渠道开发及管理经验，我认为客情维护就是指在公司明文规定的销售政策之外，充分调动所能争取的资源及运用个人的努力与魅力给予代理商情感上的关怀和满足，为正常的销售工作创造良好的人际关系环境。那么究竟怎样入手进行客情维护呢？

一、常规性周期型客情维护

常规性周期型客情维护是指那些有规律的、周期性发生的客情维护，主要包括下述几项内容。

（一）周期性情感电话拜访

作为社会属性的人都是有情感需求的，情感需求包括两方面：一是对朋友情、亲情的需要；另外则是归属感的需要，即人们都希望自己能够归属于某个组织，而销售人员在正常工作电话拜访之外的情感电话拜访则可以充分满足代理商对于第二类情感的需求。鉴于此，打电话的效果，销售人员只要想想自己出差超过一周后接到公司的问候电话的心情就可以理解了。不过情感电话拜访有两个注意事项：一是电话时间相对于非常规律性的周期性工作电话拜访而言要不规律一些，以在代理商心目中弱化“工作”氛围，强化“感情”印象；另外电话内容以“嘘寒问暖，使劲关怀”为主要内容。

（二）周期性实地拜访

我在实际工作中曾遇到过这样一件事，当我每隔一个月连续拜访一位代理商3次后，该代理商说：“你能经常来看我，我真的很高兴，这说明公司对我这块市场很重视。A产品（该市场主要竞品）的某人签订代理合同后，厂家半年没来拜访过，让我觉得很不是滋味。”其实正如同恋爱中的人一样，一百个电话也比不上恋人的一个拥抱。进行这种纯客情维护性实地拜访时要注意如下几项：一是可以给代理商带一些价值不高但很实用的小礼品；二要给代理商带来公司高层的问候；三是邀请代理商参加一些小规模的培训活动，如商务礼仪、导购技巧培训等，让代理商感觉有所收获。

（三）重大节假日客情维护

目前大多数企业都做到了在节假日进行客情维护，采用的方式一般为致贺词和送礼品，但在实际运作中由于方方面面的原因而没有选用合适的贺词和礼品，导致效果不佳，下面我分别就贺词和礼品的选择谈谈个人的看法。

(1) 贺词载体的选择。现在人们传达贺词的媒介非常多，如短信、电话、电子邮件、贺卡等，各有各的特点，具体选择时应充分考虑接受者的个性特点。

(2) 贺词内容的确定。相信大多数人早就对那种群发出来的道贺短信审美疲劳了。短信道贺成本极低，贺词内容多为转发而来，是大批量复制的，而情感是高度自私、个性化并需要真心付出的，因此短信贺词的接收者大多不会被贺词感动。贺词内容一定要根据对方的具体情况编写，朴实无华的贺词比天花乱坠的贺词更出彩。

(3) 道贺要亲力亲为。一定要记住，给别人道贺如发短信或是寄贺卡一定要亲力亲为，不可假手代劳。经常可以看到有些发给代理商的贺卡全由销售助理代劳，甚至连签名都由销售助理一手操办。亲力亲为既表示自己的重视也是对对方的尊重。

(4) 要送有“来历”的礼品。先讲一个我遇到的真实事件，在招待一个年前前来礼节性拜访的媒体合作伙伴时，对方拿出一条围巾作为礼品送给我时说，他自己不会挑东西，来之前特别让他爱人去商场挑的。顿时这条围巾令我感觉有点不一样，为什么？因为我接收到了在这条围巾上对方所花的心思、对方的感情。所以送给代理商的礼品不一定很贵重，但一定要有点“来历”，比如企业领导人出国所购等，总之要让代理商体会到在礼品上所花的心血。

综上所述，贺词和礼品千万不能是大批量复制品，一定要让代理商感觉到是为他量身定做的，尤其要让他体会到真情实感的付出。否则不但起不到客情维护的作用，还会招致顾客的反感。

二、重大营销事件发生时期的客情维护

重大营销事件特指代理商区域市场的重大营销事件，如新店开业，代理商自行组织促销活动以及召开下级经销商会议等，应该说这都是一些对代理商而言非常重要的时刻，而大多代理商因本人能力、精力等方面的原因，常会有忙不过来、力不从心的感觉，迫切需要有人帮助。此时销售人员除给予热情洋溢的精神鼓励外，若有可能一定要到现场一起运作。战场上的战友情是最牢固的朋友之情，而此时对于代理商而言不亚于打仗，销售人员一定要与代理商并肩战斗，这可以大大拉近与代理商的心理距离。

三、代理商个人的客情维护

节假日是对所有人而言都值得纪念的日子，代理商也会有一些值得他个人纪念的日子，若能有效收集到这些信息并善加利用则可收到奇效。一般来讲代理商个人的客情维护有以下 3 种情况。

（一）代理商的生日

在生日这天收到真心祝福总是一件开心的事情。如果在公司召开代理商营销会议期间，出其不意地为恰逢自己生日约代理商准备一个小型的庆祝仪式，定会让他“又惊又喜”，而这又会使其他代理商“看在眼里，感动在心头”，效果之好绝对超乎想象。

（二）代理商非规律性重大喜事

非规律性重大喜事指代理商诸如得子、结婚等喜事，销售人员需尽可能地到现场祝贺，有可能的话最好能争取一位公司高层出席以示重视，因为这往往是代理商最重要的社交活动，其所看重的关系人物大多会出现在该仪式上。业务员的出现为他添光增彩，其内心定会感激不已。

（三）代理商非良性意外事件

非良性意外事件主要是指代理商不幸遭遇亲人去世、本人生病等情况，销售人员知道消息后应在第一时间致电问候，但电话要言简意赅，因为此时代理商无心多聊。简单慰问后，销售人员应真诚主动地对其表示：生意上的事不用担心以后，代理商定会记住这份超越生意的关怀。

四、“多管闲事”客情维护

几年前我在和一位南京地区代理商聊天过程中，了解到他准备把他快初中毕业的儿子送到国外去读高中，这本来只是闲聊，可在其介绍过程中我越来越觉得那个所谓的留学机构令人怀疑。在聊天后，我迅速委托教委的一个朋友了解情况，结果证实这根本就是一个骗局，我迅即将相关信息通知了这位代理商。一个月后，当我再次拜访这位代理商要求其按公司要求装修店面时，其二话不讲马上照办。

五、重大环境事件客情维护

如遭遇诸如自然灾害、传染病侵袭时，销售人员要及时联系代理商表示对该事件的关注并表达对代理商本人安全的担心，如果是传染病侵袭还可以向他传递一些收集来的保健知识，这会给代理商“雪中送炭”的温暖感。比如在哈尔滨停水期间，我让公司东北区大区经理每天给哈尔滨代理商打一个问候电话，就收到了非常好的效果。

六、销售人员个性客情维护

指销售人员应根据自己的特点，随时留心进行客情维护的机会。比如销售人员发现自己和某一代理商有共同爱好，则可以时常有意无意地聊聊；知道某代理商有某种慢性病，帮其收集这方面的保健文章等，通过这样的点点滴滴加强彼此的关系。我曾经负责过江西市场，那位代理商是个工作狂且喜欢长时间打电话，我有时白天无暇顾及，于是就在一个晚上尝试着给其拨通了电话说："某总你好，一直想和你谈谈，但白天事多无法详谈，不知现在能否和你好好聊聊江西市场的事。"结果对方第一句话就讲："您下班了还这么关心我这边。"——结果怎一个"好"字了得，不仅轻松解决了问题还留下个敬业的美名。这样的客情维护点其实很多，只是需要用心挖掘。

资料来源：http://www.emkt.com.cn/article/244/24488.html.

专家提醒

客情维护说穿了就是销售人员利用一切可能的机会对代理商进行情感关怀，其"运用之妙，存乎一心"，并无固定格式。各个行业的代理商管理在初期一般都是恩威并重，随着渠道合作的加深和市场的发展会逐渐加入专业培训、理念灌输，而到了市场成熟期客情维护往往会成为重要内容，因为专业培训、理念灌输都是可以模仿的，只有长期客情维护积累下的感情是不可以模仿的。

3. 销售送礼怎么送

技能说明

在销售活动中给客户送礼是增进与客户情感的一个有效手段，但有的人对此却存在一定的误区，因为以前在课堂上没有人教过怎么给客户送礼，总觉得送礼是上不了台面的行为，送礼就意味着暗箱操作。经过一段时间的工作实践，这些销售人员将意识到自己对销售送礼认识的错误。销售送礼是个技术活，运用得好可以很好地促进和客户的关系，进而达到成交的目的，甚至能与客户成为好朋友。

销售送礼是个技术活

我的故事 1

我徘徊在客户楼下已经很长时间了。A 经理，我已经见过他两次，也聊过天，但总感觉谈得不是很深入，A 经理对我的态度也是不冷不热。当时我对这个经理简直是无计可施，因为圈子里都传闻他不抽烟、不喝酒、不唱歌，而且从不收礼，基本上可以说是个"油盐不进"的人。我后来也试图送过东西，但无论是购物卡还是洋酒都被退了回来。这次我本来是预约了上午的时间来拜访，但他说临时有急事，不知道什么时候有空，于是我只好在楼下等。

这次过来，我没带任何礼物，因为实在不知道该送些什么才能让 A 经理喜欢。不知不觉等到了中午，我给 A 经理打电话询问他下午有没有时间，他说开了一上午会，下午还要接着开，连吃中午饭的时间都没有。我听完很失落，只好到楼下快餐随便买了点快餐吃，然后准备返回。这个时候我却突然想到，A经理也没吃饭，不如买个快餐送上去，反正也不贵。

当我提了一袋午餐来到A经理办公室的时候，他正在嚼饼干，看到我送来了吃的，显得很意外。于是我利用中午的时间，趁他吃饭的工夫和他聊起了天。以此为契机，我迅速地突破了与该经理不冷不热的关系，在他的帮助下做成了很多生意。

我的故事2

我最近正在和客户单位的一个总工程师打交道，如果得不到这个人的认可，我的产品根本没有进入这个客户单位的可能。因为知道这个总工爱抽烟，于是我就买了两条中华烟给总工送去，但他说什么也不收。我一再坚持，他只好告诉我戒烟已经很久了，再送就浪费了。见状我只好悻悻地离开了。

回去之后，我从侧面打听到这位总工因为早些年烟酒过度，现在患有严重的高血压、高血脂。我买了一套电子血压计兴冲冲地给总工送去，但看到总工从抽屉里拿出一套更高级的血压计时，我满腔的热情一下子就被浇灭了。冥想苦思之后，我计上心来。

回家之后，我把生花生和生黄豆按照1∶2的比例装进玻璃罐子里，再把一瓶米醋倒进去，盖上盖子放到了墙角。然后我又在罐子上贴了一张使用说明："生花生、生黄豆、米醋按1∶2∶3的比例混合，浸泡3日。每日早晨空腹食花生5粒、黄豆10粒、米醋2勺，能有效调整血压，降低血脂。"

3天后，当我把这罐自制的"降压良药"放到总工面前时，他马上来了兴趣，连声夸赞。随后的1个小时，总工极有兴趣地和我聊起了养生。我们两人的关系日益熟络起来。最终，我公司的产品被总工程师大力推荐，终于顺利进入了客户的采购范围。

我的故事3

我为了一个项目，请客户的主任吃了很多次饭，但这个主任总是不表态。我没有办法，只得硬着头皮继续往主任的办公室跑。有次和主任聊天时，不知道怎么就聊起了大学的生活，原来自己和这位主任竟然是同一所学校毕业的。主任马上来了兴致，就谈起自己是××大学1992年本科毕业的，当时宿舍是几栋几楼，自己的爱人也是当年在大学的时候认识的。

临别的时候，主任还在感慨，说自己毕业快10年了，都没回学校去看一看，真是十分怀念那段纯真的日子。回到家之后，我给自己仍留在学校读博士的同学打了个电话，让他把学校的老操场、老宿舍楼、老图书馆等都拍成照片发到我的邮箱。我又从网上下载了20世纪90年代流行的校园民谣，比如《冬季的校园》《流浪歌手的情人》《同桌的你》等。我用了一个晚上的时间，把这些图片和音乐用软件整合在一起，做了一段2分钟的视频，然后刻成光碟给主任送去。

当晚主任给我发了条短信："这是我这几年来收到的最好的礼物。"最后，顺理成章，主任对我的态度大为改观，在销售方面还不断地给我出谋划策，帮助我赢得了项目。

看到这儿很多人会想，我应该是个典型的"关系型销售"。但我认为自己应该算是个"顾问式销售"。上面的3个故事虽然结尾都写着"最终赢得了胜利"，但赢得最后胜利的原因还有很多，我在当中也做了复杂的工作，并不仅仅是因为我送礼送得好。

做关系还是做价值，一直都是我们讨论的问题。有些人非常擅长做关系，不论什么客户，三下五除二冲上去用各种手段搞定，然后就开始绑着这个客户大卖特卖；而有些人擅长做顾问，把客户的问题搞得清清楚楚，不断地引导客户思考，甚至帮助客户一起规划解决方案、设定企业战略等，最后也能做成大生意。到底用哪种模式做生意会更有效一些呢？

当你只想着和客户拉关系，而不能真正地给客户带来价值的时候，客户会给你些生意做，但绝对不会给你大生意做，特别是关系到客户的业绩、声望、前途的大型项目，他肯定会找其他人来做。同时关系型销售在遇到激烈竞争的时候，碰到有比自己关系更好的对手时，往往束手无策。顾问型销售关注客户的业务，试图去了解甚至是发掘客户的问题，帮助客户树立愿景，并和客户一起开发解决方案，这都会给客户带来他想要的价值，也会让他认可你的能力，从而放心地把项目交给你去做。但前提是，他起码得要对你这个人有好感。可以看出，不论是“关系”还是“价值”都是相辅相成的，离开任何一个，做生意都会受阻，或者说做不成大生意。

所以，要想做好生意，一定要“关系先行，价值制胜”。先用各种手段快速地突破客户关系，和客户成为朋友，这能让你在众多竞争对手之中脱颖而出，快速抓住客户。接下来就要展现你的价值，用你的各种资源帮助客户解决他的问题，帮助客户创造价值，这个过程就是你在树立自己的竞争力和给其他对手设立门槛的过程。通过这两种方法，一前一后，最终才能漂漂亮亮地把生意做下来。

资料来源：《销售与市场（成长版）》，2011（3）pp. 38-42，有改动。

销售送礼既然是技术活儿，就会有一些方法可循。

一、送客户急需的东西

礼物的价值不是以金钱的多少来衡量的，而是以礼物的本身的意义来体现的。你选择的礼物最好是让客户一眼就看出是你花了心思、投其所好的。最好的礼物是根据客户的需要选择的，特别是那种客户最急需的东西。

- 销售小周陪客户一起出差考察，两人在外跑了一天，晚上回酒店的时候已经是口干舌燥、满头大汗了。小周悄悄地跑到楼下买了冰镇西瓜送到客户的房间，客户顿时精神焕发，连声说道：“刚才还在想，要是有个西瓜该多好！想不到你就送来了。”
- 销售小牛去见客户的时候发现客户桌上摆着一个被剪掉口的易拉罐，里面堆满了烟头。再次见到客户的时候，小牛送给客户一个精致的烟灰缸。客户很开心，说：“小牛你想得真周到啊。”

二、送客户想要的，但不会自己购买的东西

客户喜欢某物品，或者已经拥有了同类物品，又对同类更高档次的物品很向往，但又不会自己花钱去购买。将这种物品送给客户，他会很开心。

- 销售小林知道客户很喜欢车，每期的汽车杂志都会买，而且经常逛汽车论坛，和自己聊天的时候也总是谈论车的性能，该怎么改装。有一天，这位客户买了一辆新车。小林在国外网站上给客户订了一套很拉风的铝合金轮毂，然后陪着客户一起开车到车间让工人给装上。回来的路上，小林看到客户那双神采奕奕的眼睛，知道自己这个东西送对了。

三、送客户想要的，但买起来不方便的东西

有些东西，价值不一定很高，但缺少了就会对客户生活或工作带来不方便，客户买起来需要花很多时间和精力去寻找。这样的物品，能够为客户解决当前的问题，是最好的礼物。

● 小周刚开始接触客户的时候，感觉很难接近。客户喜欢太空望远镜，每天晚上陪孩子看星空，但不小心把广角镜头摔坏了。由于此望远镜已经停产，配件不好买到，客户很烦恼。小周花了很多工夫，终于淘到了这个零件，买下来送给客户。客户感到很意外，并坚持把钱给小周。从此，两人有了共同语言。

四、礼品选择要体现出对客户健康的关怀

客户的健康绝对是永远不过时的送礼主题，尤其是在其有病痛或者受伤的时候。

● 销售小牛拜访客户的时候，发现客户总是在捏脖子，就问道："您是颈椎不舒服吗?"客户说："是啊，天天看电脑，也不常活动，没办法。"第二天小牛就给客户买了一个笔记本电脑支架，还带了一盆仙人掌。小牛说："把笔记本电脑架在支架上，可以避免您长期低头而导致的颈椎劳损，而仙人掌放在电脑前能够吸收辐射。您要多注意身体啊!"客户看着小牛装好电脑支架，不住地点头微笑。

五、礼品选择要体现出对客户精神上的关怀

送礼是表达情感的一种生动的方式。人们对礼品的渴求，也是对赞同、友谊、理解和爱情的渴求，包括满足客户的爱好兴趣的礼物。比如有人喜欢运动，那就送他一个限量版足球；也可以送一些有利于客户的自我成长、帮助客户进步的礼物，比如书籍、学习资料、光盘软件等；还可以送一些有利于提高客户的荣誉感和影响力的礼物，比如，以客户的名义向某人或机构赠送物品，邀请客户在企业赞助的论坛上讲话，帮客户在大型杂志上发表文章等。

● 一次公司组织市场活动，恰逢妇女节，小周特意为两位女客户准备了丝巾作为留念。他说："两位老师，今天是妇女节，你们对我们公司和我的工作给予了很大的帮助。在此，我代表公司祝你们节日快乐!"两位女客户既惊喜又感动。

● 某客户生病住院，不能下床活动，需要躺着静养。来探望他的人络绎不绝，各种保健品、补品、鲜花等更是堆满了病房。销售小林却没有买这些东西，他知道这位客户非常喜欢历史，就买了几本关于历史的小说和杂谈类书籍。客户高兴地说："你给我的礼物太棒了，我这两天都快闷死了，有了书，我可算找到事做了!"

六、送给客户关心的人比送给他自己效果更好

每个人都有自己非常关心的人，比如父母特别在意自己的子女，重义气的人特别在乎自己的朋友……如果我们可以为客户在意的人提供帮助，效果往往比给客户送礼更好。

● 客户的母亲患有风湿病，吃了很多药总不见好转。恰巧销售小周的母亲也有风湿病，吃了一位老中医开的中药后有明显的好转。小周就把那位老中医请到客户家里给客户母亲诊治，连续服用一个多月的中药之后，客户的母亲感觉好了很多，小周也利用每次去客户家的机会和客户交上了朋友。

● 小牛从客户口中得知，客户的爱人出差培训，家里留下不到两岁的儿子让客户独自照看。小孩子不听爸爸的话，晚上不睡觉，这几天把客户折腾得够呛。小牛知道情况后到商场买了一套儿童益智玩具送给客户，客户很感兴趣地问了玩具的玩法。第二天，客户告诉小牛这个玩具很好玩，儿子晚上一哄就睡了。就这样，小牛不但赢得了客户的心，还成了客户家的常客。

送礼其实是门大学问，除了上面我自己总结的这些原则之外，关于送礼的时机选择，送礼的说辞也是有讲究的。该送的时候不送，或者送的时候不会说，即使花了钱，也收不

到好的效果。选择一些特别的日子送礼，送礼者即名正言顺，不用另外找借口，收礼的人除了感谢之外，也不会有太大的顾忌。比如道喜，客户结婚、生小孩、过生日、升职、迁居、子女升学等喜事都是可以略备薄礼以表心意的。送礼时还要注意方式方法，比如祝贺对方的孩子入学升学，可说是一个特殊又讨喜的送礼时机。因为父母大都望子成龙，这点往往被别人忽视，如果你能做到，效果会比较突出。但是也要注意，在充分了解有关情况之后，再酌情决定是否应去祝贺。如果对方的孩子没有考入希望进的学校，你去送礼可能对方就会反感。

再比如客户乔迁新居或房屋装修，对于那些你比较熟悉的客户，为了避免送礼重复，可直截了当地问他希望收到什么礼物。如果客户不愿直说，就不妨告诉他，按照惯例可接受礼物的预算是多少，请对方“帮忙”拿个主意再决定买什么东西。要是送墙上装饰品，绘画，陈列品等，不可买太便宜的，也不要单凭自己的爱好去挑选。要多听听客户的意见，尽量送一些客户夫妇都喜欢的东西。如果送家具、健身用品等大件物品，要考虑到客户房间的空间，尽量与客户沟通好再送过去。除了道喜的时机之外，元宵、中秋、春节、教师节、圣诞节等节日也可以送些应景的礼物。

资料来源：张毅、攻关秘籍：销售送礼怎么送，销售与市场（成长版），2011（4）：42-46，有改动。

专家提醒

送礼时最尴尬的事，莫过于对方不愿接受或当面严词拒绝。所以在送礼的时候销售人员找个得体的说辞既可以表达送礼者的心意，又能让收礼者收之心安，关键在于要给客户一个收礼的理由，不要让客户有压力。借口找得好不好，送礼的说道圆润不圆润很重要。当然，这和送的礼物品种、金额大小，甚至和每个销售的个性习惯都密切相关。其实，怎样把礼送好，把客户关系做好，用两个字来概括就是：用心。就看你能不能用心去观察客户；能不能用心去感受客户；能不能挖空心思地去找到差异化的方法。没有做不下来的客户关系，只有你愿不愿意去做而已。

下篇：推销训练

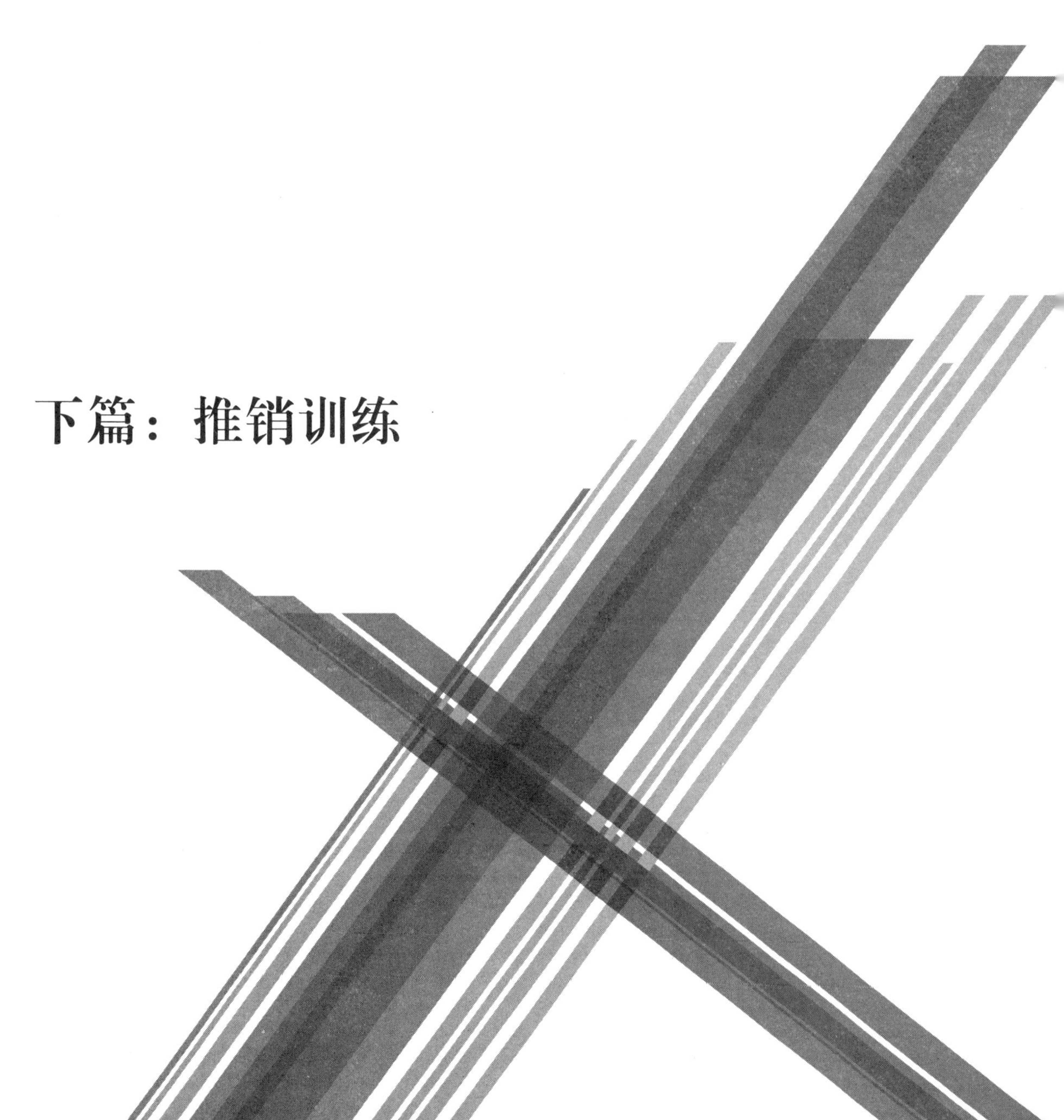

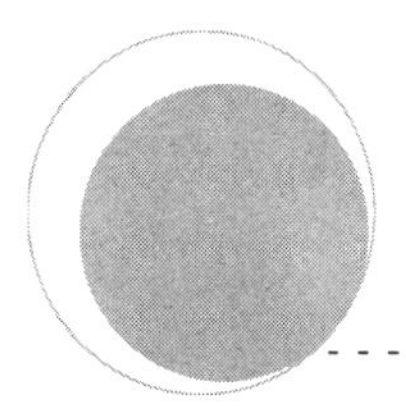

静态训练——推销知识训练

训练一：认识推销

一、不定项选择题

1. 学习和研究现代推销学应注意坚持（　　）。

A. 系统论的研究方法　　B. 理论联系实际的方法

C. 静态研究与动态研究相结合的方法　　D. 唯物辩证法

2. 推销活动的中心是（　　）。

A. 生产　　B. 销售　　C. 服务　　D. 满足消费者需要

3. 实现企业经营与社会需要之间联系的纽带，实现商品价值的关键是（　　）。

A. 生产　　B. 消费　　C. 分配　　D. 推销

4. 你去拜访一位新客户，在向其推销产品时，你会（　　）。

A. 美化自己的产品

B. 实事求是地介绍自己的产品

C. 只介绍自己产品的优势，对其缺陷只字不提

D. 设法把缺点转化为“优点”

5. 今天你一件产品也没推销出去，别人问你时，你会（　　）。

A. 如实地回答　　B. 视情况而定

C. 撒谎，以避免别人嘲笑　　D. 一言不发

6. 在推销产品时，一位顾客要购买你的全部产品，但他没有带足够的现金，要回去取钱后再来购买这些产品。而当这位顾客回去取钱的时候，另一位顾客前来购买这些产品，你会（　　）。

A. 犹豫不决　　B. 把产品卖给第二位顾客

C. 遵守承诺，把产品留给第一位顾客　　D. 提前补货

二、判断题

1. 商品经济是现代推销学产生和发展的基础。（　　）

2. 推销是一种商品销售活动，与销售没有什么本质的区别。（　　）

3. 推销效益观念是现代推销观念中最主要的观念。（ ）

4. 在推销过程中，推销员是主动的，而顾客始终是被动的。（ ）

5. 在推销活动中，推销人员受到顾客有意注意的机会要比受到顾客无意注意的机会多得多。（ ）

6. 推销人员必须是诚实的，因而在推销洽谈中应将交易条件毫无保留地和盘托出。（ ）

7. 推销是一门科学，又是一门艺术。（ ）

8. 推销的核心在于寻找顾客。（ ）

三、问答题

1. 有人说“销售是最有前途的职业”，也有人说“销售工作不需要什么经验和技巧，谁都可以做，是没什么发展的职业”。究竟销售这个职业有没有前途，销售职业的前景如何？你怎么想？

2. 有人说：“顾客信任推销员了才可能购买商品。”这话对不对？试用实例说明。

3. 将你的优点写下来，并做练习，如果有改善的话，可以改写，一直到自己认为完善为止。

（1）总结自己的优点（至少写 5 项）。

① ____________ ② ____________ ③ ____________

④ ____________ ⑤ ____________

（2）再将你的优点用文字写下来，然后每天向自己说出来，练习把你的优点告诉对方（至少写 5 项）。

① ____________ ② ____________ ③ ____________

④ ____________ ⑤ ____________

（3）将每一个优点练到你可以出口成章地说（写）出来！

① ____________ ② ____________ ③ ____________

④ ____________ ⑤ ____________

4. 回答下列问题，并写出每题的答案。

（1）在生活当中，你最容易受谁的影响而改变主意，换句话说，你最听谁的话？

①亲属　②师长　③圣贤

④老板　⑤同事　⑥朋友

（2）你推销的对象属于上述 6 大类的哪一类人？

（3）你推销的对象若不属于上述 6 大类的话，你如何让他们信你的话？

5. 完成下列 3 项任务，并拟定行动方案。

（1）建立自信，确立自己的个人愿景。

针对你的优点重复练习，并且立下个人的愿景，立志成为一位成功而令人尊敬的业务人员，把所有特点朝此方向汇集。

（2）立志深入研究你所推销的商品，誓言成为该产品的专家。

针对你推销的商品写下你进行研究和你推销的方法，包括商品知识、结构、竞争品的特点比较，理想产品的条件，产业中的龙头企业等。

（3）为客户建立详细资料，包括该公司的历史、产业地位、年营业额，该公司的组织图、负责人、决策过程和经营状况等。

6. 请拟定5年、10年、15年和20年的未来规划，按照下面顺序拟定，每5年自行制作一张，并且公布张贴，与你的家人、朋友、同仁、上司分享，并请他们协助完成。

(1) 个人方面。

①我要从事的工作；

②我要晋升到什么职位；

③我要获得多少金钱收入。

(2) 家庭方面。

①我的家庭如何规划；

②何时结婚；

③何时生育。

(3) 我期望的生活形态。

①住在哪里；

②房子多大；

③生活重心。

(4) 我希望的子女教育。

①希望子女接受什么教育；

②期望子女成就什么事业。

(5) 工作方面。

①事业方面的计划；

②进修计划；

③学习新的课题；

④自行创业或专业经理；

⑤准备事项。

(6) 自我培育计划。

①专业领域中的地位；

②学术地位；

③专业地位。

训练二：推销准备

一、单项选择题

1. 下面属于送访礼仪的是（ ）。

A. 拜访礼仪　B. 交谈礼仪　C. 体态礼仪　D. 服饰礼仪

2. 成交之后第一个站起来道别的应该是（ ）。

A. 推销员　B. 顾客

3. 推销失败时，很多推销员都是草草收场，此时首先应做的是（ ）。

A. 请求顾客指点　B. 分析失败原因

C. 吸取教训　D. 避免失态

4. 推销人员在推销过程中，坚持公平原则是指（　　）。

A. 对代理商公平　　B. 对顾客公平

C. 对竞争对手公平　　D. 对经销商公平

5. 推销人员的基本素质主要包括（　　）。

A. 思想素质　　B. 文化素质　　C. 身体素质　　D. 心理素质

6. 马斯洛认为，人的最高层次需要为（　　）。

A. 自我实现的需要　　B. 尊重的需要

C. 社交的需要　　D. 安全的需要

7. 推销人员应练就的技能包括（　　）。

A. 语言表达　　B. 社交　　C. 洞察　　D. 应变

8. 男士商务着装，整体不应超过（　　）种颜色?

A. 两种　　B. 3 种　　C. 4 种　　D. 5 种

9. 推销员在正式场合，应将手机放在什么地方?（　　）

A. 可以放在公文包中　　B. 可以挂在腰带上

C. 可以放在裤袋中　　D. 可以挂在胸前

10. 男士衬衫的袖口长度应该正好到手腕的什么位置为宜?（　　）

A. 以长出西装袖口 1～2 cm 为宜　　B. 以短出西装袖口 1～2 cm 为宜

C. 正好与西装袖口齐平　　D. 无所谓

二、多项选择题

1. 既不关心推销人员，又不关心购买的顾客，属于（　　）。

A. 漠不关心型　　B. 软心肠型

C. 防卫型　　D. 干练型

E. 寻求答案型

2. 既关心推销人员又关心购买的顾客属于（　　）。

A. 漠不关心型　　B. 软心肠型

C. 防卫型　　D. 干练型

E. 寻求答案型

3. 在商务场合，下列介绍顺序，哪项是不正确的?（　　）

A. 将男性介绍给女性　　B. 将年长的介绍给年轻的

C. 将女性介绍给男性　　D. 将级别低的介绍给级别高的

4. 下面对握手礼节解释正确的是（　　）。

A. 时间以 3 秒为宜　　B. 男推销人员见女顾客时，要主动握手

C. 握手时应正视对方　　D. 握手的用力不宜过大

5. 招待顾客进餐的礼节解释正确的是（　　）。

A. 宴请地点要考虑顾客的心理　　B. 最好由顾客点菜

C. 最好自己单独去结账　　D. 宴毕推销人员应先走，为顾客带路

6. 面谈礼节解释正确的是（　　）。

A. 在顾客未坐定之前，推销人员不能先坐下

B. 见新顾客时，椅子不要坐得太满

C. 身体不宜大角度后仰

D. 为了使消费者放松，推销人员的坐姿可以随便选择

7. 推销员的功能主要有（　　）。

A. 销售产品　　B. 传递产品信息

C. 提供服务　　D. 反馈市场信息

8. 推销企业的产品应该着重推销其（　　）。

A. 产品质量　　B. 产品价格

C. 产品使用价值　　D. 产品本身

E. 产品使用价值观念

9. 现代推销研究的核心是（　　）。

A. 说服　　B. 满足需求

C. 销售产品　　D. 市场定位

E. 推销技巧

三、判断题

1. 推销员进门前，如果门是开启的，可以不必按门铃或敲门。（　　）

2. 强调共同点是推销人员与顾客建立亲和力的有效途径。（　　）

3. 在推销商品之前先要推销自己。（　　）

4. 推销员在推销时应该忠诚于自己的企业。（　　）

5. 推销礼仪并不重要，只要能把东西卖出去。（　　）

6. 从推销心理学的角度分析，顾客的购买行为仅受购买动机的支配，不会受情感的支配。（　　）

7. 推销员的首要任务就是最大限度地推销商品，为企业实现利润，无论采用什么手段和方法，推销业绩是检验推销成功与否的唯一标准。（　　）

8. 企业利益与客户利益不可能同时满足，推销员要站在客户的立场上推销商品只能是纸上谈兵。（　　）

9. 产品形象、企业形象和推销员的形象是相辅相成的，彼此可以相互促进。（　　）

10. 一名优秀的推销员不仅应该具备敬业精神、自信心、团队意识等基本素质，还应该具有较强的语言表达能力、观察判断能力，并且爱好广泛、风趣幽默。（　　）

11. 女性推销人员不可以佩戴太多饰品。（　　）

四、问答题

1. 推销员在与顾客交谈时应注意哪些礼仪?

2. 拜访顾客时应掌握哪些基本礼仪?

3. 体态礼仪由哪些内容组成?

4. 在推销活动的服饰礼仪中应注意哪些规范?

五、案例分析题

1. ××公司是一家大型商业零售企业，在本地区小有名气和影响。为了进一步扩大影响，××公司决定举行公关促销活动。联络一下各方面的感情。其中两次活动是这样进行的。

第一次，××公司为了庆祝公司成立10周年举行大型宴会，拟邀请其他公司和客户出

席。请柬在举行宴会前 3 天发出。宴会当日，有许多重要的客户因日程安排原因，无法出席。客人入席后，公司总经理向某个客户斟酒，他走到客人的左侧拿起客人的酒杯，为客人斟了满满一杯酒。宴会快结束时，公司总经理站起来发表了一番正式演讲，感谢宾客的光临。

第二次，公司业务部经理策划了一次促销联谊活动，与会者有各界名人、供需厂商，业务部经理在联谊活动开始前几分钟，看到来的宾客个个风度不凡，突然灵机一动，向一位女员工借来发胶和梳子，把头发弄整齐，还振振有词道："这样做不是为了尊重客人吗？"

但几次活动下来，公司上下议论纷纷，公司的绩效不仅没有提高，反而还出现了滑坡。公司总经理也百思不得其解：公司这几次公关促销活动到底怎么了？

问题：××公司有哪些地方不符合推销礼仪？

2. 某公司招聘了一名勤杂工。"为什么选中这个男孩？他既没有介绍信，也没有人引荐。"经理说："他带来了许多介绍信，他在门口蹭掉脚上的灰，进门后随手关上门，说明他做事小心仔细；当他看到那位残疾人时立即起身让座，说明他心地善良，体贴别人；进了办公室他先脱去帽子，回答我提出的问题干脆果断，证明他既懂礼貌又有教养；其他所有人都从我故意掉在地板上的那本书上迈过去，只有他俯身拣起那本书，并放回桌子上；当我和他交谈时我发现他衣着整洁，头发整齐，指甲干净。难道这不是最好的介绍信吗？"

问题：你从本例中得到了什么启示？

3. 在 2002 年 2 月底一起招聘进来的 5 位销售人员当中，王小姐无疑是最被所有人看好的一位：她学的是服装专业，很对口；语言表达能力强，口齿清晰，声音圆润，又写得一手漂亮的字；之前她曾在一家人才网络公司担任电话销售员，而且自述业绩属于中上水平；她清秀美丽，是典型的江南女子的形象；从提交的简历、面试交谈以及录用后的工作表现当中都可以看出她还是一位有上进心的、细节取向型的团队成员（Team-player）。总之，大家一致觉得她非常适合做本公司的电话销售员。

王小姐经过半个月的适应和在职培训之后开始销售，起初，王小姐的销售业绩进展得还算不错，她在 4 月完成了 3 笔交易，虽然金额很小，但应该是一个很好的起步。然而接下来的 5～8 月四个月中，虽然经过各种指导、培训和她自己的努力，但只完成一笔交易。最终因为达不到公司的业绩考核标准被辞退。大家都觉得很惋惜："一个各方面条件看上去很好的人，怎么就不行了呢？不可思议。"

后来我了解到她去了一家保险公司做寿险销售，一个月后，也就是 9 月的一天，王小姐回到本公司来开具《退工单》，闲聊了将近半个小时，但是她一直没有主动提起寿险，更不用说推销寿险。我终于明白她为什么以前销售不成功的原因了，于是说："王小姐，你不适合做销售，或者至少可以说你在保险公司的一个月培训是失败的，因为你还是怕向我销售寿险会遭到拒绝，觉得会使你我的关系变味。"

问题：试根据现代推销学方面的知识（优秀推销人员具备的特质），对上述案例中王小姐被辞去的原因进行分析。以上案例对现今的推销人员有何启示？

训练三：客户开发

一、不定项选择题

1. 推销人员对推销对象的情况一无所知或知之甚少时，直接走访某一特定区域或某一特定职业的所有个人或组织，以寻找准顾客的方法，叫作（　　）。

A.“地毯式”访问法　　B. 链式引荐法

C. 中心开花法　　D. 关系拓展法

E. 个人观察法　　F. 委托助手法

2.（　　）是推销的起点。

A. 约见顾客　　B. 寻找顾客　　C. 接近顾客　　D. 了解顾客

3. 能够被推销人员所使用的广告开拓法有哪些形式？（　　）

A. 函询　　B. 邮件　　C. 电话　　D. 传单

4. 利用网络开发客户，可以利用的技术有（　　）。

A. 百度搜索　　B. 论坛　　C. QQ　　D. 网络广告

5. 具备下列哪一种情况的人才能成为准顾客？（　　）

A. 有强烈的购买欲望

B. 有足够的购买力

C. 有对推销商品的渴求

D. 能从推销的商品消费中获益并有购买该商品的支付能力

6. 假设你是某晚报的发行代理人，你认为客户接收的信息可能来源于（　　）。

A. 免费赠送的样报　　B. 推销员的心理活动

C. 推销员的装束打扮　　D. 推销员的面部表情

E. 推销员的名片　　F. 推销员的介绍信

7. 在寻找顾客的基本方法中，名人介绍法成功的关键在于（　　）。

A. 中心人物　　B. 介绍方式　　C. 说服　　D. 购买者

二、判断题

1. 不管是哪种类型的顾客，都可能既有现实的需求，也会有潜在的需求。（　　）

2. 调查表明，维护老顾客的成本远远低于开发新顾客的成本，所以，这意味着企业一般不需要开发新顾客。（　　）

3. 老顾客介绍法一般在推销员不太熟悉或不完全熟悉推销对象的情况下采用。（　　）

4. 普遍寻找法是一种省时省力的寻找顾客的方法。（　　）

5. 应用广告拉引法时，推销对象的选择很容易控制。（　　）

6. 资料查阅法获取准顾客的成本低，但要注意资料的时效性。（　　）

三、问答题

1. 使用“地毯式”访问法寻找顾客，需要注意什么？

2. 电话寻找法的困难有哪些？

3. 为什么说“不同行业的推销人员寻找潜在顾客的方法不同”？

四、案例分析题

1. 一家旅游顾问公司在某四星级酒店搞展示活动，除看图片、视频外，主要介绍并推广“时间分享、度假拥有”，向应邀参观者推销银卡、金卡、钻石卡，时间分10年和25年两种，购卡者每年可在世界各地该公司联络的星级酒店免费住宿一周（2～4个大人加小孩2人），持卡入住单价为150～300美元不等的客房。当天购卡价格为人民币1.8万～6.4万元不等，如次日购买则加价20%。此外，每年交一定的会员费。各种卡均可转让。

几位推销小组对约请的推销对象进行问卷调查，项目情况见下表。

推销对象问卷调查情况

约见者	家庭人口	月收入（元）	年外出旅游时间（天）	旅游预算（元）	住宿费（元）
张	3	5 000	20	10 000	2 000
王	2	3 500	15	10 000	1 500
李	3	9 000	15	15 000	2 000
赵	4	16 000	25	30 000	6 000

你认为最具可能的推销对象是谁？为什么？

2. 上例中各推销小组将问卷交财务经理以便与约见者做正式洽谈，财务经理认为前3位约见者均非要寻找的客户，便用以下几句话结束洽谈。

（1）“时间分享、度假拥有”，对旅游者是一种超值享受，自己不用还可以转让，并有可能升值。请考虑后决定是否购卡。今天不买，以后也还会有机会。

（2）持“时间分享、度假拥有”卡外出旅游比参加旅行团要自由得多，条件也好很多，持卡还可以得到其他服务和优惠。

（3）看来你今天是不准备买卡了，那么我也就不必要做进一步介绍，以免浪费你和我的时间。

分析以上用语哪个比较恰当。

3. 有一句名言：“拒绝是推销的开始。”优秀的推销员不会因被拒绝而烦恼，他们总是从拒绝中体会推销的规律，在不断承受拒绝中增长才干。

问题：结合实际谈谈如何寻找顾客以及如何对待顾客的拒绝。

4. 小王曾经是某外贸公司的办公室文员，由于公司生意不景气，辞掉了公职，加盟某化妆品公司，做了一名职业推销员。加入了一个新的行业，一切都必须从头开始，小王为自己没有客户而发愁，不得不每天挎着一个大背包，里面装满了各种眉笔、唇膏、粉饼等化妆品，一家家地敲着陌生人的大门。可是能开门见她的人很少，多数人只是在门镜里看了看，就很不客气地在门里说：“我不需要，快走吧！”一连几个月她的收入虽然有所提高，但仍不足以维持温饱，这深深刺痛了她那颗骄傲的心，她不相信在别人干得有声有色的行业中，自己只是一个“小学生”，一定有办法开创自己的新天地。

小王先向她的同学、亲友介绍该化妆品，请她们试用，并借机向她们推销产品，很快业绩有了上升，之后又请她们把她介绍给她们的同事，但是当用这些常规方法发展到近50人时，她的业务又出现了停滞。

接下来小王决定在自己的小区里展开推销活动，她写了几百封信：“××号的李女士，您好！我是您的邻居王××，在××公司工作。我很希望与您交个朋友。能在晚上6～8点钟之间给我打个电话吗？我的电话是××××××××。”并附上一些化妆品的说明书，然后把信件塞进了各户的信箱。以后几天晚上陆续接到了5个电话，卖出了3只口红、4个保湿粉底和1瓶收缩水。

就这样做了几个月，小王的推销成绩又有了很大进步，但她仍然觉得销售增长的速度慢。怎样才能提高效率呢？她苦思冥想了很长时间也未想出好办法。后来在儿子的家长会上她偶然得知有一个孩子的妈妈是某单位的工会主席，姓王，突然有主意了，决定试一试。

机会来了，有一天下着大雨，工会主席还没来接已经放学的孩子，看着孩子们一个个被家长接走了，她的孩子很着急，小王就主动上前安慰他，告诉他说："阿姨可以送你回家。你先给妈妈打个电话，告诉她不要着急，小明（小王的儿子）的妈妈送你回家。"小家伙照办了。小王把他送到家并记住了她家的地址。

后来小王和工会主席成了好朋友，小王给她做了全套护肤美容和化妆，边做边讲解，并针对她的肤质特点提出建议，工会主席发现化妆后比平时漂亮多了。大家的赞美使她很高兴，自然成了小王的顾客，她也帮助小王介绍了一些同事，在她的影响下，她们单位不少女同事开始使用该化妆品了，小王的顾客数量也达到了300人，收入大有增长。

工会主席后来又帮小王与另外几个大企业的工会主席取得了联系，建立了友谊。通过这种方法，小王发展了几个公司的大量顾客。她们中有的人买了全套化妆品，有的人只买单件，不论怎样，她对她们一视同仁，不厌其烦，周到服务，大家对她非常满意。因此，她的顾客量像滚雪球般越来越大，销售量直线上升，收入也有了极大提高。

问题：

(1) 小王采用了哪些方法来寻找顾客？

(2) 如果你是小王，你还会采用哪些方法来寻找顾客？

5. 假如你是A省某公司的业务员，当时你所在的地区对羊毛纱的需求很大，但当你公司购进一大批羊毛纱时，市场需求发生了明显的变化，该产品在当地不再好销，你急需将这批货脱手，你曾就读于B省某大学，认识了B省的许多朋友，B省是著名的羊毛针织品产地，其产量占全国同类总量的36%。现在你准备去B省推销，你将用什么方法来寻找客户？写出你寻找客户的方案。

训练四：推销接近

一、不定项选择题

1. 新型果汁机，性能质量优越于原有产品，在向目标顾客推销时，推销人员最好用（　　）。

A. 产品接近法　　B. 好奇接近法
C. 利益接近法　　D. 求教接近法
E. 表演接近法　　F. 赞美接近法

2. 一个保险员递给顾客一张模拟支票问："你想不想退休以后每月收到这样一张支票?"他用的是（　　）。

A. 产品接近法　　B. 好奇接近法
C. 利益接近法　　D. 求教接近法
E. 表演接近法　　F. 赞美接近法

3. 推销接近包括（　　）等阶段。

A. 寻找顾客　　B. 访问准备
C. 接近顾客　　D. 实质洽谈
E. 达到交易　　F. 售后服务与反馈

4.（　　）是利用顾客好奇心理接近顾客。

A. 利益接近法　　B. 表演接近法

C. 好奇接近法　　D. 介绍接近法

5. 在推销过程中，约见是接近的前奏，也是（　　）的开始。

A. 接近　　B. 说服　　C. 拜访　　D. 推销洽谈

6. “顾工程师，您是电子方面的专家，您看看我们这个产品和以前的产品有什么不同吗？”这在接近顾客中用的是（　　）。

A. 表演接近法　　B. 求教接近法

C. 好奇接近法　　D. 问题接近法

7.（　　）是指销售人员利用令人震惊的事物来引起顾客的兴趣和注意，进而转入洽谈的接近方法。

A. 馈赠接近法　　B. 震惊接近法

C. 赞美接近法　　D. 产品接近法

8. 推销员直接把产品、样品、模型摆在顾客面前，以引起顾客对其推销的产品足够的注意与兴趣，进而导入面谈的接近法是（　　）。

A. 赞美接近法　　B. 介绍接近法

C. 问题接近法　　D. 产品接近法

9. “张先生，你好，我是李丽，在东阳公司任职，我想向你介绍一下我们公司最近新生产的笔记本电脑的情况。”这种接近方法为（　　）。

A. 赞美接近法　　B. 介绍接近法

C. 问题接近法　　D. 产品接近法

二、判断题

1. 约见顾客的最好地点是办公室或顾客家中，气氛比较随和。（　　）

2. 当推销员第一次使用电话同潜在顾客谈话时，不要在电话中过多介绍产品和价格。（　　）

3. 利益接近法是指推销人员以一些小巧精致礼品赠送给顾客，进而和顾客认识并接近，借以达到接近顾客目的的一种方法。（　　）

4. 约见老顾客与新顾客时，推销人员约见前的准备内容是相同的。（　　）

5. “多么漂亮的家，你肯定花费了不少心思来布置吧？”推销人员用的是求教接近法接近顾客。（　　）

三、问答题

1. 约见准顾客前应做哪些准备工作？

2. 试举例说明接近准顾客的方法有哪些。

3. 谈谈电话沟通有哪些需要注意的方面。

4. “我来是为了……”“我只是想知道……”“我来只是告诉你……”“我到这里来的目的是……”“很抱歉，打扰你了，但是……”判断以这些话作为推销员的开场白是否恰当，为什么？

四、案例分析题

1. 一个冰激凌供应商向一位冷饮厅的经理推销时，开口就问：“您愿不愿意每销售一加仑冰激凌节省40%的投资?”一个保险员递给一位女顾客一张600美元的模拟支票问:“您想不想在退休后每月收到这样一张支票?”胶印机推销员见到顾客的开场白是:“用我的胶印机胶印你们公文签的抬头,1 000张才合50元。您上次请别人印是什么价?80元吧?”这几位推销员,所使用的是哪一种接近顾客的方法?其优点是什么?

2. 一位幼儿园的推销员到一个顾客家中进行推销:“太太,为了您可爱的小宝宝,请在这个月内一定要入园,我不骗您,下个月入园的年费、入园的其他费用都要提高25%,没有像这么好又这么便宜的幼儿园了。”这对结婚10年才喜得贵子的顾客心有所动:“我们想参观一下幼儿园,看看……”推销员见她还有点犹豫:“哎呀,还参观什么呀?您放心,我们幼儿园聘请专家从幼儿心理学的角度充分研究考察过的,不必犹豫,加入就是了。”

问题:从这位推销员接近顾客的情况看,分析他的推销中存在什么问题?

3. A公司是一家生产节能灯的公司,公司规模并不大,准备打入S县市场。他们先派出大量推销员深入县区找了所有的灯具商,希望这些灯具商能够购买他们的产品,可是一无所获。通过调查,他们了解到这是因为另一家节能灯生产商B公司已经占领了当地市场。两家公司的产品使用寿命和亮度都差不多,虽然A公司的节能灯比B公司的产品更节能,但由于B公司的产品已经被当地消费者普遍认可,而且价格更低,灯具商的利润更大,所以灯具商都愿意销售B公司的节能灯,而不愿意经销A公司的产品。A公司想:产品的最终购买者是用户,何不直接向用户推销,可以先让用户免费试用一个月,通过电费差价使用户认可公司的产品,“不怕不识货,就怕货比货”,等到大家都感受到本公司的产品比B公司的产品更好的时候,那些灯具商自己就会找上门来。于是,A公司便准备派出大量推销员挨家挨户地进行推广,让用户免费试用。

问题:你觉得A公司这种想法可行吗?为什么?

4. 小李是一家计算机公司的推销员,当他听说某大学最近要购置100台计算机的消息后,立即准备了一套详细的方案参与竞标。同时,另外3家计算机公司也参与了竞标。该大学主管教学的副校长召集学校相关人员对各项方案进行了综合比较,各家公司的推销员都竭尽全力宣传自己的方案。尽管小李的方案最终落选,但小李每逢过节,都会给这位副校长打电话、寄贺卡问候,甚至自己掏腰包在副校长女儿过生日的时候通过礼仪公司送去了一盒生日蛋糕,但小李从不向这位副校长提起业务上的事。小李向这位副校长解释说,他打电话、寄贺卡、送蛋糕没有其他目的,只是非常荣幸地能结识副校长,副校长崇高的人格、严谨的作风和大公无私的精神使他很受感动,学到了很多做人的道理。有人说,这完全是自作多情,学校采购计算机是有严格规定的,又不是他副校长一个人说了算,送礼、回扣这些手段都没用,这次的方案不行,下次还不是一样的结果……

问题:你觉得小李的做法有没有必要?

5. 公司秘书、助理等角色往往是关键人物的“看门人”,起到一种“防护屏障”的作用,避免领导受到各种干扰。推销人员常受到“看门人”的阻碍而无法实现当面约见公司关键人物的目的。如何跨越障碍,通过“看门人”这一关?下面看看一位推销员的心得体会。

(1) 介绍自己的时候一定要简明扼要、干脆利落。比如,“您好!我是海王公司的×

×，请问冯经理在吗?”

(2) 回答对方的反问时要简单明了，并显示其重要性，不做过多的解释和说明。比如，秘书问：“请问找冯经理有什么事吗?”可以这样回答：“我有一桩要紧的事情，这关系到贵公司几千万元的生意，必须面见冯经理。”

(3) 用简短、抽象性较强的字眼或深奥的专有名词说明来意。

(4) 利用合适的赠品和恰到好处的赞美接近“看门人”。

问题：

(1) 这位推销员的方法有什么好处?

(2) 运用生活中的实例来解释这种现象。

6. 某推销员事业心强，工作积极认真，对人热情关心，乐于助人。他到商场推销产品。了解到商场采购部有3位人员。王小姐刚从学校毕业后应聘，正在与男朋友谈恋爱；张大姐为人豪爽，乐于助人，已经工作多年，对业务很熟悉；老唐是科长，工作非常认真，为人谨慎，人称“铁算盘”。

问题：推销员应先找哪位谈生意？为什么？如果推销不成功该如何办?

7. “恒暖”公司是生产绝缘电热器的公司，产品主要适用于独栋别墅，其特点是能大大地节省采暖费用。下面是一位公司推销人员黄某上门推销的过程。

[场景] 顾客把门打开一半，黄某向后退了半步。

黄某：您好！我能找××先生谈谈吗?

马某：我就是，您有什么事吗?

黄某：这套房子这么漂亮，是您的吗?

马某：是的。您到底有什么事呀?

黄某：我先做一下自我介绍。我叫黄×，是“恒暖”公司的。

[场景] 黄某递上了一张名片。马先生为了接名片，不得不向前走了一步。

黄某：马先生，我想您一定希望能够最大限度地削减您的采暖费用。

马某：对，可是我们一般不买上门推销的产品。

黄某：我也不建议您那么做，马先生！您还记得您去年冬天的供暖开支是多少吗?

马某：记得，差不多3 000元。

黄某：如果我现在说，根据目前的能源价格，您每年至少还可以从3 000元中省出800元，那您感兴趣吗?

马某：但是，您怎么能做到这一点呢?

黄某：马先生，如果我可以进去谈谈的话，只需要7分钟，您就可以知道，“恒暖”是怎样帮您做到这一点的，我可以进去坐一会儿吗?

马某：您不能在门口说吗?

黄某：为了得出准确的数据，我必须看看您房子的墙壁和窗户。而且，在这儿我也没法把我的材料展示给您看！每年省出的800元一定值得您付出这7分钟的时间。

马某：嗯，我一般是不让陌生人进来的。不过今天给您开个特例，我对您的产品还是比较好奇的。

问题：

(1) 推销员黄某运用的接近方法有哪几种?

（2）简述该推销员推销成功的原因。

（3）评价一下案例中的推销细节。

8. 一位推销人员急匆匆地走进一家公司，找到经理室敲门后进屋。

推销员："您好，李先生。我叫李××，是美佳公司的推销员。"

曲经理："我姓曲，不姓李"。

推销员："噢，对不起。我没听清楚您的秘书说您姓曲还是姓李。我想向您介绍一下我们公司的彩色复印机。"

曲经理："我们现在还用不着彩色复印机。即使买了，可能一年也用不上几次。"

推销员："是这样……不过，我们还有别的型号的复印机。这是产品介绍资料。"（将印刷品放到桌子上，然后掏出烟与打火机）"您来一支？"

曲经理："我不吸烟，我讨厌烟味。而且，这个办公室里不能吸烟。"

问题：你觉得推销员的做法存在哪些不足？

9. 某服饰推销员意欲接近一大商场采购经理，多次被拒绝，原因是该商场主要经营另一家公司的产品。推销员在一次作推销访问时，先递上一张便条，上面写着："您可否给我10分钟时间就一个业务问题提一点建议？"采购经理感到惊奇，请推销员进办公室坐下。推销员拿出几种新式领带，请采购经理鉴赏，要求他报一个公道价格。一番讲解之后，10分钟快到了，推销员要走，然而采购经理留住推销员，开始洽谈直至成交，按照推销员的报价（低于他自己的报价）订购了一大批货。

问题：

（1）推销员采用了哪种接近法？

（2）推销员在接近客户后洽谈成交的决定因素是什么？

（3）请你为该推销员补做一份访问计划。

训练五：推销洽谈

一、不定项选择题

1. 一顾客在一家大商场选购某种小家电时提出"你们的价格为什么这么高？"经验丰富的营业员说明价格差异的主要原因是（　　）。

A. 品牌不同　　B. 用料不同

C. 规格不同　　D. 使用寿命不同

E. 用途不同

2. 你认为推销员成交失败的原因主要是（　　）。

A. 害怕失败　　B. 顾客难缠

C. 没有主动提出成交　　D. 思想顾虑

E. 对推销品缺乏信心

3. 顾客异议是成交的障碍，但它也表达了这样一种信号，即顾客对推销品（　　）。

A. 愿意购买　　B. 不满意　　C. 产生兴趣　　D. 没有兴趣

4. 甲厂农用车的维修费用比乙厂的低得多，甲厂推销员怎样介绍最为得体？（　　）。

A. 乙厂的车质量不过关，维修花费大，买了不合算

B. 我厂的车注意保养维修费用少

C. 我厂的车质量胜过乙厂，不像他们的车爱进修理厂

D. 乙厂的车质量确实可以，但维修费用高

二、判断题

1. 强调共同点是推销人员与顾客建立亲和力的有效途径。(　　)

2. 推销洽谈中推销人员可以不彻底回答顾客的提问。(　　)

3. 当推销员第一次使用电话同潜在顾客谈话时，不要在电话中介绍产品和价格。(　　)

4. 推销员应尊重顾客异议，永不争辩。(　　)

5. 当产品不便随身携带时，推销员可以利用模型、样品、图片和照片做示范。(　　)

6. 推销商品主要是推销商品的质量。(　　)

7. 推销的任务就是千方百计把商品卖出去。(　　)

8. 在推销过程中，推销员是主动的，而顾客始终是被动的。(　　)

9. 推销过程既是买卖双方的商品交易过程，也是推销员与顾客的感情交流过程。(　　)

10. 在现代市场经济条件下，达成交易签订合同并不意味着推销活动的真正终结。(　　)

11. 由于推销人员的观察能力是实践中训练出来的。因此，知识对帮助推销人员提高观察能力的作用并不大。(　　)

12. 当产品进入市场时，企业的销售行为就开始了。(　　)

三、问答题

1. 有人认为，推销中应让顾客多说话，你如何看待？说明原因。

2. 顾客要求对健身器材本身的相关参数进行解释，而你没有相关专业知识怎么办？

3. “老练的推销员总是欢迎顾客异议的。”你如何评价这种观点？

4. 进行推销洽谈时，销售人员应该注意哪些肢体语言？

5. 某推销员向顾客推销吸尘器，为证明吸尘器的噪声低，他启动吸尘器起来，让顾客听声音大小，以证明吸尘器符合顾客的需要和愿望。请问该推销员采用的是什么推销技巧？

6. 洽谈方案包括哪些内容？

7. 制订推销洽谈方案前要做哪些信息搜集工作？

四、案例分析题

1. 有“世界最伟大的推销员”之称的乔·吉拉德曾向一位顾客推销汽车，交易过程十分顺利。当顾客正要掏钱付款时，另一位推销员跟乔·吉拉德谈起昨天的篮球赛，乔·吉拉德一边跟同伴津津有味地说笑，一边伸手去接车款，不料顾客却突然掉头走掉，连车也不买了。乔·吉拉德冥思苦想了一天，不明白顾客为什么对已经挑选好的汽车突然放弃了。夜里 11 点，他终于忍不住给顾客打了一个电话，询问顾客突然改变主意的理由。顾客不高兴地在电话中告诉他：“今天下午付款时，我同你谈到了我的小儿子，他刚考上大学，是我们家的骄傲，可是你一点也没有听见，只顾跟你的同伴谈篮球赛。”乔·吉拉德终于明白了，这次生意失败的根本原因是因为自己没有认真倾听顾客谈论自己最得意的儿子。

问题：

(1) 推销中的倾听是不是很重要？为什么？

(2) 推销洽谈前的准备工作都有哪些?

2. 谢某是一名台布销售员，她在某饭店进行拜访时，发现这家饭店在该地区口碑非常好，而且开了多家分店，于是就主动向对方经理请教。

经理说："我们饭店从明年开始就要以此地为中心，向全国各地辐射建立分店，到时肯定要订制更多的台布。"

谢某接着问对方，对台布市场有什么看法，经理说："隔行如隔山，但我也知道你们供应商除了价格战外，就是花稿战。照我看，明年的台布市场可能是单色、纯色的天下，像嫩嫩的草绿色，特别能活跃视觉。"

谢某听在耳里记在心中。次年，该饭店向全国进军时，她带着精心准备的纯色系列花稿又来到了那位经理面前，尤其是经理提到的那种嫩绿就有十几种之多，使对方看后大喜过望，立刻下了订单。

问题：

(1) 该销售员的成功之处在哪里?

(2) 推销洽谈前的准备工作为何非常重要?

3. 小胡供职的湖南怀化一家综合性服务企业，策划了一个"十佳礼仪小姐大奖赛"的广告演出活动。他受命推销公司的活动计划，以赢得广告客户，获得营业收入。当地的工商企业不少，可从哪家企业开始呢? 小胡想，参与这个活动的企业必须具备两个条件：一是效益好，能有广告资金投入；二是重视广告宣传，乐于投入资金。由此，广东××制药总厂怀化分厂进入了他的视野，他决定上门推销。

厂长是一位精明的医学硕士，是位三十刚出头的年轻人。因为年龄相仿，经历相似，所以可以交谈的话题很多，容易相处。一见面小胡决定先融洽感情。于是自我介绍后，小胡即代表公司感谢该厂对湖南人民特别是湘西人民的支持，对他们远离家乡和亲人在外艰苦创业的精神表示钦佩，并和他们谈起了工作、生活和工厂的生产情况。待气氛缓和之后，小胡就将一本《公共关系》杂志递给了厂长，并翻出事先折好页的文章，请厂长指教。推销怎么要带上一本杂志呢? 原来里面刊登着小胡的一篇文章"公共广告的基本类型"，当厂长看到已用红线画出的本厂案例时，马上来了兴趣，不仅把实例看完，还把全文都认认真真看了一遍。随后，小胡把计划和盘托出。或许是文章的宣传效应，没等小胡怎么解释公关广告宣传如何重要，厂长便对这次活动表现出了浓厚的兴趣，并就其中的一些技术性问题进行询问。等听到小胡圆满的回答并了解到活动安排十分周密后便欣然应允，答应投入广告费 10 万元，买下本次活动的冠名权。

问题：

(1) 推销洽谈的过程包括那些?

(2) 小胡成功的原因是什么?

4. 赵某是某家电销售公司的销售员，他特别擅长向顾客演示他所推销的各类家用电器。例如他最乐意向顾客示范推销滚筒洗衣机。为了向顾客演示滚筒洗衣机如何不伤衣料、纽扣，他把钢笔放入滚筒里，让它随衣物一起滚动。有一次，当他正向顾客做演示时，钢笔裂开了，墨水沾满了正在洗衣机内洗涤的衣物。

问题：

(1) 你对赵某演示商品的方法有何意见?

（2）如果你是赵某，你将如何向顾客推销家电产品？

5. 赵某是自动办公设备销售员，他对自己推销的产品充满信心，因为这些产品确实质量上乘、价格合理。在推销中，他常常用这样的语言："嘿，我说，你们的办公设备已经过时了，如果使用我们的设备，一天可以节省几个小时的时间。""老兄，你干吗听信××公司推销员的，他们全都是骗子，我们的产品才是真正的一流产品。"

问题：

（1）你对赵某推销商品的说法有何意见？

（2）推销洽谈的问答技巧有哪些？

训练六：推销成交

一、不定项选择题

1. 面对一位激进型顾客，你应该（　　）。

A. 客气　　B. 过分客气

C. 通过各种方法证明他错了　　D. 拍他马屁

2. 当顾客有怨言时，你应该（　　）。

A. 打断她的话，并指出其错误之处

B. 注意聆听，尽管错在公司，但有责任予以否认

C. 同意他的说法，并将错误归咎于业务经理

D. 注意倾听，判断怨言是否正确，适时给予纠正

3. 对于经常给你吃闭门羹的顾客，你应该（　　）。

A. 经常拜访并试图改善与他的关系

B. 请求业务经理换个人去试试

C. 不必经常去拜访

D. 根本不去拜访

4. 推销人员问顾客："这种产品您是要红色的还是要黑色的呢?"他的方法是（　　）。

A. 请求成交法　　B. 选择成交法　　C. 谈判成交法　　D. 小点成交法

5. 推销人员问顾客："您是要爱普生 LQ-1600K 还是要 LQ-1800K 呢?"他的方法是（　　）。

A. 请求成交法　　B. 选择成交法　　C. 谈判成交法　　D. 小点成交法

6. 假设你是一家电脑公司的销售经理，刚好与一顾客签订完 50 台电脑的买卖合同，此时你应该（　　）。

A. 立即告辞　　B. 重申有关推销要点

C. 赞美顾客的手表　　D. 赞美你的电脑性能

E. 赞美顾客的决定

7. 推销失败时，很多推销员都是草草收场，此时首先应该做的是（　　）。

A. 请求顾客指点　　B. 分析失败原因

C. 吸取教训　　D. 避免失态

8. “你们的产品是假冒的吧?”是属于（　　）。

A. 货源异议　　B. 需求异议　　C. 企业异议　　D. 服务异议

9. 一顾客提出，“你们的产品又涨价了，我们买不起。”推销员回答，“您说得对，这些东西的价格又涨了。不过现在它所用的原材料价格还在继续上涨，所以商品的价格还会涨得更高。现在不买，过一段时间更买不起了。”这种处理顾客异议的方法为（　　）。

A. 直接否定法　　B. 间接否定法　　C. 转化法　　D. 不理睬法

10. 推销员成功地做了表演示范，消除了各种异议之后接着应该（　　）。

A. 把买卖合同呈上　　B. 保持沉默，等待顾客表态

C. 把名片递给顾客　　D. 试探性地提出成交

E. 重申有关推销要点

11. 从顾客方面看异议的成因有（　　）。

A. 顾客没有意识到自己的需求　　B. 顾客缺乏商品知识

C. 顾客没有决策权　　D. 顾客没有支付能力

E. 顾客有比较固定的采购关系　　F. 顾客的偏见或习惯

二、排序题

1. 在技能故事 2 中提到：“先生，你看，还有什么问题吗?”“还有什么我没有介绍清楚的吗?”根据你的理解进行重要性排序。（　　）

A. 当无法掌握顾客的关注点时，可以通过类似问题进行引导

B. 这些话术是在排除顾客产生的异议，为成交扫清障碍

C. 如果顾客回答没什么问题，就要抓住契机，马上催单

D. 以退为进，降低直接催单时顾客的排斥心理

2. 在技能故事 2 中提到：有的客户虽然感觉产品物美价廉，但会抱着侥幸心理再杀杀价；还有的客户软磨硬泡，就是想占更多的便宜。这时，就需要销售人员给他下“套子”。根据你的理解进行重要性排序。（　　）

A. 所谓的“套”，是拓宽了顾客甄选的余地，但这是在可控的范围内

B. 顾客的欲望永远无法满足，“套”给顾客的欲望设定了范畴

C. “套”是一个心理游戏，满足顾客占便宜越多越好的欲望

D. “套”能给顾客预料之外的满足，得到后就能封堵其退路，快速成交

3. 在技能故事 2 中提到：当顾客离开专卖店后，导购员要观察顾客去了哪个竞争对手那里，以便心里有数。“心里有数”指的是（　　）。

A. 顾客又去了哪家店，如果顾客再回来，有应对的方法

B. 顾客又去了哪家店，最终在哪家店购买，分析购买的原因，下次再有类似的顾客则改变应对的方法

C. 观察每个没有现场购买的顾客都会走向哪家店，找到规律后想办法给这些顾客“下套”，让他们去了之后再回来

D. 观察顾客又去了哪家店，在那家店里关注、了解什么以印证自己刚才的接待方法

三、判断题

1. 优惠成交法和最后机会成交法结合起来用更能增强对准顾客的刺激强度。（　　）

2. 小点成交法是推销员利用交易活动中的重要方面来间接促成交易的成交方法。（　　）

3. 面对优柔寡断的顾客应该采用从众成交法。（　　）

4. 选择成交法、小点成交法等都是以假定成交法为基础的。（　　）

5. 成交之后第一个站起来道别的应该是顾客。（　　）

6. 在处理价格异议时，应先谈价格再谈价值。（　　）

7. 在处理价格异议时，应少谈价值多谈价格。（　　）

8. 成交意味着现代推销过程的结束。（　　）

9. 只要产品质量好，推销技巧好就一定能把商品卖出去。（　　）

10. 推销员在推销时应该忠诚于自己的企业。（　　）

11. 顾客异议产生的原因从根本上说是经济原因。（　　）

四、问答题

1. 谈谈你对“成交仅仅是关系推销进程的开始”这句话的认识。

2. 举例说明推销活动过程中，应掌握哪些成交策略。

3. 嫌货人才是真正买货人，如何理解？

4. 顾客感觉产品价位高要求降价或打折，你怎么办？

5. 顾客提出对于商用的健身器材在家里用合适吗，你怎么办？

6. 顾客喜欢某种产品但对其颜色不满意，而商家没有提供相应颜色的同型产品，你怎么办？

7. 顾客提出能否买到与运动队代言的某款产品完全一致的商品（颜色、样式等），你怎么办？

8. 顾客提出只买与产品宣传特性完全一致的产品，你怎么办？

9. 顾客提出对于跑步机上可否放东西的疑问时，你怎么办？

10. 顾客要求对产品说明书上的某一项说明用较明了易懂的语言解释时，你怎么办？

11. 顾客提出买到的跑步机需要怎样维护的问题时，你怎么办？

12. 有脚臭的顾客提出运动鞋有没有除臭功效时，你怎么办？

五、案例分析题

1. 一个推销中文计算机记事本的女推销员去拜访一位公司经理。她向经理推荐和介绍了她的产品，并拿出产品向这位经理做了演示。这位经理接过她的产品在手上摆弄了半天，很喜欢。过了一会儿，这位经理说：“我有几本名片簿，要把这些名片信息输进计算机记事本中，需要多长时间？”这个女推销员说：“如果您同意并信得过我的话，我把您的名片簿带回去，输完之后，明天给您送过来。”

问题：

（1）经理的这句话是什么意思？是成交的信号吗？

（2）女推销员的做法好在哪里？如果经理同意她带回去的话意味着什么呢？

2. 汽车推销员小王在一个工厂推销汽车，了解到该厂业务部已提出了换购两辆新车的申请，听厂长说：“过去，这事我就可以决定。但是，近来企业经济状况不太好，预算管理比较严格，必须开会讨论决定，取得常务董事的许可。”小王去找了具有决定权的常务董事，经过会谈，他认为这笔生意做成功了。可是几天后，那位厂长打电话告诉小王他们已经决定购买别的牌子的汽车了。

试分析小王这次推销失败的原因何在。

3. 一家果品公司的采购员来到果园，问："多少钱500克？"

"8角。"

"6角行吗？"

"目前正是苹果上市的时候，这么多的买主。"卖主显然不肯让步。

"商量商量怎么样？"

"没什么好商量的。"

"不卖拉倒！死了张屠夫，未必就吃混毛猪！"

几句说呛了，买卖双方不欢而散。

不久，又一家公司的采购员走上前来，先递过一支香烟，问"多少钱500克？"

"8角。"

"整筐卖多少钱？"

"零买不卖，整筐8角500克。"

卖主仍然坚持不让。买主却不急于还价，而是不慌不忙地打开筐盖，拿起一个苹果在手里掂量着，端详着，不紧不慢地说："个头还可以，但颜色不够红，这样上市卖不上价呀。"

接着伸手往筐里掏，摸了一会儿摸出一个个头小的苹果："老板，您这一筐，表面是大的，筐底可藏着不少小的，这怎么算呢？"

边说边继续在筐里摸着，一会儿，又摸出一个带伤的苹果："看！这里还有虫咬，也许是雹伤。您这苹果既不够红，又不够大，有的还有伤，无论如何算不上一级，勉强算二级就不错了。"

这时，卖主沉不住气了，说话也和气了："您真的想要，那么，您还个价吧。"

"农民一年到头也不容易，给您6角钱吧。"

"那可太低了，"卖主有点着急，"您再添点吧，我就指望这些苹果过日子呢。"

"好吧，看您也是个老实人，交个朋友吧，6角5分500克，我全包了。"

双方终于成交了。

问题：为什么第一个买主遭到拒绝，而第二个买主却能以较低的价格成交？请从推销学中有关异议处理、推销成交方面的知识进行分析。

4. 张经理在刚结束的会议上受到了总经理的批评，他认为总经理的批评是不公正的。总经理暗示他，若下个月的业绩再上不去，公司可能会对他采取惩罚措施。张经理感到非常愤怒，同时也为自己的前途而担心。这时推销员小王正好去拜访张经理，以下是他们的对话。

小王：张经理，您好。我是××公司的业务主管，我希望能利用几分钟时间介绍一下我们公司的产品。

张经理：好了好了，你们的产品没有一点特色，价格又那么贵，我们不会买的。

小王：我们的产品与同类产品相比，有3个特点……

张经理：我说过，我们不需要，我还有事。

小王：这是我们产品获奖的资料。

问题：

(1) 张经理的异议来自什么原因？属于什么类型？

(2) 小王的问题出在哪里，他应该怎么做？

5. 刘某在看一只名牌手表，他很喜欢。他想买，只是觉得价格昂贵。

刘某：这表看起来不错！

销售员：您很有眼光！这是劳力士新推出的款式，在中国限量销售。

刘某：价格有点贵……

销售员：名表哪有不贵的呀？戴这种表就是为了显示身份。

刘某：我可不这么看，买的是品质，可不是牌子。

销售员：这个牌子就是这个价码，你可以看看别的，那边的便宜。

刘某：怎么，你以为我买不起？

销售员：难道你买了吗？

刘某：你这是什么态度，不可理喻。

问题：

(1) 这位销售人员在处理顾客异议时违背了什么原则？

(2) 如果你是这位销售员，你将如何回答顾客提出的异议？

6. 某厂的多功能搅拌机在某商场设有展销专柜。推销员刘某是厂方生产车间的工人，他的突出特点是细心、耐心。在展销会上，他不断地向顾客介绍产品的用途、使用方法和优点。一位中年男顾客，看了一眼演示情况，就说这个搅拌机用后不容易洗干净，也不安全。刘某听了，二话没说，重新演示了一遍，并说明如果部件放置不到位，则机器不会启动，有一定的安全保障。顾客又看了一下产品，犹豫不决地说，搅拌机功能多，是优点，但是零部件塑料制品多，容易坏。刘某拿出保修单，说明该厂在商场所在城市设有多处特约维修点，对本产品实行售后服务：一年内不论任何原因损坏均可免费保修、包换；一年后整机终身维修，修理费免收，零部件按成本价供应。

问题：

(1) 你认为刘某处理顾客异议时，采用了哪种方法？

(2) 你认为顾客异议是属于哪种类型？其根源会是什么？

7. 推销员老黄带着小张前去拜访省委的一位姓郑的处长，推销中英文计算机记事本，小张开始向郑处长详细介绍商品，并拿出样品向他做了一番演示，郑处长接过计算机记事本摆弄一番，说："这东西很不错。这样，我现在还有一点事情，过几天我给你打电话。"

十分显然，这是顾客在委婉地拒绝。小张只好抱着万分之一的希望对处长说："那我等您的电话吧。"

老黄在旁边仔细观察着这一幕，这时他站起来，走到郑处长的办公桌前，问道："郑处长，使用计算机记事本很方便，您说对吗？"

郑处长点点头说："是很方便，但我今天有点事情，改天再谈吧。"

老黄接着说："省计委的几位处长都买了这种记事本，他们都感到使用起来很方便。"

郑处长马上问："是吗？"

老黄接着说："是的，而且这种产品目前是在试销，价格是优惠的，试销期以后，价格就会上涨10%，这么好的产品，您为什么不马上就买呢？"

郑处长默默地看着老黄，终于点点头说："好吧，我买一台。"

回到公司后，老黄对小张说："推销工作是一个以业绩定输赢、以成败论英雄的工作，推销员应该熟练地运用推销技巧，促使顾客下定购买的决心。"

问题：

（1）小张的行为说明了什么？

（2）老黄在推销活动中使用了什么推销技巧和方法？

训练七：售后跟踪

一、问答题

1. “冤家宜解不宜结”，一个不满意的顾客，下回绝不会光顾，而且会向 9 个以上的人诉说他的不满，为了博得他人的同情，他会添油加醋地诉说推销员的不是，正所谓“好事不出门，坏事传千里”，客户抱怨应列为重要的事项优先处理。

问题 1：某客户向你抱怨说：“贵公司在本月初宣布产品降价 5%，那么上月底我所支付的款项当中，应该退还 5%才是啊！”你的处理方法：____________________________

____

____。

问题 2：某客户向你抱怨说：“你们公司规定货款支票 60 天，而你们的竞争者××公司却可开 90 天的支票，你们为什么不能和他们一样呢？”你的处理方法：____________

____

____。

2. 试对下面案例中接线员的处理提出点评意见。

来看一下微故事 7－4 中另一位接线员 B 是怎样与客户在电话中沟通的。

客户：“我要投诉！我要投诉！”

接线员 B：“您好，请问发生了什么事，让您这么着急？”

客户：“是这样，我的笔记本电脑使用快一年了，在没碰没撞的情况下，显示屏的边框裂了。我刚才打过电话，你们的一个同事说没有办法保修，而且态度不好，你们怎么可以这样对待你们的客户？”

接线员 B：“哎呀，李先生，显示屏的边框裂了?! 裂到什么程度了，现在能不能用?”

客户：“裂得倒不是很大，用还是可以用，只是我得用胶布粘它，以防裂得更大。”

接线员 B：“那还好。不过，这对您来讲确实是件不好的事，我能理解您现在的心情，换成我，我也会不好受。”

客户：“那你说怎么办？”

接线员 B：“李先生，我知道您的电脑是在没有外力碰撞的情况下，边框裂开，我真的很想帮您。只是在计算机行业中，显示器的类似问题，各个企业都不在保修范围。我想这一点您是理解的，对不对？”

客户：“其实坦率来讲，我并不是真的想让你们保修，我只是希望你们能给我一个说法，没想到你们第一次态度那么不好。”

接线员 B：“李先生，对于您刚才不愉快的经历，我感到十分抱歉。只是，请您相信我们，我们是站在客户的立场为客户解决问题的。让我想想在目前情况下如何处理。对于边框，我倒有个建议，因为边框是塑料的，现在有一些强力胶是可以粘的，所以，您可以试试用胶水粘一下，效果要比用胶布好。”

客户："那我回去试试。"

接线员 B："那您看还有什么问题？以后有什么问题，请您随时打电话给我，我会全力为您服务的。谢谢！再见！"

3. 推销成交的后续工作有哪些？

4. 如何和顾客建立良好的关系？

5. 如何理解成交后服务的重要性？

二、案例分析

一天，某乳品厂接待了一位怒气冲冲的消费者，这位顾客在喝酸奶时喝到嘴里一小块碎玻璃。顾客一开口便火药味十足："你们难道就只顾挣钱，把消费者的健康、安全置之度外？这块碎玻璃足以让人丧命！"接待人员连忙关切地询问："碎玻璃有没有伤着您什么地方？要不要我陪您去医院检查一下？"当得知顾客并未受伤，接待人员又说："那真是不幸中的万幸。如果是老人，特别是孩子喝到这瓶酸奶，那可就糟糕了。"听到这里，顾客的怒气渐消，接待人员又真诚地说，"今天您来反映我们酸奶的质量问题，真是对我们的关心，我代表公司谢谢您了！"之后，接待人员与顾客交换了联系方式，承诺该事故若造成伤害，乳品公司负全责。同时建议这位顾客到生产车间去看看，请他多提宝贵意见，并保证今后不再出现类似的事故。

问题：

（1）接待人员是如何化解顾客投诉的？

（2）还有哪些做法、说法可以在这个案例中使用？

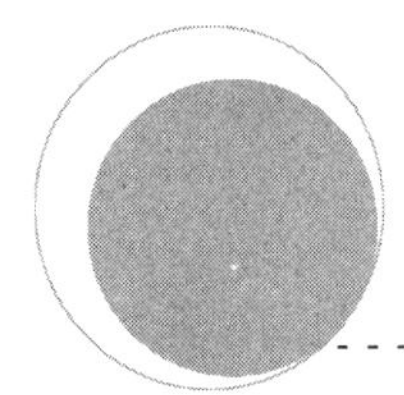

动态训练——推销素质训练

训练一：认识推销

一、情景模拟

1. 自我介绍训练，在全班进行自我介绍，要求简明扼要并突出自己的个性和特点。

2. 结合自己购物或推销实践的经历，每人准备一则推销体验的故事，并做口头介绍。

3. 模拟面试活动，由学生搜集其他企业的招聘信息，全班分角色（企业方、求职者）模拟招聘面试过程。

4. 推销情景演练。

书店里，一对年轻夫妇想给孩子买一些百科读物，推销员过来与他们交谈。以下是当时的谈话摘录。

客户："这套百科全书有些什么特点?"

推销员："你看这套书的装帧是一流的，整套都是这种真皮套封烫金字的装帧，摆在您的书架上，非常好看。"

客户："里面有些什么内容?"

推销员："本书的内容是按字母的顺序编排的，这样便于资料查找。每幅图片都很漂亮逼真，比如这幅，多美。"

客户："我看得出，不过我想知道的是……"

推销员："我知道您想说什么！本书内容包罗万象，有了这套书您就如同有了一套地图集，而且还是附有详尽地形图的地图集。这对你们一定会有用处。"

客户："我是为孩子买的，让他从现在开始学习一些东西。"

推销员："哦，原来是这样。这个书很适合小孩的。它有带锁的玻璃门书箱，这样您的孩子就不会将它弄脏，小书箱是随书送的。我可以给您开单了吗?"

（推销员作势要将书打包，给客户开单出货。）

客户："哦，我考虑考虑。你能不能留下其中的某部分比如文学部分，我们可以了解一下其中的内容?"

推销员："本周内有一次特别的优惠抽奖活动，现在买说不定能中奖。"

客户：“我恐怕不需要了。”

问题：

(1) 这位推销员的失误在哪里?

(2) 两人组成一对，自选角色，重新设计内容，进行情景演练。

二、案例课堂

如何通过销售拥有一个成功的职业生涯?

老师：您好！我是一个即将毕业的大学生，学了三年的市场营销，但是在找工作的时候感觉自己好像没有学到什么，很多单位给出的招聘条件都要有一定的工作经验，可是我是学生哪来的工作经验。目前，我们课程学习都已结束，进入到实习找工作的阶段，投了些简历，也参加了学校的招聘会，还没有合适的。我都已经找了两个星期了，其间也有单位让我去面试，可是很多都是电话推销的，去面试了他们就要求我们尽快能上班，个人觉得不是很靠谱，一是觉得这种方式很难做，自己也有时候接到推销电话，基本都是拒绝的，所以自己也不想成为电话中被拒绝的那个人，另外，我也记得老师说过一句话：容易进入的工作单位，通常难以给员工带来好的职业回报。

所以，现在我想得到老师的指点，希望在自己职业生涯的起步阶段就能有个不错的起点，俗话说：女怕嫁错郎男怕入错行，我应该选择什么样的行业企业以及当有合适的企业之后如何注意面试技巧，进而取得工作机会？请老师指点，谢谢！

学生：王纯

训练二：推销准备

一、情景模拟

1. 产品卖点提炼。

(1) 请列举你所推销过的商品或服务的10项特征，并且说出这些特征能带给客户什么样的实际利益。

列举产品特征购买后的实益。

(2) 请将这些实益牢记在心，以一句话将之浓缩，站在客户的立场说出来，练习到能够出口成章、自然表达为止。

2. 业务员的自我形象很重要，必须做整体检视，若能请专家提出意见那就最好不过了，检视下列几点。

(1) 检视目前拥有的衣着，包括上衣、衬衫、领带、西装的颜色搭配，至少要有5套不同的搭配；女性则检视现有套装、裙子、罩衫的搭配及鞋子组合，至少要有5套变化，请列出5套变化。

(2) 为了增强自我形象及信心，你必须有哪些搭配？如皮包、公事包、皮带、名片、手机、电脑等配件，考虑这些配件所能给客户产生的形象，详列出来。

(3) 考虑你的专业形象，检核一下(1)(2)所述的衣着构成，是否能够呈现你所希望塑造的专业形象。如不，请立即做修改。

3. 礼仪需要日积月累，养成习惯，请确实执行下列10项行为准则。

(1) 与客户见面时，应立即问好，我的说法是：________________________。

（2）赞美客户，肯定客户的成就，我的说法是：________________。
（3）谈话时显现积极的态度，我的做法是：________________。
（4）关心客户，并且探询客户的需求，我的问法是：________________。
（5）设身处地为客户思考最佳方案，我的做法是：________________。
（6）与客户约见，准时到达，绝不爽约，我提早________分钟到达约定地点。
（7）把客户当作 VIP，我博得他好感的方法是：________________。
（8）尊重客户的秘书或接待人员，我的做法是：________________。
（9）聆听客户的谈话，端坐且身体前倾，我常常会说：________________。
（10）我经常穿整洁的服装，告别客户时我会说：________________。

4. 根据下表提示，请你为其设计推销卖点脚本。

新型桌椅产品分析表

产品特点	产品优点	利益	满足动机	戏剧化方式
桌子分两半，每部分可独立活动	灵活性大	办公更方便	新颖	现场演示
椅子随身体的活动而倾斜	灵活性大	避免背疼痛	需求	用幻灯片演示
质量保证	耐用性强	不必担心损坏或再次购买的情况	成本	机构出示证明材料

5. 推销情景演练

（1）找 3 位同学加上老师扮演顾客，同时兼当裁判，给推销的同学打分。推出 4 个同学扮演推销员，向“顾客”推销正在使用的《推销与洽谈》。其他同学观摩，活动后可以讨论，指出“推销员”在推销礼仪方面和产品卖点提炼方面的不足，并提出改进建议。

（2）邀请几个同学做“介绍”“握手”“使用名片”“告别”等推销礼仪的模拟试验。

（3）网球拍推销纠错练习。

某顾客在一次体育用品展销会上观看某厂家的网球拍，推销员走了过来。

推销员：“这种球拍不错，是我们这儿最好的。”

顾客：“可是价格太贵，要 200 元！”

推销员：“实际上这种价格是很实惠的了，因为这种产品的确是好货。”

顾客：“球拍是全碳素的吗？还是用碳素做些装饰？”

推销员：“不太清楚，得过会儿问我们经理。”

顾客：“算了吧，我想这只是一种图案装饰。”

推销员：“我很乐意为您包装这支球拍。”

顾客：“我可从没买过这么贵的球拍。”

推销员：“可能是吧？为什么不买一次呢？”

顾客：“你能告诉我为什么这么贵吗？”

推销员：“因为网球运动越来越时髦，所以网球拍也越来越贵。”

顾客："是这样吗？"

问题：

（1）该推销员做好推销前的准备了吗？他在哪些方面需要加强改进？

（2）如果你就是这位推销员，你准备怎样展开这次的销售谈话？并找同学配合完成销售情景的演练。

二、案例课堂

新人如何打开销售局面

我是营销专业即将毕业的大三学生，在毕业前实习期间找了一份销售工作，因为还没有毕业，所以想如果这份工作好做就长期做，如果不行则只当个毕业实习了。我最后选择的是代理销售净水器产品的一家本地代理公司。在进公司培训的时候，个人觉得这家公司还是比较正规的，还专门给他们同期进去的新人进行了销售培训，也让我们认识到了净水器这个行业的前景。

目前，该品牌净水器在当地一些家电卖场、超市均有铺货，但产品整体销量不高，因为整个净水市场还没有完全被大多数人接受，只有极少数注重生活品质的人才会选择使用此类产品，同时净水器产品在同类终端上的竞争也非常大。所以公司想招聘一批业务员进行深度分销，直接接触终端用户进行推销。当然，直接推销针对的客户也是以单位客户为主，公司在培训时对单位客户按行业进行了分类，比如银行业、医院、学校、酒店、工业企业等，我被分的推销客户是工业企业类的。

请问老师，我后面应该如何开展下一步的工作，要做好哪些推销准备，争取实现零的突破呢？

学生：王星

训练三：客户开发

一、情景模拟

1. 设计客户开发方案

主题：调查和观察顾客、寻找顾客。

要求：掌握并灵活运用寻找顾客的方法。

准备：

（1）班级学生分组，每组人数应不多于5人。

（2）产品选择：电信产品、家政服务、手提电脑、热水袋，也可以自选产品。

（3）以小组为操作单元，拟出寻找顾客的方案。

流程：

（1）各小组操作产品力求不同，运用不同的方法寻找顾客。

（2）撰写行动方案。

（3）每个小组选一名代表进行汇报。

2. 情景假设

某公司成立于1960年，是一家以数码网络为基础，专门生产办公自动化设备的跨国公司。公司主要生产激光打印机、复印机、传真机、扫描仪、墨盒以及相关易耗品。该集团总部位于首尔，下设有牙山工厂、新昌工厂、青岛工厂 3 个生产基地。

该公司成立 40 多年以来一直致力于制造办公自动化设备，由于其专业性和独到的技术能力，在韩国复印机市场上独占鳌头，目前在 Digital 复印机市场占有率为 50%以上，是韩国家喻户晓的办公自动化设备排名第一的企业。

公司主要以生产为主，合作伙伴都是国际知名企业，例如日本的理光、美国的利盟、英国的施乐。2004 年公司产品出口于 50 多个国家，年总出口额为 3.3 亿美元。

公司以“三爱”精神（爱国、爱社、爱民）为经营理念，关怀人性的发展。此外还高度重视环境保护，已广泛开展了 CLEAN&FRIENDIY 活动，在公司内外建立了良好的工作和生活环境。这项活动延伸到 GREEN WAVE，形成更加完善的“自然、人类和技术合为一体”的新企业概念。

任务要求：现你作为该公司驻宁波办事处业务员，如何寻找客户？

3. 寻找顾客的能力

训练目标：

（1）记住寻找顾客的各种方法。

（2）运用各种方法提高寻找顾客的能力。

训练内容与要求：

（1）运用“地毯式”访问法在本校进行推销电话卡的演练，2 人上台演练，每人向 4 名顾客展开推销，每人限时 10 分钟。

（2）学生上台演练。

（3）能够理解什么是地毯式访问法并正确用于演练中。

（4）能够在 10 分钟内向 4 名顾客完成完整的推销活动。

（5）所有顾客能够明白你的推销意图。

成果与检测：

（1）学生上台演练的技巧。

（2）对“地毯式”访问法理解的程度，运用得是否灵活。

（3）是否在规定的时间内完成了推销任务。

二、案例课堂

如何实现零的突破

尊敬的老师：

您好！感谢您在百忙之中来诊断我的难题，在此先表示衷心的感谢，祝您一切都好！我在前面也提出过关于如何做好推销准备的问题，老师的回答给了我很好的启示。现在我经过前期的准备要开始寻找客户了，公司给我的客户类型是工业企业的，而且公司先让在自己学校所在的这个区寻找客户。我现在遇到的困难是：我是个应届毕业生，刚踏入社会，没有自己的社会关系，由于个人几乎没有经验，我现在觉得无从下手，不知道如何去找到潜在客户，公司要求我们找到的客户信息应该尽可能详细，包括地址、名称、负责人姓名、联系方式等。我该如何去开发客户呢？望老师指点迷津！

学生：王星

训练四：推销接近

一、情景模拟

1. 接近准顾客的准备

要求：能够妥善做好接近前的准备工作，收集相关准顾客的资料。（1）班级学生分组，每组人数应不多于 5 人；（2）以推销矿泉水或自己熟悉的产品为例，选择消费者，组织顾客、老顾客为接近准顾客，收集相关准顾客的资料。

流程：（1）力求使各小组接近的准顾客的类别不同，分别有侧重地收集各类准顾客的相关资料；（2）以小组为操作单元，收集相关准顾客的资料，最终撰写一份接近准顾客的书面报告。

2. 接近顾客的方法

要求：能够熟练运用各种接近方法。（1）班级学生分组，每组人数应不多于 5 人；（2）以小组为单位，模拟推销员接近某一类型的顾客，推销品包括财务软件、液晶电视、儿童滑板等；（3）写出几种接近准顾客的方法。

流程：（1）各小组力求运用不同的方法接近准顾客；（2）以小组为单位撰写一份运用各类方法接近准顾客的书面报告；（3）两人一对，完成客户接近方法运用的演练。

3. 接近方案设计

A 服装厂推销员小王准备去当地××超市进行推销，试拟定推销接近准备方案（接近准备工作目录及其具体内容）。

目的：通过实施该项目，学生能根据企业销售目标需求和推销对象的个体和团体需求特征，拟定一份接近准备工作目录及其具体内容。

要求：（1）选择适合推销的服装产品；（2）每个人拟定一份接近准备方案；（3）必须有接近准备工作目录及其具体内容；（4）组内讨论，汇总评出最优方案，小组按最优方案参与班级陈述。

步骤：（1）将班内学生分成若干小组，每组 6～8 人，由组长负责；（2）个人拟订方案；（3）个人分别陈述；（4）组内讨论，汇总出一个最优方案。小组长负责组织汇总评选过程，小组成员轮流陈述自己的方案，个人陈述完毕后，其他人负责打分。取平均数为个人方案成绩。每个小组内评选分值最高的方案，融入其他学生的优势，汇总形成本小组的方案。（5）小组长携最优方案参与班级陈述。

评价：教师对各小组的推销接近准备方案进行点评，并选出全班最优方案，评价标准见下表。

推销接近准备方案评价标准

评价项目	评价要求	分值	得分	评语
接近目标描述	定位准确	20		
接近方法	结合双方需求，可实施	50		
文字	流畅，用词准确	20		
运用	符合场景设计	10		

二、案例课堂

如何应对不温不火的客户

我是一名西饼连锁店的业务员，我们公司是本地西饼连锁龙头企业，同类企业中我们在全市开的门店最多。我应聘到该单位做团购业务差不多半年了，最近遇到一个客户，是××公司的办公室张主任。3 月份约他时，他很痛快就接受了预约拜访，拜访他时，他也挺热情的，并说每年的端午节，公司都会给员工一定的福利，我听了很高兴，给他留下了产品资料和联系方式，张主任说他们会认真研究，然后给我消息。

可是，后来我每次打电话，张主任都说在研究，让我别着急。眼看就到“五一”节了，我怕他改变主意，就催他说如果“五一”节前预订会有优惠，过了“五一”节，到时优惠就难了。张主任似乎挺当真的，说会立即和领导商量，但之后依然没有音信。我再次打电话催促时，他开始变得很不耐烦，后来就不接我电话了。我不知道到底发生了什么，我该怎么办?

学生：陈美

训练五：推销洽谈

一、情景模拟

1. 推销洽谈准备

要求：学会制订推销洽谈方案。(1) 班级学生分组，每组人数应不多于 5 人，两个小组分别组成谈判对阵的双方；(2) 谈判双方自行拟定不同的洽谈项目；(3) 制订出洽谈方案。

流程：(1) 先根据谈判双方的讨论，定出模拟洽谈的项目；(2) 针对洽谈项目制订洽谈方案。

2. 推销洽谈演练

要求：针对某一商品交易进行推销模拟洽谈。(1) 班级学生分组，每组人数应不多于 5 人；(2) 让小组成员轮流扮演卖方和买方，双方身份均是组织顾客；(3) 双方洽谈的产品可以是有形的实体产品，也可以是无形的服务产品。

流程：(1) 买卖双方见面；(2) 灵活运用推销洽谈的各种技巧进行模拟洽谈；(3) 买卖双方小组成员各自记录下对方洽谈中的失误之处，演练结束后交换心得体会。

3. 角色扮演

(1) 谈判背景。

通过调查了解到，××职业学校是全额拨款的事业单位，有 10 多年的办学历史，为当地经济建设培养了大批的技术人才，在职教界取得了不菲的成绩和众多的荣誉。学校现有近 3 000 名在校生，6 间多媒体教室，65 间普通教室。为了加快校园信息化建设，提高现代化教学水平，学校准备在 3 年内分期分批地改造大部分教室为多媒体教室。通过学校有关人员得知，此次将采购 10 套投影仪及相关设备，每套价格 10 000 元左右。有最终决策权的主管领导是负责后勤的副校长，40 多岁，头脑灵活，具有开拓精神且务实肯干；另外还有两个是负责具体采购事务的后勤部主任和电教中心主任，对采购都富有经验。学校以前的电教设备是从A仪器设备公司采购的，但该公司产品并不是以针对学校教学为主的，且价位较高，与其相比，B教学设备公司是有竞争优势的。

（2）制订洽谈方案。

B教学设备公司销售人员根据前期搜集到的信息制订了洽谈的方案，包括确定洽谈的不同目标，以便根据洽谈进展情况随时调整；确定洽谈内容，如介绍哪种型号的投影仪，确定报价方式，有多大的让步空间，确定结算方式，以及安装、调试、维修等售后服务事项；选择谈判人员，由哪些人员组成，谁来主谈，谁来辅谈等。

（3）角色选择，模拟谈判。

分组进行抽签，确定角色。根据角色进行谈判资料准备，并进行小组间的谈判演练。

二、案例课堂

如何提高与顾客的业务洽谈能力

老师：您好！感谢您在百忙之中来诊断我的困难，在此先向你表示衷心的感谢，祝你一切都好。我遇到的难题是这样的：我是2011年毕业的，毕业之后我就在自己家这边的一家汽车4S店工作，经过自己的努力我在这家店多次被评为销售之星，虽然取得了一些业绩，但是自己感觉在与顾客交谈的过程中，有时还是显得不够老练，会有客户流失的现象，如何提高自己与顾客交谈的技巧，是自己目前最需要解决的问题。

学生：王霞

训练六：推销成交

一、情景模拟

1. 如果你是陶瓷餐具的推销员，采用何种方法销售你的产品？（1分钟内简述）

2. 针对一种产品说出最常见的顾客异议，你会如何解决这种异议？

3. 选出最能够直接引向成交的答案，请完成完整的对话内容并进行相应的演练。

"有蓝色的吗?"你的回答是：（1）是的。（2）你想要蓝色的吗？（3）一共有3种颜色，包括蓝色。

4. 模拟演练

（1）顾客异议的成因和类型。

要求：学会分析顾客异议的成因，并划分顾客异议的类型。1）班级学生分组，每组人数应不多于5人；2）各小组选择不同的产品，如衣服、手机、计算机、日化品等；3）将推销中针对每种产品常见的顾客异议话语写出来；4）并请自选角色进行模拟演练。

（2）顾客异议处理方法。

要求：学会用6种方法处理顾客异议。1）班级学生分组，每组人数应不多于5人；2）各小组选择不同的产品，如衣服、手机、计算机、日化品等；3）每个小组要运用6种方法来化解所选产品的顾客异议。

流程：1）小组成员分别扮演顾客和销售人员；2）扮演顾客的小组成员不断提出异议，异议可以是针对各方面的；3）扮演销售人员的小组成员至少运用6种方法处理顾客提出的各种异议。

（3）捕捉成交信号。

要求：掌握成交信号的各种形式和类型，准确捕捉到成交信号。1）班级学生分成偶数组，每组人数应不多于5人；2）每一对小组成员分成推销员和顾客，扮演顾客的一组学生模拟在购物时（如在选购手机）的各种表情、动作、语言，扮演推销员的一组学生要与顾客进行沟通，判断哪些是购买信号，然后双方交换角色进行演练；3）以小组为操作单元，发现和识别各种成交信号。

流程：1）要求各小组模拟购物的场景和产品不同，充分和准确地捕捉到成交信号；2）将捕捉到的信息记录下来并进行分析，小组间分享情景模拟的体会。

（4）促成交易。

要求：熟练运用各种成交技巧，准确把握成交时机，促成交易。1）班级学生分组，每组人数应不多于5人；2）各小组的同学自选设计推销方案；3）准备以下商品：打印纸、快译通、手机卡、名片和所要推销的其他商品等。

流程：1）以小组为单位采用角色扮演法，结合具体推销活动，运用各种成交方法促成交易；2）然后对全过程进行记录；3）教师对每个小组进行评分；4）对录像的全过程进行播放，由学生对每个小组的表演进行评价，找出其不足之处；5）由教师进行点评。

二、案例课堂

如何提高成交率

老师，您好！我是一名即将毕业的营销专业学生，参加学生招聘加入了国内一大型家电生产企业，经过短期培训，公司要求我们进入本地各家电卖场做该品牌家电的导购员，为期3个月，然后根据我们的表现再做其他工作的安排。我被安排到家电卖场之后，从开始的一无所知，到后来慢慢地可以和顾客交谈，也谈成了几笔生意，但销售量和别人比还是有一定的差距，我应该怎样做才能提高成交率呢？望老师指点迷津，我很想在这公司一直做下去。

学生：褚豪

训练七：售后跟踪

一、情景模拟

1. 如何与顾客保持良好关系

要求：掌握推销员与顾客保持良好关系的方法。（1）班级学生均分成两组，一组扮演推销员，另一组扮演顾客；（2）场景设计：顾客在教室一侧，推销员在另一侧，推销员用各种可行方法与顾客保持良好的关系。

流程：（1）以个人为操作单元，随机选择顾客与之沟通，至少选用3种切实可行的方法以求建立并维护良好的客情，扮演顾客的同学对每一个来访者记录并打分；（2）大部分推销员及顾客见过面后，让同学们互换角色，进行第二次训练。

2. 如何正确处理顾客投诉

要求：班级学生以4人为一组，组内1人扮演推销员，3人扮演顾客，模拟某企业设立的“顾客投诉点”，逐个接受顾客投诉。

流程：(1) 各小组选定一个企业（所选企业尽量不重复）；(2) 企业的推销人员接受顾客投诉并做记录，充分考虑企业自身的利益；(3) 组内成员轮换扮演推销人员，并重复上一流程；(4) 比较企业、顾客两者对于投诉不同的认识；(5) 小组代表总结，如何在投诉中做到“与顾客换位思考”。

二、案例课堂

遭遇危机，怎样维系客户

我遇到的问题是这样的：今年夏天，本地一家企业十几名员工吃了我公司的面包，出现食物中毒的症状，被及时送到医院救治，还好没有出现更严重的情况。公司管理层也积极配合当地职能部门调查，救治伤员查找原因。后来找出的原因是该企业食堂在面包贮藏过程中出现了问题，才直接导致了这一事件的发生，我们公司也通过媒体澄清了这一事件。可是，事件发生后，还是给我们的推销工作带来了很大的负面影响，有些老客户要求退订公司的产品，开发新客户就更难了。面临此情此景，老师，我该怎么办？

学生：王美

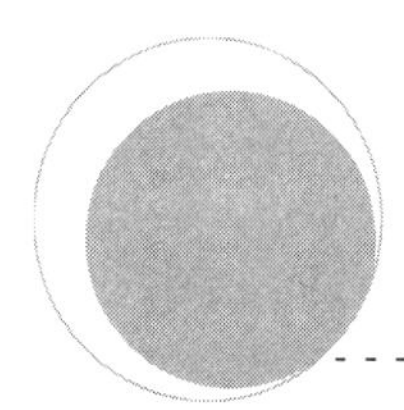

提升训练——推销技能训练

训练单元一：心理适应能力训练

心理适应能力是指销售人员在心理范畴所应具备的自信、勇气、意志、容忍、调节、乐观等心理品质与能力。作为一个合格的现代销售人员，必须具备的基本心理素质，包括自信心；勇气、魄力与冒险精神；真诚热情，有广泛的兴趣；有较高的修养和鲜明的个性风格；善于自我情绪控制；感同力；自我驱向。

训练项目 1：自我心理突破——跨越难堪

【训练目标】

1. 培养在众人面前敢于讲话的能力。
2. 克服心理障碍，增强自信和勇气。

【训练内容与组织】

1. 按照培养在众人面前敢于讲话能力和克服心理障碍，增强自信和勇气的实训目标要求，结合学生的特点，选择设计训练项目，所选行为既要有积极意义，又确实令自己难堪。以下是建议采用的训练项目：

(1) 在人流较多的教学楼大厅，组织同学进行公开宣讲，如自我推销。

(2) 在校园中一个陌生人很多的场所组织公开宣讲或需要每个人独立表现的公益或文艺活动。

(3) 同企业联系，站在商场大厅向消费者宣传消费知识或推销一种产品等。

(4) 到社会上组织一些能够使每个同学受到心理训练的公益活动等。

必须是在众多陌生人面前做宣讲或表演。

2. 注重思想发动，在统一认识的基础上，实地践行。具体做法：

(1) 组织研讨。先让同学深刻认识到心理训练的必要性。通过潜能开发等形式首先实现认识上的突破，使同学产生强烈的参与欲望。

(2) 明确组织形式。既可以小组为单位，每组 6～8 人，由学生推荐的组长主持；也可以全班集中进行。但每个人都必须在陌生人当中公开宣讲。

（3）具体实施。教师协助班级主持人或组长搞好策划与设计工作，训练一定注重实效，切实可行。由班级主持人或组长组织进行心理突破实地践行，并做出详细记录（有条件的可采用录像的形式）。

（4）要指导学生认真实施，并注意能够实行有效考核。教师与主持者一定要注意现场氛围的营造，使每一个同学都能产生强烈的参与意识，表现冲动以克服畏惧、怯场心理，真正实现自我突破。

【成果与检测】

1. 每个人写出训练的简要报告。
2. 对每个同学的表现进行评议，并分析成功与不足。
3. 给各位同学与小组打分。

附作业：

一、概述实现自我突破的关键

____
____
____
____
____
____
____
____

二、讲述本次自我突破活动的感受

____
____
____
____
____
____
____
____

训练单元二：创新与应变能力训练

创新与应变能力是指销售人员应具备的创新精神、创新思维、创新方法，以及能动适应环境、应付紧急或突发事件等的能力。创新是一种从新思想的产生，到产品设计、试制、生产、营销和市场的一系列活动，也是知识的创造、转换和应用的过程，其实质是新技术的产生和商业应用，既包括技术创新，又包括非技术创新如机制创新、管理创新和组织创新等。应变是应付突然发生的情况，创新与应变能力就是运用非常规的思路，采用他人不曾用过的方法处理常规问题和突发问题。创新既需要发散思维开拓道路，又需要收敛思维把握方向；既需要形象思维的直觉，又需要逻辑思维的推理。它需要的不是单个脑半球的专长，而是需要左右半球的互补与合作。

训练项目 2：职业生涯的创新规划

【训练目标】

1. 培养用发散思维方式思考问题。

2. 结合职业发展，规划自己的人生。

【训练内容与组织】

1. 每位同学提前规划设计好自己的职业发展规划，明确自己的职业发展终极目标。

2. 每位同学根据自己的职业目标，对照自身进行 SWOT 分析，查找不足，提出发展对策及相应的执行计划等。

【成果与检测】

给下面案例中的主人翁提出建议。

文员小胡正在办公室忙着，进来了一位西装革履的男士，自称是与李总经理约好的。但小胡一查经理的日程安排，并没有发现有约会。但既然说与李总经理有约，也可能是经理亲自约定的，接过名片一看，是某家杂志社广告业务部的钱经理。凭直觉小胡认定对方是个推销员，但仍然很热情地请坐、端茶，然后问道；“您是否和李总约在上午见面?”

对方回答：“如果方便，我希望很快见到李总。”

小胡明白了，肯定没有约会。即便是李总亲自约定的，也会有具体准确的约见时间。“您看，很不凑巧，今天上午李总刚好有个临时会谈。我马上设法和他取得联系，告诉他您在这等候。或者另约时间，可以吗?”

钱经理马上表示同意。小胡接着说：“您看我怎么向李总汇报您的情况?”小胡很快清楚了，来访者是为杂志社编撰本市最新工商名录做广告拉客户的。这类事不是第一次遇到了，小胡知道接待不可草率生硬，来访者中不乏“无冕之王”，还须“恭敬送神”好。

经与李总联系，从他那里得到的答复是“不见”，小胡当然不能“直言相告”。

“钱先生，真对不起，李总正在与一家重要客户讨论谈判，我不方便进去打断。您看已近中午，怕要耽误您太多的时间了。您看是这样，我公司虽在本市，但大多数的业务还是在与外省市和外商之间，全国工商名录上，我公司已在册，本市工商名录上再登当然对本公司也有益，具体事项，我一定请示李总，并尽快电话与您联系，您看，我可以打名片上您的联络电话吧?!”

“好，好。”嘴上这么说，钱先生已显不悦。

“另外，刚才看您送来的资料，我想起我的同行马小姐曾和我谈起过她供职的公司正要做公共关系形象广告和业务宣传，您看我是否可以介绍他们公司与您合作……她的联系电话是 6755××××，这是我的名片，您可以直接与马小姐联系。”

“好，好!”钱先生的口气变得和缓了。

“钱先生，这资料您是否可以多留几份给我：尽管我公司业务范围不太适合，但周末的同行联谊会上，我可以帮您向其他合适的公司做宣传，同行介绍，恐怕更方便些，您看是否可以?”

钱先生告退时的微笑是真诚的谢意，因为他受到的热情的接待弥补了没有完成任务的缺憾。小胡热情地送他到电梯门口。

训练项目 3：创新商业思维训练

【训练目标】

1. 培养学生创新精神、创新思维和创新方法。

2. 训练学生能动适应环境、应付紧急和突发事件的能力。

【训练内容与组织】

1. 首先认识一些特殊服务例子，可选“智利的梦幻酒店”“罗马的粗俗物理餐厅”“跟踪全程的婚恋服务”等，感受创新的实际意义。

2. 在此基础上以模拟公司为单位提出创新的服务项目，并列出基本方案。明确“新”在哪里，同时设计出难以应付的服务环节。

3. 与另一个公司合作，以角色扮演的形式为顾客提供至少一项特殊服务。体现服务方的创新与应变能力。

4. 特殊服务实体要求提前或在课外完成。而且让被服务方明确组织的基本分工。被服务方提出的服务要求必须是不常见的或全新的，且不得提前告之。

5. 进行组间交流与评价，在此基础上做出全班评价。

【成果与检测】

1. 以公司为单位上交创新设计方案。

2. 班级组织一次交流，每个公司推荐一名成员做主题发言，可以允许两名同学补充发言。

3. 由教师与学生对各公司项目及实际运行情况进行评估打分。

附作业：

一、拟定一个创新项目的名称并阐述其主要特色

____

____

____

____

____

____

____

____

二、概括完成创新构想与服务的关键

____

____

____

____

____

____

____

____

三、自我评价

训练项目 4：头脑风暴法——选择最成功的饭店

【背景资料】

你和你的同学试图决定在购物中心开设一家饭店，困扰你们的问题是这个城市有了很多的饭店，这些饭店能够提供各种价位和不同种类的餐饮服务。假设你们拥有开设任何一种类型饭店的足够资源，你们所面对的难题是决定开什么样的饭店是最成功的。

【训练目标】

1. 培养学生特殊会议组织能力。
2. 培养学生的创新能力。

【训练内容与组织】

1. 组成三个或四个小组，指定一位发言人在老师提问时向全班报告你们小组的发现与结论。小组集体花 5～10 分钟时间，来形成你们最可能成功的饭店类型。每位小组成员都要尽可能地富有创新性和创造力，对任何提议都不能加以批评。
2. 指定一位小组成员把所提出的各种方案写下来。
3. 再用 10～15 分钟时间讨论各个方案的优点与不足。作为集体，确定一个使所有成员意见一致的最可能成功的方案。
4. 在做出你们的决策后，对头脑风暴法的优点与不足进行讨论，确定是否有产生阻碍的现象。

【成果与检测】

1. 以小组为单位上交设计方案。
2. 以班级为单位组织交流，每个小组推荐一名成员做中心发言，说明方案的形成过程，并评价小组完成情况，给本组打分。
3. 教师与学生共同确定全班最佳创业方案。

附作业：

一、概述组织活动过程

二、最佳方案确定的依据

三、自我评价

训练单元三：交际与沟通能力训练

交际与沟通能力：是指人与人之间往来接触、有效交流信息，通过观察人的心理，满足人的需求，融通感情、构建和谐人际关系的能力。

交际与沟通能力是按照一定的交际与沟通原则，运用一定的交际与沟通技巧，实现有效的信息交流和人们需求满足的能力。交际与沟通能力受一定的先天素质影响，但更主要的是靠熟练掌握交际与沟通的相关知识和基本技能与技巧。

训练项目 5：案例分析——为什么沟而不通？

【背景资料】

某公司每年 2 月宣布优秀员工升职名单，人事部门通常在 1 月确定初步人选。人事部职员 A 与销售部职员 B 闲聊时，在 B 的一再追问并承诺不外传的前提下，被迫透露了升职人选的一些内幕，不久，公司内有关升职的传闻沸沸扬扬。员工们纷纷向部门经理抱怨，部门经理纷纷向人事部经理询问，公司正常的工作气氛受到很大影响。

【训练目标】

1. 培养发现沟而不通问题的能力。
2. 训练针对实际进行有效沟通的能力与技巧。

【训练内容与组织】

1. 本案例分析的重点是找出沟而不通的原因，明确沟通渠道的恰当选择是有效沟通的保证。提出此案例问题的解决建议，以保证沟通的效果。

2. 以小组为单位讨论正式沟通与非正式沟通方式的不可替代性，总结错误选择沟通渠道可能造成的影响，进行交流总结。

【成果与检测】

1. 每个人的发言提纲可作为一次作业，评定成绩。

2. 根据班级讨论中的表现评定成绩（可由主持讨论的轮值公司负责评定）。

附作业：

一、概括职业经理们沟通的主要障碍

二、若你是 A，如何处理后面的问题

三、若你是公司老板，如何处理该问题

训练项目 6：迷失在海上

【背景资料】

你搭乘私人游艇，漂泊在南太平洋上。由于一场无名火，使得游艇的大部分物资和一些设备已被烧毁。现在游艇正慢慢地下沉。由于重要的航海设备已经被烧毁了，你的位置并不明确；而且你和全体游客正在狂乱地想把这场火熄灭。依你的判断，你正在最接近的陆地的西南方大约 1 000 英里的地方。

下面所列的 8 项物品在这场大火后并没有损坏。除了这些物品外，还有一艇可用的人工橡胶救生筏和几支船桨，足以负载你和游客。其他所有生存者的口袋里，还有一包香烟、几盒火柴和 5 张 1 元的纸币。

为了保证更多人的生存，请你将下列 8 项物品（六分仪、五加仑桶装的水、蚊帐、太平洋地图、小型电晶体收音机、逐鲨器、一夸脱的波多黎各 Rican 酒、钓鱼用箱包）依其重要性加以排列。将最重要的项目写上“1”，次要的写上“2”，以此类推，将最不重要的写上“8”，并通过沟通实现物品的集中调配与使用。

【训练目标】

1. 培养分析与概括沟通中存在的各种障碍的能力。

2. 培养针对特殊问题进行正式与非正式沟通的能力。

【训练内容与组织】

1. 在课下每位同学对上面各项加以排列之后，把排列结果先交给老师保留，以避免由于不同的判断而引发争论，要依照理性进行排序。

2. 请老师将同学们分为几组，各组先在课下进行讨论，取得一致意见。这意味着在团体决策之前，针对这 8 项物品的每一项排列，必须经过每位团体成员的同意。要达成一致是相当困难的。因此，并不是每一项物品的排列，都要每位成员完全同意。然而，作为一个团体，至少要做到大致上的同意。应避免采用“降低冲突”的技巧，如多数决、平均决或交换条件。

3. 在课上各小组之间进行讨论，然后，由老师组织进行全班“公投”，看哪些小组与个人的结果更接近大家的意见。

【成果与检测】

此次实训的主要目标是不论个人还是小组，同学们都能准确迅速地完成选择决策，对完成效果好的小组和个人进行表扬。主要标准如下：

1. 个人排序迅速准确、上交老师及时。

2. 小组中有适当争论（当需要时，能够提出并坚持自己的观点，不随波逐流），又迅速达成一致（而非不负责任地苟同）。

3. 有较强的说服他人，接受自己观点的能力。

4. 排序结果接近大家的意见。

附作业：

一、谈谈方案确定的思路与沟通的重点

____

____

____

____

____

____

二、成功沟通的关键是什么

实训项目7：与陌生人交际与沟通

【训练目标】

1. 培养与陌生人交际的能力；加强自我心理突破的引导与训练。

2. 培养与别人沟通与交涉的能力。

【训练内容与组织】

1. 运用交际与沟通理论，主动同一位陌生人交往，交流某个问题；动员其与你共同做一件有价值的事。

2. 行动前要进行周密的策划，见什么人，达到什么目的，可行性怎么样，怎样进行自我形象设计，见面的第一句话怎么说，怎样展开说服过程，靠什么能说动对方等，都要有所思考与运筹并写在实录卡的计划栏内。

3. 在交际与沟通的过程中，要充满自信，要诚恳、热情，又要适度，把握分寸；要运用所学的融通情感的社会心理学原理，进行有效沟通；要运用交涉的艺术，做好说服动员工作。关键是要使对方感到你们共同做的事能使对方获益。当然，不只是物资利益，还应该包括其获得心理满足、成就感以及愉悦的心情等。

4. 交际结束后，要认真回忆与记载交际过程；总结交际与沟通的经验；填好交际实录卡。

5. 组织一次班级交流，每个模拟公司推荐两人介绍交际与沟通过程及体会。在交流中，可以按照事先计划、事中过程、事后体会的思路介绍。同学之间可以进行评价、补充与矫正。最后教师进行简要的小结。

【成果与检测】

1. 填写沟通实录卡。

沟通主体		沟通对象		单位及职务	
沟通目标		时间		地点	
沟通前计划					
沟通过程实录					
沟通后体会					
教师评估					

2. 由教师与学生根据每个人的实录卡与交流中的表现进行评估与打分（或由轮值公司评分）。

附作业：

一、交际与沟通的经验小结

____

____

____

____

____

____

____

____

二、谈谈实地交际与沟通应注意的主要问题

____

____

____

____

____

____

____

____

三、如何进一步提高自己的交际与沟通能力

____

____

____

____

____

____

____

____

训练单元四：分析与解决问题能力训练

分析解决问题的能力是指把一件事物、一种现象、一个概念分成较简单的组成部分，找出这些部分的本质属性和彼此之间的关系，从而达到处理有关问题和获得理想效果的能力。解决问题的过程是发现问题、分析问题、提出解决问题的设想（假说、方案、办法、举措、方略、设计……）并通过科学实验，或体验生活的实践，或在生产中实施（使思维具体化），来肯定设想并对其进行缜密的补充、修改、完善，或否定所提出的设想并从新的角度去重新设想、重新实践检验直至把问题解决的过程。解决问题的创造性思路与普通思路的区别在于：提出解决问题的设想具有创造性；对科学实验结果进行创造性总结；对设想中的缺陷进行创造性的补充、修改、完善，以反习惯的超常思路使问题得以保质、快捷地解决。

训练项目8：案例分析——“宝马”汽车成功扎根日本市场

【背景资料】

经了解知道，宝马汽车公司（BMW）在准备进入日本市场前就已经有几家闻名于世的（比如：丰田、日产、三菱、铃木和马自达等）大汽车公司进入日本市场，并有2万家日本汽车经销站，但这2万家经销站只销日产汽车，不愿销外国汽车。宝马汽车公司在了解中还发现，日本人买汽车怕上当，喜欢向熟人买，而日本销售网络多样化是当时的突出特点，是可以利用的。宝马汽车公司于是便与非汽车行业挂钩，通过他们的营业网，向他们的关系户出售BMW的汽车。仅5年就创下了在日本年销14万辆汽车的纪录，成功地在日本扎下了根。

思考：宝马汽车公司的成功说明了什么？

【训练目标】

1. 培养学生分析问题的能力。
2. 锻炼学生解决问题的能力。

【训练内容与组织】

1. 以组为单位说明宝马汽车公司在准备进入日本市场前主要做了什么工作？该项工作的主要收获有哪些？

2. 以组为单位说明宝马汽车公司是怎样分析这些因素之间的关系的？又是怎样利用这些因素之间的关系的？

3. 6～8人一组，先利用10～15分钟时间完成小组交流。在此基础上进行组间交流，结合中外汽车生产和销售实际，分析中国汽车可以怎样走向世界？然后完成小组报告。

4. 教师做简单评价，并引导学生绘制因素分析流程图。

【成果与检测】

1. 以小组为单位完成一份3 000字论证报告。
2. 在小组打分的基础上，教师进行综合打分。

附作业：

一、绘制“宝马”进入日本的因素分析流程图

____

____

____

____

____

____

____

____

____

二、你认为中国汽车走向世界的主要影响因素有哪些

训练项目 9：在市场上发现“合身”的东西——解析李维·施特劳斯的市场开发

【背景资料】

100 多年前，牛仔裤刚刚诞生时，谁也没有想到它会如此走红。今天，牛仔裤已由最初的工作服发展为一种时髦服装并在世界广泛流行。那么，它的设计者李维·施特劳斯是怎样发现和发展牛仔裤市场的呢？1850 年，年满 20 岁的李维·施特劳斯抛弃了家族世袭的文职工作，带着碰到淘金好运的梦想来到美国西部，当他看到那里聚集了成千上万的淘金者后，他改变了初衷，开起了一家销售日用品的小店。一次，他乘船去发展业务，带回了一些线团之类的小商品和一批供帐篷和马车篷使用的帆布。在船上，小商品很快就卖光了，但帆布却没人理会。到了码头，他夹着帆布准备下船去推销，正碰上一位淘金工人，他忙上前问：“您买帆布做帐篷吗?”淘金工说：“我们这里需要的不是帐篷，我看用你的帆布做裤子挺好，现在矿工穿的裤子都是棉布做的，很快就磨坏了，不结实。如果用帆布做，既结实又耐磨，一定会大受欢迎。”李维一听立即带这位淘金者来到裁缝店，让裁缝为这位矿工做了一条裤子，这就是世界上第一条工装裤。之后李维安排缝制了一批这样的裤子，很快售光，赚了一大笔钱，而且大量的订货纷至沓来，李维从此成名。1853 年成立了李维·施特劳斯牛仔裤公司。并在旧金山开设了专门服装厂。经过 100 多年的历程，李维公司不仅生产各式牛仔装，而且还兼营其他服装和鞋帽、皮带、皮包等。他的销售对象不仅是淘金者，更有牛仔、大学生、社会青年、中老年和时尚女郎。他的市场空间不仅在美洲，也在欧洲、亚洲等。请分析说明李维·施特劳斯是怎样开拓如此广阔的市场，获得如此庞大的消费者群的?

【训练目标】

培养学生进一步分析问题和解决问题的能力。

【训练内容与组织】

1. 结合李维·施特劳斯开发市场的实际，认识在市场上发现市场的重要性。

2. 进一步认识李维·施特劳斯做市场调查与观察、树立牢固的市场观念，特别是按照市场和用户的需要组织生产的主要经验。

3. 以组为单位，结合美国妇女和欧洲人的穿戴特点，讨论李维·施特劳斯是怎样扩大销路的。

【成果与检测】

1. 以小组为单位提交讨论提纲。

2. 在小组打分的基础上，教师根据提纲进行综合评价。

附作业：

一、说明李维·施特劳斯在市场上发现“合身”的东西的实质

二、在网上收集李维·施特劳斯的有关资料，说明他立于不败之地的原因

训练项目10：××企业环境分析

【训练目标】

1. 培养学生对主要分析方法的运用能力。

2. 培养学生面对特定环境因素解决问题的能力。

【训练内容与组织】

1. 以模拟公司为单位，利用课余时间实地调查来的××企业的各种资料信息，运用SWOT分析法分析××企业营销环境。既包括企业的内部环境，也包括企业的外部环境；既要考虑企业的现实环境，也要考虑企业的未来环境。确定现有主要产品的优势、劣势、机遇和挑战。

2. 模拟公司间进行交流。每组推荐一名代表进行总结性发言。

3. 各模拟公司以如何树立××企业形象，如何宣传推销××企业产品为主题，做营销专题策划活动方案。

（1）制定目标。详细制订此次策划活动的目标，包括初期目标和最终目标。

（2）设计与抉择方案。为实现目标，要合理配置人、财、物等诸种资源，选择正确的实施途径与方法，制订系统的计划方案。

（3）编制计划。要依据计划目标与所确定的最优方案，按照计划要素与工作要求编制计划书。

（4）计划的实施与反馈。计划付诸实施后，管理的计划职能并未结束。为了保证计划的有效执行，要对计划进行跟踪反馈，及时检查计划执行情况，分析计划执行中存在的问题，并对计划执行结果进行总结。

【成果与检测】

1. 以模拟公司为单位提交交流总结报告。
2. 以模拟公司为单位提交专题策划方案。
3. 在小组评分的基础上，教师进行综合评分。

附作业：

一、请绘制简图说明 SWOT 分析法的作用

____

____

____

____

____

____

____

____

二、你认为，应该如何开发××企业的潜在需求

____

____

____

____

____

____

____

____

训练单元五：信息收集与处理能力训练

信息收集与处理能力，是指通过一定的方法获得各种消息，通过统计并利用计算机等对各种信息进行整理与加工，完成发送、传递和接收、储存等工作，从而达到几项效果的能力。

信息收集就是信息调查，是按照统计分析的目的，有计划、有步骤地向被调查者收集相关信息的工作过程。如果不能很好地收集到有效而充分的资料，整理与分析将失去真正的意义。信息处理就是对通过调查而得到的信息进行加工，如果有了有效、充分的资料但未能加以科学的整理，则既浪费收集的功效，又达不到分析的目的。可见信息处理起着承前启后的作用。

训练项目 11：告诉我你最需要增添什么？

【训练目标】

1. 培养学生对调查方法认识与选择的能力。
2. 培养学生对简易问卷的设计能力。
3. 训练学生对信息的基本处理技能。

【训练内容与组织】

1. 为了让毕业生岗前培训的内容更符合学生的实际需要，在毕业生返校后，向学生提出调查主题——告诉我你最需要增添什么？并进一步推出教师设计的简易问卷。

2. 课内先让学生观察问卷的构成，再进一步回答问卷中的有关问题，提出这种调查方法的利与弊。

3. 以小组为单位整理调查信息，并以班为单位汇总，做出分析，完成分析报告。

4. 根据实际调查结论对本专业的培训计划进行微调。让学生认识信息收集方法的运用和资料整理技能的运用的实际意义。

【成果与检测】

1. 以组为单位提交资料整理说明，以班为单位提交分析报告；

2. 以组为单位，依据实际调查结论，对从事销售工作提出补足个人能力的建议。

附作业：

一、在调查目的一定的情况下，选择调查方法的关键是什么

____

____

____

____

____

____

____

____

二、你对自己提升销售工作能力的建议

1. ____

____

____

____

2. ____

____

____

____

3. ____

____

____

____

训练项目12：如何完成你的销售任务？

【背景资料】

按照市场营销专业教学计划要求，所有本专业的学生在岗前培训阶段都必须为星海公司完成某类商品一定数量的销售任务。那么根据什么来确定这类商品呢？科学的结论应来自信息收集与整理的结果。

【训练目标】

1. 让学生有依据科学的方法确定销售任务书的意识。
2. 训练学生设计调查问卷并使用的能力。
3. 培养学生运用科学的方法整理与分析信息的能力。
4. 培养学生调查报告的撰写能力。

【训练内容与组织】

1. 以组为单位先到星海公司参观商品样本，了解商品的整体特征。

2. 以个人为单位在一周内完成信息收集与整理任务。先设计商品销售调查问卷，教师对学生问卷进行指导，并确定最终方案。在问卷设计合格后两天内完成具体调查任务，剩余时间做资料整理与加工工作。超时完成任务者适当扣分。

3. 撰写调查报告，明确选定的商品及其销售计划。并持报告到星海公司购进商品。

4. 以小组为单位汇报销售任务完成情况，成立专门考评小组，依据销售业绩给予综合实践成绩。

【成果与检测】

1. 以个人为单位提交商品销售调查问卷和最终调查报告（不少于 3 000 字）。以小组为单位提交小组销售任务完成情况的总结。

2. 由专门考评小组依据销售业绩给学生确定综合实践成绩。

附作业：

一、说一说实战成功的经验

____

____

____

____

____

____

____

____

二、说一说对实战训练的主要建议

____

____

____

____

____

____

____

____

三、考核与成绩评定

1. 尝试找一份实习工作。

2. 以个人为单位写一份简要求职经历报告。

3. 公司或小组负责人对每位同学的表现进行评议，分析成功与不足；并给各位同学与小组打分。

4. 教师不仅对模拟公司或小组进行评价，而且对学生进行全面评价。

5. 凡成功获得工作并拿到薪水的同学成绩为优秀，找不到工作的同学成绩降等级。

训练项目 13：建设客户资料卡

【训练目标】

1. 增强对顾客资料卡的感性认识。

2. 提高收集与处理信息的能力。

3. 培养建立顾客资料卡的初步能力。

【训练内容与组织】

1. 先选择一个典型的经营单位，采用实地调查的方法，让同学观察该单位资料卡的建设与管理情况。

2. 让同学归纳总结资料卡的结构，然后教师总结并进一步明确资料卡的结构及其具体信息内容。通常由 4 部分构成，包括销售人员信息、客户信息、交易信息和其他信息。其中客户信息、交易信息是客户资料卡的核心内容。

3. 以模拟公司为单位收集某经营组织的有关信息，尝试建立该组织的顾客资料卡。

4. 总结用户资料卡的好处。即方便工作开展、有效信息积累，它还是监督销售人员工作的有效工具。

5. 建议以联合公司形式，分工协作完成一个商业组织的顾客资料卡建设工作。

6. 要特别关注信息的真实性、完整性和及时性。

【成果与检测】

1. 写出对该企业进行顾客资料卡调查的简单报告。

2. 建立该组织的顾客资料卡。

附作业：

针对汽车 4S 店设计一份客户信息卡

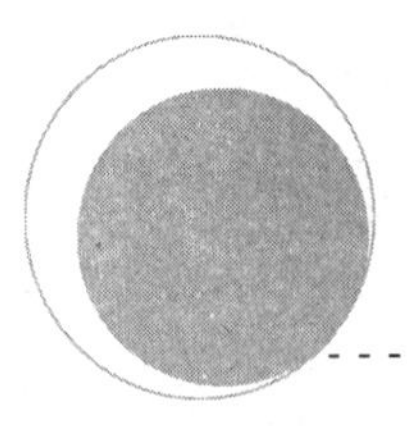

参考文献

[1] 钟立群. 现代推销技术 [M]. 北京：电子工业出版社，2009.

[2] 于翠华，等. 推销技术 [M]. 北京：清华大学出版社，2011.

[3] 成果. 顶级销售员攻心说服术 [M]. 北京：中国纺织出版社，2010.

[4] 赵志江. 推销实务 [M]. 杭州：浙江大学出版社，2010.

[5] 李文国. 推销实训 [M]. 大连：东北财经大学出版社，2008.

[6] 叶素贞. 决定销售的 52 个关键时刻 [M]. 广州：广东经济出版社，2007.

[7] 张晓青. 推销实务 [M]. 大连：大连理工大学出版社，2007.

[8] 李津. 优秀推销员必修的 18 堂成交课 [M]. 北京：海潮出版社，2008.

[9] 余世维. 有效沟通 [M]. 北京：北京大学出版社，2009.

[10] 王宝玲. 超级销售口才训练方法 [M]. 北京：中国纺织出版社，2009.

[11] 侯东. 家电应该这样卖 [M]. 北京：中国宇航出版社，2009.

[12] 邹华英. 会说会听会推销 [M]. 北京：人民邮电出版社，2008.

[13] 邹东和. 金牌推销员速成技巧 [M]. 北京：中国商业出版社，2004.

[14] 黄恒学. 现代高级推销理论与技术 [M]. 北京：北京大学出版社，2005.

[15] 李海琼. 现代推销技术 [M]. 杭州：浙江大学出版社，2004.

[16] 肖军，简彩云. 推销理论与技巧 [M]. 长沙：湖南大学出版社，2005.

[17] 汪中求. 营销人的自我营销 [M]. 北京：新华出版社，2003.

[18] 何伏林，吴新芳. “两创”教育看高职——浙江省七所院校创新创业教育的探索与实践 [M]. 北京：现代教育出版社，2012.

图书在版编目（CIP）数据

推销：案例、技能与训练/岳贤平主编. —北京：中国人民大学出版社，2018.7
21世纪高职高专规划教材. 市场营销系列
ISBN 978-7-300-26025-9

Ⅰ.①推… Ⅱ.①岳… Ⅲ.①推销-高等职业教育-教材 Ⅳ.①F713.3

中国版本图书馆CIP数据核字（2018）第162704号

普通高等职业教育“十三五”规划教材
“教—学—做一体化”校企合作课改科研成果推荐教材
21世纪高职高专规划教材·市场营销系列
推销：案例、技能与训练
主　编　岳贤平
副主编　楼晓东　赵　毅
参　编　王家鑫　张贤斌
Tuixiao：Anli、Jineng yu Xunlian

出版发行	中国人民大学出版社		
社　　址	北京中关村大街31号	**邮政编码**	100080
电　　话	010－62511242（总编室）		010－62511770（质管部）
	010－82501766（邮购部）		010－62514148（门市部）
	010－62515195（发行公司）		010－62515275（盗版举报）
网　　址	http：//www.crup.com.cn		
	http：//www.ttrnet.com（人大教研网）		
经　　销	新华书店		
印　　刷	山东百润本色印刷有限公司		
规　　格	185 mm×260 mm　16开本	**版　　次**	2018年7月第1版
印　　张	14.75	**印　　次**	2018年7月第1次印刷
字　　数	350 000	**定　　价**	35.00元